메를로-퐁티의
신체현상학

메를로-퐁티의 신체현상학

초판 1쇄 발행 2019년 11월 29일
초판 2쇄 발행 2024년 3월 5일

–

지은이 류의근
펴낸이 이방원
책임편집 정우경 **책임디자인** 박혜옥
마케팅 최성수·김 준 **경영지원** 이병은·이석원

–

펴낸곳 세창출판사
　　　신고번호 제1990–000013호 주소 03736 서울특별시 서대문구 경기대로 58 경기빌딩 602호
　　　전화 02–723–8660 팩스 02–720–4579 이메일 edit@sechangpub.co.kr
　　　홈페이지 http://www.sechangpub.co.kr 블로그 blog.naver.com/scpc1992
　　　페이스북 fb.me/Sechangofficial 인스타그램 @sechang_official

–

ISBN 978–89–8411–915–4 93160

메를로-퐁티의
신체현상학

류의근 지음

세창출판사

공자의 인생 발전 단계에 의하면 15세는 학문에 뜻을 두는 지학(志學)이고, 30세는 기초를 세워 홀로 서는 이립(而立)이고, 40세는 흔들리지 않는 불혹(不惑)이며, 50세는 하늘의 소명을 아는 지천명(知天明)이고, 60세는 무슨 말을 들어도 거슬리지 않는 이순(耳順)이고, 70세는 마음대로 해도 자유로운 종심(從心)이다. 여기에 나의 인생을 돌이켜 빗대어 나는 어떤 수순을 밟았고 어느 수준에 와 있을까 하고 반추해 본다. 지금의 나는 이제는 쓴소리를 들으면 듣기 싫고 마음대로 하면 자주 불협화음을 초래하는 모습을 보인다. 그래서 가급적 관여와 개입을 자제한다. 이렇듯 철학을 30년 공부한 사람으로서 생로병사의 생물학적 한계 수준을 한 치라도 수월하게 넘어서지 못하고 나의 정신적 생명은 나의 생물학적 생명에 굴복한다. 노년에 생물학적 생명을 뛰어넘는 하늘의 생명을 유지하는 것이 보통 일은 아니다. 그 생명을 보존하고 강화하는 것은 고결한 삶이지만 그런 생활을 하는 것은 쉽지 않다. 이는 늙어 간다는 증좌일 것이다.

나의 학문적 생활인들 별수가 있을까 하는 자조가 없지 않다. 현실에 뿌리박은 철학을 하고 싶다는 동기에서 메를로-퐁티의 철학을 공부한 지도 20년이 되어 간다. 20년 동안 생산한 연구물을 보니 보잘것없다는 생각도 든다. 높은 이상을 내세우고 그 기준에 다다르지 못하는 자신을 나무라지만 이 또한 나의 운명이다. 메를로-퐁티의 현상학적 철학을 연구함으로써 현실에 개입하고 참여하고 변혁하는 존재 방식을 구축하고 싶다는 욕구는 여전하지만, 실천해 낼 수 있는 역량이 나에게 없음을 고백한다. 욕망과 역량은 구별되어야 한다는 소리가 뼈아프게 들린다. 사실을 말하면 그 욕구는 철학을 공부해서가 아니라 기독교에 입문해서 하나님과 예수를 알고부터 현실화가 가능했다.

어쩌면 이 책을 출간하는 시점이 새롭게 시작할 수 있는 시간일지도 모르겠다고 생각한다. 이러한 내면의 소리에 실천적으로 응답할 수 있는 나이면 좋겠다. 어쭙잖게 나 자신의 사적, 지적 연대기를 그려 보면 대략 총 40년을 20년 주기로 2회 변천했고 1주기는 10년 단위로 나누어질 수 있다. 1970년대 중반부터 1980년대 중반까지 철학 수련의 시절을 보냈고 그 직후 10년간의 교수 생활을 거쳐 1990년대 중반에 기독교에 입문했다. 따라서 약 20년의 세월을 철학의 세계에 몸을 담갔다. 그러고는 기독교에 입문한 후 약 20년간, 즉 2010년대 중반까지 기독교의 세계에서 생활했다. 물론 2주기에 해당하는 이 시기에도 철학은 계속했지만 향심은 기독교에 있었다. 이 시절은 주로 기독교 입문자로서 아이에서 청년과 성인으로 성장하기 위한 10년의 세월이었다. 이는 철학 연구자의 삶이라기보다는 생활인으로서의 삶이지만 철학 교수의 삶과도 무관하다고 볼 수 없다. 그리고 지금은 기독교에 대해 거리 두기를 하고 약간의 소강상태에 머물러 있다. 나에게 허락된다면 앞으로의 10-20년은 3주기가 될 터인데 나에게 주어진 마지막 변천의 시기일 것이라고 예상한다. 아무튼 삶의 의미와 방향을 새롭게 설계해야 하는 요구를 맞이하고 있다.

이럴 즈음에 그동안 메를로-퐁티의 현상학적 철학을 연구하여 학술지 등에 발표한 논문을 선별하여 편집하게 되었다. 공교롭게도 지금의 시점은 노후 설계의 도면을 그려야 할 시점이기에 이 책은 나에게 의미가 깊다. 나는 이 책을 계기로 앞으로 어떻게 살아가야 할지를 선택해야 한다. 메를로-퐁티에 대한 지속적 연구를 해 갈지 아니면 기독교의 세계로 넘어가야 할지 아니면 자연인으로 행복하게 살아갈 궁리를 해야 할지를 고민하고 있다. 어떤 운명이 기다리고 있을지는 잘 모르지만 지혜롭게 대처할 수 있기를 기원한다.

이 책은 메를로-퐁티의 신체 철학을 중심으로 그의 이론 철학과 실천 철학 부문으로 나누어 편집되었다. 신체의 철학자 메를로-퐁티는 서양 철학사에서 신체적 전회를 감행함으로써 신기원을 이룬 인물이다. 칸트와 후설의 선험적 전회, 비트겐슈타인과 로티의 언어적 전회에 필적하는 전회가 메를로-퐁티의 신체적 전회이다. 이 획기적 사건은 서양철학의 주 무대의 성격을 확연히 바꾸어 놓았다. 당시의 시대적 흐름의 징조와 조류에 부합하는 사건이기도 했지만 지금의 포스트모던 사회의 유행 사조를 일별할 때 신체는 이제 의식의 자리와 지위를 대신했다고 해도 과언이 아니다. 신체는 요즈음 거의 공기처럼 시대사조의 전경과 배경으로 공유되고 있다. 철학의 역사에서 변두리에 있던 신체가 이렇게 주 무대에 오른 것은 메를로-퐁티의 현상학적 신체 연구 덕분이라고 할 수 있다. 메를로-퐁티의 지각 현상학은 헤겔의 '정신현상학'에 대비되는 '신체현상학'이라고 말할 수 있다. 나는 메를로-퐁티가 지각의 현상학을 저술할 때 헤겔의 정신의 현상학을 의식했다고 믿는다.

이 책은 메를로-퐁티의 신체현상학을 세계, 자아, 타아, 신을 주제로 해서 연구한 부분을 이론 철학의 범주로 묶었고 그 밖의 윤리, 정치, 역사, 언어, 회화를 주제로 한 연구 부분을 실천 철학의 범주로 분류했다. 메를로-퐁티의 신체현상학적 관점에서 앞의 네 주제와 뒤의 다섯 주제를 전통 철학의 범주인 이론 철학과 실천 철학으로 배정하는 것이 엄밀하고 정확한지에 대해서 의문을 품을 수 있지만 무리는 없을 것이라고 본다.

이 책은 편집 작업을 하는 과정에서 개개의 글들에 대해서 부분부분 퇴고하고 수정했다. 하지만 대지는 변동이 없고 수정되고 보완된 부분은 일부분에 불과하다. 부자연스러운 문맥이나 어색한 문장 그리고 불분명하고 부정확한 부분을 조금씩 손대었을 뿐이다. 내용이 일부 중복되는 대목도 발견되었지만 글의 논리적 전개를 위해 불가피한 것이라서 고치지 않고 그냥 두었다. 각 장에 배치된 글들은 글 말미 각주에 출전을 밝혀 두었다. 그리고 편집 의도와 목적상 원래 논문의 제목과 소절은 일부 변경되었다.

끝으로 이 책이 나오게 된 모든 글들은 오랫동안 신세 진 빚으로 부터 자유롭지 못하다. 신오현 지도 교수님, 선후배 동학들, 동료 연구자들, 논문을 게재한 학회들, 재직 중인 신라대학교, 이름을 일일이 열거할 수 없는 모든 이들에게 진심으로 감사를 드린다. 또한 가정에서 항상 천사 노릇을 기품 있게 맡아 준 아내 그리고 행복 바이러스인 세 딸 니콜, 소피아, 노바에게도 고마운 마음을 전한다.

2019년 11월
류의근

서론 메를로-퐁티의 신체적 전회

1. 시작말

　　　서양 철학사에서 이름도 성도 없었던 신체가 최근에 굉장한 각광을 받고 있다. 특히 현대 프랑스 철학에서 신체의 철학적 의미에 많은 관심을 보이고 있다. 이는 데카르트에서 베르그송, 마르셀로 이어지는 프랑스 철학의 전통이기도 하다. 그 중에서도 메를로-퐁티는 신체를 철학과 현상학의 대상으로 주제적으로 다루고 있다.[1] 신체는 철학의 사각지대 또는 불모지대, 현상학의 미개척 영역이라고 해도 과언은 아닐 것이다. 의식 일변도의 서양철학이 신체에 시선을 돌린

1　리차드 자너는 베르그송과 마르셀의 신체론이 메를로-퐁티의 신체론의 배경이라고 본다. 자너에 따르면, 메를로-퐁티의 신체 분석은 베르그송의 그것에 영향을 받았을 뿐만 아니라 마르셀의 그것을 상세하게 전개한 결과이다. Richard Zaner, "Merleau-Ponty's Theory of the Body-Proper as Être-au-Monde", *Journal of Existentialism* (1965), vol.6, no.2, pp. 36-38.

것은 서양 철학사의 커다란 지대 변동으로 간주될 수 있겠고 철학의 미래와 방향에도 적지 않은 근본적인 변화를 가져왔고 또 가져올 것으로 보인다. 우리에게 정신보다도 더 가까운 것이고 공기와도 같았던 신체만큼 일찍이 그 중요성과 가치에 있어서 주목을 받아 보지 못한 것은 없을 것이다. 이제 더 이상 철학적으로나 현상학적으로나 그리고 우리의 생활사의 이해에서 신체가 배제되어서는 안 되겠고 응분의 몫을 되돌려 주어야 할 것이다.

메를로-퐁티 현상학의 출발점은 후설의 후기 현상학이다. 바꾸어 말해서, 메를로-퐁티의 현상학적 철학은 후설의 『유럽 학문의 위기와 선험 현상학』의 현상학, 생활 세계를 통한 현상학의 계승이고 발전이다. 메를로-퐁티는 이 점에서 사르트르 및 하이데거와 다르다. 사르트르와 하이데거의 후설은 『이념들』의 후설이다. 즉 구성적 현상학의 후설이다. 메를로-퐁티는 후설 현상학의 발전 단계에 있어서 가장 중요한 단계가 그의 유고에 나타난 현상학이라고 믿었다. 메를로-퐁티가 루뱅 대학의 후설 문고를 방문하여 미발간 유고를 검토했다는 것은 이제 널리 알려진 사실이다. 사르트르의 『존재와 무』는 생활 세계를 기술하는 현상학과는 아무런 관계가 없고, 하이데거의 『존재와 시간』은 후설의 구성적 현상학에 대한 문제 제기에서 시작되었다.[2]

---

2 후설의 구성적 현상학은 의식의 구성 작용을 주제로 삼는다. 그것은 의식에 주어진 것, 즉 현상에서 시작한다. 그런데 현상은 한갓되게 나타남은 아니다. 즉 그것은 어떤 종류의 지시를 뜻한다. 다시 말하면, 나타남은 나타남 안에서 나타남으로 주어지는 존재하지 않는 어떤 존재자를 지시한다. 후설의 경우, 이러한 존재자는 의식 행위에 의해서 존재자로서 구성된다. 이러한 구성은 절대적 자아의 삶이다. 그러나 하이데거는 현상에서 의식의 지향적 구성 작용을 파악하는 후설과 달리, 존재자가 스스로를 내보이고 있다는 사태를 간취한다. 그리하여 하이데거는 어떻게 존

이러한 메를로-퐁티가 신체를 자기 철학의 주제로 삼는 것은 어떤 배경에서인가? 그것은 후설이 구성적 현상학과 발생적 현상학을 같이 논하는 후설의 모순성[3]에 기인한다. 우리가 보기에 후설을 괴롭힌 문제 중의 하나는 주체를 능동적 종합의 주체로만 볼 수 없고 자체적으로 조직되어 있는 세계의 수용체로만 볼 수도 없는 어떤 지각적 경험, 즉 수동적 종합이었던 것 같다. 사실 어떤 의미에서 수동적 종합은 개념상의 형용모순이다. 왜냐하면 종합은 구성 과정이고 수동성은 다양성을 구성하는 것이 아니라 다양성을 수용하는 것에서 성립하기 때문이다. 후설은 이러한 수동적 종합의 이해 가능성을 끝까지 구성적 의식의 순수 행위에서 찾고자 했던 반면 메를로-퐁티는 수동적 종합에 대한 후설의 태도에 한계가 있다고 판단하고 수동적 종합의 본성을 규명하는 착안점을 신체에 두게 된다. 이렇게 후설의 선험적 의식으로부터 신체에로 관점을 전이하는 것이 메를로-퐁티의 현상학의 아르키메데스적 일점이다. 우리는 이러한 전이를 신체적 전회라고 부른다.

메를로-퐁티의 현상학에 있어서 신체는 지각의 가능 조건이자 주체이고 인간과 세계에 대한 선험적 관점이다. 메를로-퐁티의 신체 개념은 그 기능과 역할에 있어서 칸트의 선험적 통각, 후설의 선험적 자아, 하이데거의 존재에 비유될 수 있다. 메를로-퐁티의『지각의 현

재자가 스스로를 내보일 수 있는가를 묻게 된다. 현상 방식 또는 현상 가능성에서 후설은 의식의 의미를, 하이데거는 존재의 의미를 보고자 한다. 따라서 하이데거는 "왜 차라리 아무것도 없지 않고 무엇이 있는가"라고 묻는 것이다. 이것이 후설이 존재의 물음을 소홀히 했다고 하이데거가 비판하는 이유이다.

3 Merleau-Ponty, *Phénoménologie de la Perception* (Paris: Gallimard, 1945), p. ⅰ. *PdeP*로 이하에 표기함.

상학』은 의식의 관점에서가 아니라 신체의 관점에서 인간과 세계를 이해하는 새로운 현상학적 사유 모형을 제시한다. 이러한 맥락에서 이 글은 메를로-퐁티의 주저『지각의 현상학』을 중심으로, 인간 신체의 철학적 문제성이 어디에 있으며, 인간 신체가 물리적 대상과 어떻게 다른가를 살펴보고, 메를로-퐁티의 신체론을 인간 현상에 대한 새로운 이해를 제공하기 위한 비전으로 받아들인다.

2. 신체화의 문제

　　『지각의 현상학』의 목표 중의 하나는 "우리가 공간, 대상, 또는 도구를 우리에 대하여 존재하게 하고 수용하게 하는 원초적 기능을 명료화하고 신체를 그러한 전유화(appropriation)의 장소로서 기술하는 것이다."[4] 세계를 지각하는 데 있어서 신체가 담당하는 원초적인 기능을 기술하는 것이 메를로-퐁티의 신체의 현상학적 연구이다. 신체가 어떻게 세계를 지각할 수 있는가? 신체를 어떻게 대상적·객관적으로 대하지 않고 현상학적으로 설명하고 기술할 수 있는가? 메를로-퐁티는 신체의 현상학적 기술과 분석을 위한 출발점으로서 객관적 경험의 자기모순성을 드러내는 절차를 밟는다.

　　메를로-퐁티가 객관적 경험이 빠지는 모순을 들추어내기 위해 논구하는 '집'의 경험에서 시작해 보자. 내가 이웃집을 볼 때,

---

4 PdeP, p. 180.

나는 어떤 각도에서 그 집을 본다. 사람들은 센강의 우안에서 그 집을 볼 수도 있고, 집 안에서 그 집을 볼 수도 있다. 또는 비행기에서 그 집을 볼 수도 있다. 집 **그 자체**는 그러한 출현들의 어느 것도 아니다. 라이프니츠가 말한 대로, 그것은 그러한 조망들과 가능한 다른 모든 조망들의 실측, 말하자면 사람들이 모든 조망을 이끌어 낼 수 있는 조망 없는 항이다. 그것은 어느 곳에서도 보이지 않는 집이다. 그러나 이러한 말들은 무엇을 의미하고자 하는가? 본다는 것은 언제나 어느 곳에서 본다는 것이 아닌가? 집 자체가 어느 곳에서도 보이지 않는다고 말하는 것은 집을 볼 수 없는 것이라고 말하는 것이 아닌가? 그러나 내가 나의 눈으로 집을 본다고 말할 때 실로 의심스러운 어떤 것도 말하고 있지 않다.[5]

얼핏 보아서는, 그 의도가 무엇인지 단숨에 잡히지 않는 인용문이다. 그도 그럴 것이 여기에는 소박한 실재론의 폐위와 복권의 매우 중요한 내막이 숨겨져 있기 때문이다. 이 인용문 자체의 논지는 사물은 우리가 보는 시각에 따라 달리 보인다는 것과 그렇게 되면 우리가 보는 집은 볼 수 없는 집이 된다는 것이다. 이 두 가지 사항은 서로 모순적이다. 바로 이 점이 이 인용문을 이해하기 어렵게 만드는 요인이다.

그런데 왜 우리는 어떤 관점, 지점, 조건에서 사물을 지각하게 되면 그 지각 대상은 지각할 수 없는 것으로 되는가? 소박한 실재론에

5 *PdeP*, p. 81.

의하면, 우리는 대상이 우리에게 나타나는 대로 존재한다고 믿는다. 의식에 주어진 세계는 실재 세계와 일치한다. 우리가 주위를 둘러보면서 지각하는 사물의 형태, 색깔, 소리 등은 우리가 지각하는 사물의 내재적 성질들이다. 이러한 주장의 문제점은 착각에 의한 논증을 통해서 제기된다. 나는 둥근 탁자를 위에서 보면 원 모양이지만 멀리서 보면 타원 모양이다. 원형과 타원형은 동일한 탁자의 표면일 수 없다. 어느 누구도 모순을 범하지 않고 원형과 타원형이 동일한 탁자의 내재적 성질이라고 주장할 수 없다. 소박한 실재론의 난점은 자신의 지각적 경험이 사물을 있는 그대로 보여 주는 것이라고 믿는 것이 전혀 그와는 정반대의 결론을 가져온다는 것이다. 우리는 집을 이렇게 볼 수 있고 저렇게 볼 수 있지만 그 집이 우리에게 보이지 않는 집으로 될 수 있는 것, 우리가 볼 수 없었고 볼 수 없는 집으로 되는 것은 그러한 논의의 귀결이다. 다시 말하거니와, 이 현상, 저 현상은 모두 집의 현상이지만 집의 일부일 뿐 집 자체는 아니므로 집은 영원히 보이지 않을 운명에 처하게 된다. 이와 같이 소박한 의식의 실재론은 스스로 전제하는 실재론을 부정하게 된다.

그러므로 소박한 실재론은 난점을 타개할 방도를 강구하게 되거니와, 그것이 조망적 실재론이다. 조망적 실재론에 의하면 크기, 형태, 색깔 등은 내재적이 아니라 상대적이다. 즉 탁자의 모양은 여기서 보면 둥글고 저기서 보면 타원형이다. 대상의 감각적 성질들은 대상에 내재하는 것이 아니라 관점과 처지, 말하자면 조망에 따라 상대적이라는 것이다. 그래서 탁자는 여기저기서 달리 보일 수 있지만 여전히 그 탁자는 우리가 보는 탁자인 것이다. 조망적 실재론은 착각에

　　　　서론　메를로-퐁티의 신체적 전회

의한 논증이 제기하는 문제점을 피해 가는 대신 다른 문제점을 맞이하게 된다. 즉 그것은 여전히 동일한 그 탁자가 실제와는 다르게 나타난다는 점이다. 그 탁자는 여기서 둥글고 저기서 타원형이지만 그 자체로는 둥글지 않다. 그것은 조망적 실재론이 모든 성질과 현상을 상대적으로 취급하고 모든 조망을 동등하게 취급하기 때문이다. 그러나 우리는 둥근 탁자가 어떤 조망에서는 있는 그 모습 그대로의 둥근 대상으로 나타난다는 것을 잘 안다. 따라서 조망적 실재론은 대상이 관점에 따라 상대적이 아니라 실재적 형태와 크기를 가지고 있다는 사실을 설명할 수 없다. 이렇게 보면 소박한 실재론과 조망적 실재론은 동일한 운명을 맞이한다.

그렇다면 정녕 조망적 실재론은 모든 조망과 현상이 동등한 진리 주장을 한다는 책임에서 그리고 조망의 변화에도 불구하고 일정한 크기와 형태를 가진 영속적 대상을 인식할 수 없다는 책임에서 벗어날 수 없는가? 아니면 조망 없이도 대상에 접근하는 것이 가능하다는 말인가? 대상에 대한 조망적 접근은 대상이 나에게 드러나고 폭로되기 위한 최소한의 수단이다.[6] 집을 보고 있는 저기의 제3자와, 동일한 그 집을 보고 있는 여기의 내가 동일한 인물일 수 없는 한, 대상에 조망적으로 접근하는 것이 가능하지 않으면 안 된다. 가능하지 않으면 저기의 제3자와 여기의 나는 정확하게 동일한 위치를 점유할 수 있어야 하거나 너와 나의 세계가 존재하지 않거나 해야 한다. 전자는 내가 신체적 존재이기에 불가능하고 후자는 유아론을 의미한다. 그런

---

6 *PdeP*, p. 82.

데 유아론에 빠지게 되는 것이 지각의 조망성을 고수해서가 아니라 고수하지 않아서인 것은 언뜻 보기에 이상하다. 내가 사물을 조망에 따라 지각할 수 있다면, 사물은 단 하나의 절대적 관점, 즉 신의 관점에서 보여진 것, 다시 말해서 완결된 대상인 것에 그칠 수는 없다. 왜냐하면 그것은 끝없는 조망에 열려 있고 따라서 무궁무진하기 때문이다. 나뿐만 아니라 나 이외의 모든 사람에게 열려 있는 이러한 무한한 탐구의 가능성 때문에, 나의 친구가 보는 그 집이 바로 내가 보는 그 집이라는 것을 알 수 있는 길이 열리고, 실재와 착각이 구별될 수 있는 길이 열리며, 조망과 현상의 상대성에도 불구하고 사물의 내재적 속성을 인식할 수 있는 길이 열린다. 지각의 조망주의를 고수하지 않는 한 상호주관적 세계는 없고 조망주의를 고수하는 한 유아론은 없다. 조망주의는 유아론으로 가는 길이 아니라 오히려 외부 세계, 상호주관적 세계의 실체에 대한 접근 수단이다. 그러므로 지각의 조망성은 대상 지각의 필연성이지 않을 수 없다.

> 우리는 이러한 지각의 조망주의가 무차별적 사실이 아니라고 말했다. 왜냐하면 조망주의가 없으면, 두 주관은 감각적 내용을 넘어서 존재하고 지속하는 입방체를 지각하는 것을 의식하지 못할 것이기 때문이다. 입방체의 모든 측면이 일거에 인식될 수 있다면 내가 관계하는 것은 조금씩 탐색되는 사물과의 관계가 아니라 나의 마음속에 진실하게 들어 있는 관념과의 관계일 것이다.[7]

7 Merleau-Ponty, *La Structure du Comportement* (Paris: Presses Universitaires de France, 1943), p. 229. *SC*로 이하에 표기함.

서론 매를로-퐁티의 신체적 전회

이러할진대, 모든 조망은 지각과 인식의 균등화, 상대화를 가져온다고 계속 문책할 수 있을 것인가? 이것은 대상 지각의 신체적 기초를 망각할 때 제기되는 물음이다. 우리가 대상을 지각할 때 신체는 대상 앞에서 긴장한다. 이를테면 대상을 조금이라도 잘 파악하고자 적절한 거리의 획득을 위해 자기 조절한다. 신체 없는 마음이라면 이러한 자기 조절과 긴장은 일어나지 않는다. 바로 이 지점에서 사람들은 그렇다면 모든 조망은 동일한 가치를 가지는 것이 아닌가 하고 의심할 수 있다. 그러나 신체와 관련한 대상의 위치와 상황과 주변 때문에 그럴 수 없다. 그것들은 신체에 대하여 운동감각적 의미와 가치가 서로 다르다. 환경이 주어질 때마다 신체가 그 환경을 향해 정위하면서 자기 자신에 대하여 가지는 경험, 즉 체험된 신체는 동일할 수가 없다. 만약 동일하다면 사물의 지각과 인식은 불가능할 것이다. 따라서 모든 조망이 동등한 가치를 가질 것이라는 우려는 어떤 인식도 불가능하다는 결과를 초래할 것이다. 이러한 의미에서 지각의 신체적 기초 또는 매개는 인식의 필수 조건이다. 세계가 우리에게 현존하고 우리가 세계를 지각하게 되는 것은 신체가 수다한 조망 중 어떤 조망을 특전적이게 했기 때문이고 이것은 신체의 자기 경험을 전제한다. 내가 입방체의 측면들을 지각하는 것이 그 입방체를 향해 정위된 신체 자신의 위치와 운동에 대한 의식 없이 가능할 수 있겠는가? 사물의 지각은 최소한, 신체화된 마음에 의해서 가능할 것이다. 따라서 지각의 조망성과 신체화된 마음은 객관적 지각의 가능 조건이다. 이리하여 **신체는 세계 속의 한 대상이 아니라 세계에 대한 관점이고 주관의 편에 놓이게 된다.** 이것이 신체 또는 신체화가 문제로 되는 맥락이다.

그런데 소박한 의식이 왜 자기모순에 빠졌던가? 사물은 사물이 우리에게 나타나는 방식과 구별되어야 함에도 사물과 사물의 현상 방식을 동일시했기 때문이다. 이러한 동일화는 대상의 지각의 조망 성을 전혀 고려하지 못하는 데서 발생한다. 소박한 의식은 동일화 덕 분에 서로 다른 집의 현상들인데도 이 현상들을 동일한 의미를 소유 하는 집의 현상들로 처리한다. 즉 시공간적으로 달리 자리 잡은 관점 에 따라 그 집이 둥글게, 모나게, 길게 나타나더라도 여전히 그 집은 동일한 집이다. 그렇다면 모든 현상은 바로 그 집 자체와 같다고 믿 어지고 있으므로 특정 현상의 의미는 그 이외의 다른 현상의 의미와 동일해야 한다. 그러나 한 현상의 의미는 다른 현상의 의미일 수 없 고 대신할 수 없다.

소박한 의식이 귀착할 수밖에 없었던 이러한 자기모순의 운명은 지각의 조망주의에서 극복된다. 조망주의에 의하면,

> 의심할 나위 없이, 나는 이 책상에 대한 나의 현재의 경험이 완결된 것이 아님을 알고 있다. 나는 또한 이 책상이 그 측면들 중의 일부만 을 나에게 보여 준다는 것을 알고 있다. 다시 말하면, 색깔, 형태, 또 는 크기가 문제이건 간에 나는 그 측면들 모두가 조명, 관점, 착점에 따라 달라질 것이라는 것을 잘 알고 있다. 그리고 나는 그 책상이 지 금 이 자리에서 주어지는 규정들로 환원되지 않는다는 것도 잘 알고 있다.[8]

서론 메를로-퐁티의 신체적 전회

이렇듯 조망은 "동일한 사물을 서로 다른 여러 가지 측면들을 가진 것으로 지각하는 수단"[9]이고 사물이 이러저러한 측면들을 가지는 것으로 나타나더라도 그 측면이 여전히 동일한 사물의 그것이게 만든다. 그렇다면 이제 소박한 실재론은 사물과 사물의 현상을 혼동하지 않을 수 있는 지점에 이르게 되었다. 그 양자를 구별하지 못해서 소박한 의식의 실재론이 폐기되어야 했다면 소박한 실재론은 조망주의 덕분에 구제된다.

　　이성을 가지고 반성을 하는 자라면 사물과 사물의 현상을 구별하지 혼동하지 않을 것이다. 따라서 그들은 우리에게 나타나는 사물의 현상을 보고 그것이 곧 사물이라고 믿는 그런 소박성이 어디서 나오는가라고 묻지 않을 수 없게 된다. 양자를 혼동하지 않는다면, 집의 지각과 집의 분리는 필연적이다. 여기서 철학의 미로가 시작된다. 우리가 지각하는 것은 집의 현상이지 집이 아니기 때문에 양자의 비교와 일치는 원천적으로 봉쇄되어 있고 집이 있다는 것을 알 수 없게 된다. 또한 지각을 인과적으로 설명하는 로크식의 표상적 실재론이 탄생한다. "지각은 사물이 신체에 작용한 결과이고 신체가 영혼에 작용한 결과이다."[10] 그리고

　　세계는 이중화된다. 나의 신체 밖에 있는 실재적 세계가 있을 것이고 이 세계와 수적으로 구별되는 나에 대한 세계가 있을 것이다. 지각의

8　SC, pp. 200-201.
9　SC, p. 209.
10　SC, p. 205.

외적 원인은 지각이 사고하는 내적 대상과 구별되어야 할 것이다. 신체 자신은 물질적 덩어리가 되고 이와 상관해서 주관은 자신의 내부에서 그 표상들을 사고하기 위해 뒤로 물러나는 자세를 취한다.[11]

여기서 지각은 더 이상 "사물을 바로 그 장소에 있는 것으로 발견하는 사물의 소유"[12]일 수 없고 신체는 "해부, 즉 보다 일반적으로 말해서, 고립적인 분석 방법을 통해서 우리에게 알려지는 신체",[13] 즉 **실재적 신체**가 된다. 따라서 신체는 우리와 사물 사이에서 작용하는 기제 또는 미지의 힘으로서 지각을 위조 또는 가공할 수 있는 능력으로 둔갑한다.

그러나 이것은 소박한 의식의 경험의 완전한 왜곡이다. 조망은 사물의 본질적 특성이다.[14] 왜냐하면 사물이 나타나기 위해서는 조망이 없어서는 안 되기 때문이다. 따라서 조망이 사물의 존재 근거가 되는 것은 불가피하다. 조망은 우리에게 실재적 세계와 교섭하고 있다는 확신을 제공하고 나의 책상의 측면은 아무런 가치도 없는 현상으로서가 아니라 나의 책상의 증시로서 직접적 인식에 주어진다.[15] 그렇다면 조망 덕분에 사물과 사물의 현상을 혼동하지 않게 된 소박한 의식은 이제 결국 사물과 사물의 현상의 일체성을 가리키는 셈이다. 소박한 의식에는 사물과 그 사물의 주관적 표상의 이중화가 없다. "소

---

11 *SC*, p. 205.
12 *SC*, p. 205.
13 *SC*, p. 205.
14 *SC*, p. 201.
15 *SC*, p. 201.

서론 메를로-퐁티의 신체적 전회

박한 의식이 도달한다고 생각하는 것은 사물이지 어떤 내적인 이중적·주관적 재생산이 아니다."[16] 언어화되어 객관화되고 표상화되기 이전의 소박한 의식에 대하여 메를로-퐁티는 그것이야말로 실재론적이라고 말한다.

> 내가 직접적 의식이 말하는 것을 충실히 지키고자 한다면, 내가 면전에서 보고 쓰고 있는 책상, 나의 감각장을 넘어서 나를 둘러싸고 있는 방, 정원, 거리, 도시, 결국 나의 모든 공간적 지평은 내가 가지는 지각의 원인, 타동적 작용에 의해서 소인을 남기는 또는 상을 산출하는 원인인 것 같지 않다. 오히려 나에게 나의 지각은 지금까지 잠재되어 있는 그 대상을 저기 있는 것으로 드러내고 그 현존을 증시하는 한줄기의 빛과 같다.[17]

이것이 소박한 의식의 본질이라면 지각의 인과적 설명은 소박한 의식의 참된 의미의 은폐 행위이다. 이제야 비로소 우리는 소박한 실재론의 자기모순이 객관적 경험·반성적 사고·과학적 설명에서 발생하는 상황일 뿐이라는 것을 알게 되었다. 따라서 집을 어느 곳에서도 보이지 않는 집으로 만든 것은 객관적 사고의 자업자득이지 소박한 의식의 책임이 아니다. 오히려 소박한 의식은 집을 모든 곳에서 보인 집으로 만든다. 객관적 사고에서 집은 영원히, 모든 곳에서 보일 수 없는 집으로 남아 있어야 하지만 소박한 의식은 집이 모든 곳에서 보

16 *SC*, p. 201.
17 *SC*, p. 200.

인 집일 수 있는 가능성을 열어 놓는다. 소박한 의식과 그 대상을 인과관계로 풀이하고자 하는 표상적 실재론 역시 소박한 실재론을 오해하는 데서 빚어진 결과일 뿐이다. 따라서 폐기해야 하는 것은 소박한 의식과 실재론이 아니라 역으로 객관적 경험의 이름으로 그것을 폐기하고자 하는 객관적 의식과 표상적 실재론이다. 이리하여 객관적 경험이 자리를 내어 주고 소박한 경험이 복권된다.

소박한 의식의 경험에서 지각이 인과적 설명의 대상이 아니듯 신체 역시 자연적 대상이 아니다. 소박한 의식의 경험에서 나는 나의 신체가 사물과 나 사이에 화면을 형성하는 일 없이 사물을 직접적으로 지각한다. 색안경 착용의 경험에서 우리는 색안경이 빛을 받는 외부 풍경을 변화시킨다는 사실에는 민감하나 그러한 지각적 경험에서 "주관이 자신의 신체**에 따라** 지각한다"[18]는 사실에는 둔감하다. 내가 이러한 경험에서 풍경을 지각할 때 신체는 세계와 나 사이의 매개로서 존재한다. 나는 나의 눈으로 보지만 그 눈은 그냥 보는 도구로서 존재할 뿐 투명한 또는 불투명한 조직이나 기관으로서는 아니다. 바꾸어 말하면 그 매개는 망막에 상이 형성되기 이전의 매개라는 것이다. 우리는 지각할 때 이러한 신체적 매개를 곧잘 잊어버린다. 우리가 여기서 말하고 싶은 것은 세계가 우리에게 현존하는 것, 우리가 세계를 지각하는 것은 **신체화의 문제**라는 것이다. 내가 갑자기 나의 시선을 끄는 장면을 보게 될 때 나는 나의 눈을 깜박거리는 지각적 단절이 나에게 일어나는 것을 거의 의식하지 못한다. 그러나 그것은 분명

18 *SC*, p. 205.

히 일어나는 일이다. 나는 언제나 의식하는 것은 아니지만 눈을 감음으로써 보는 광경을 보이지 않게 할 수 있음을 문득 깨달을 때가 있고 나의 눈이 매개가 되어 나는 보고 있구나 하는 것을 자각할 때가 있다. 이러한 신체와 신체 기관은 "나의 의도의 받침점 또는 수레"[19]이며 생리학적 실재로 파악되기 이전의 것이다.

메를로-퐁티는 신체에 이렇게 접근하고 기술하는 것을 "세계와의 소박한 접촉을 회복하기 위한" 현상학의 사유 노력의 일환으로 규정하면서 자신의 기획을 다음과 같이 설명한다.

> 지각하는 마음은 신체화된 마음이다. 무엇보다도, 나는 신체와 세계가 마음의 뿌리임을 재확립하고자 노력을 경주했고 이러한 확립은 의식의 자율성을 고집하는 교의에 반대하는 것은 물론이거니와 지각을 외부의 사물이 우리의 신체에 미치는 단순한 작용의 결과로서 취급하는 교의에도 반대한다. 이러한 철학들은 순수 외부와 순수 내부를 즐기기 때문에 마음을 신체성에 게재하는 것, 우리가 우리의 신체와 더불어 그리고 상관적으로, 지각된 사물과 더불어 품는 애매한 관계를 망각하는 것을 당연시한다.[20]

---

19 *SC*, p. 203.
20 Merleau-Ponty, *The Primacy of Perception and Other Essays on Phenomenological Psychology, the Philosophy of Art, History and Politics*, ed. and trans. James M. Edie (Evanston: Northwestern University Press, 1964), pp. 3-4.

3. 신체의 지위

_____ 신체의 참된 본성을 올바르게 해명하기 위한 메를로-퐁티의 전략은 다양한 지각적 경험에 대한 전통적인 과학적 설명을 비판적으로 성찰함으로써 그것이 맞이하게 되는 모순, 혼동, 비일관성, 부적절성을 폭로함과 동시에 자신의 대안적 해석을 제공하는 것으로 이루어져 있다. 『지각의 현상학』 전반에 걸친 그의 논의 방식은 거의 그런 식이기 때문에 그가 분석·비판·반증의 자료로 삼는 지각적 경험 및 과학적 지식을 떠나서는 그의 신체 이론을 이해할 수가 없다. 또한 바로 그 점이 다른 철학적 저술에서는 거의 발견할 수 없는 희귀하고도 독특한 면이다. 『행동의 구조』도 마찬가지이다. 따라서 우리는 메를로-퐁티의 신체 이론의 내용을 구체적으로 드러내기 위해서 그가 펼치는 논의를 사례 분석을 통해서 재차 밟아 가지 않을 수 없다.

메를로-퐁티는 기계론적 생리학과 고전적 심리학이 제시하는 신체의 설명을 거부한다. 먼저 메를로-퐁티는 생리학적으로 설명될 수 없는 두 가지의 신체적 경험을 검토한다. 그것은 환상지 현상과 병식 결손증이다. 환상지 현상은 사지가 절단된 환자가 여전히 절단된 사지가 그대로 있는 것 같은 느낌을 가지는 경우를 일컫는다. 유방과 남근에도 이러한 현상은 가능하다. 메를로-퐁티가 드는 경우는 전장에서 포탄 파편에 부상을 당해 팔을 절단한 병사의 경우와 다리 절단 수술을 받은 환자의 경우이다.[21] 전자는 팔에 파편이 박혀 팔을 절단

---

21 PdeP, p. 90.

했음에도 여전히 팔이 있다고 믿고 박힌 파편 때문에 팔이 저리다고 말한다. 후자는 잘린 다리가 있다는 환각의 느낌 때문에 걷는 모습까지 보이며 넘어지더라도 낙담하지 않는다.

이러한 환상지 현상을 생리학은 어떻게 설명하는가? 이 경우 생리학은 신체를 외적 신체, 즉 수용기에 작용하는 대상으로 본다. 따라서 환상지 현상은 다리가 잘리고 남은 부분에 자극이 주어질 때 일어난다. 즉 그것은 신경 체계의 기능으로 설명된다. 말하자면 다리 절단 수술을 받은 환자는 있었던 다리에 주어진 자극이 다리에서 두뇌로 전송되는 도중 그 자극을 대신하는 어떤 다른 자극이 주어지면 환상지를 느껴야 한다. 이러한 생리학적 설명은 상상의 다리가 실재의 다리인 양 느껴지는 것을 설명할 수 있을지 모르나 상상의 다리가 실재의 다리가 있었던 바로 그 지점에서 느껴지는 것을 설명할 수 없다. 또한 그것은 환상지가 환자의 개인적인 역사, 기억, 감정 또는 의지에서 일어날 수 있는 것을 설명할 수 없다. 더욱이 그것은 어떠한 다리 절단도 없는 대뇌 손상에 따른 환상지 현상이 있다는 것을 설명할 수 없다. 이 모든 환상지 현상을[22] 생리학적으로 설명할 수 있는 유일한 방법은 환각의 다리가 실재의 다리처럼 상처를 입는 또는 입을 수 있는 다리로 되는 것뿐이다. 그러나 이것은 생리학적 설명이 설명하고자 하는 바 환각지 그 자체를 부정하는 것이다.

그렇다면 메를로-퐁티의 대안은 무엇인가? 다리를 절단한 사람은 죽은 절친한 친구를 생생하게 느끼는 것처럼 자신의 다리를 느낀

---

22 *PdeP*, pp. 90-91.

다. 그것은 그가 자신의 다리를 계산에 넣고 있기 때문이다. 그러나 그 계산은 여러 가지 가능성을 숙고한 후에 분명한 입장을 취하는 정립적 의식과 같은 것이 아니다.

> 우리 내부에서 절단과 장애를 거부하는 것은 장애와 절단에도 불구하고 자신의 세계를 계속 지향하는, 그리고 바로 그 정도만큼 그것들을 **권리적으로** 인식하지 않는 나인 것이다. 다시 말하면 어떤 물리적인 세계, 인간 상호 간의 세계에 참여한 나이다. 장애의 거부는 세계에 대한 우리의 집착의 이면이고 우리를 우리의 과거, 근심, 상황, 친숙한 지평에 내던지는 자연적 운동을 거스르는 것에 대한 암시적 부정일 뿐이다. 환각의 팔을 가지는 것은 팔만이 수행할 수 있는 모든 행동에 열려 있다는 것이고 절단에 앞서 사람들이 가졌던 실천적 장을 간직하고 있다는 것이다.[23]

메를로-퐁티는 지금 환상지가 어떻게 가능한가 하는 문제에 대하여 세계 내 존재의 관점에서 설명하고 있다. 즉 그 현상은 주관이 세계를 의식하고 세계에 현존하는 방식으로 이해된다. 그리고 환상지를 느끼는 주관은 이미 자신의 상황, 말하자면 세계를 선의식적 (preconscious)으로 지각하고 있는 것처럼 보인다. 환각의 다리가 실재의 다리와 같은 것일 수 없는 이유는 바로 거기에 있다. 또한 바로 이 점이 정상인처럼 걷는 모습을 보여 주고자 하는 환자의 기도가 좌

---

23 *PdeP*, p. 97.

서론 메를로-퐁티의 신체적 전회

절되는 이유이다. 따라서 환각의 다리의 지각은 달리 설명되지 않으면 안 된다. 그것은 "세계를 향해 일어나는 신체"[24]를 요구한다. 그것은 주관의 상황에 대한 "신체적 인식"[25]이다. 그러므로 환상지를 느끼는 주관은 신체가 세계에 현존하는 것으로 풀이되고 주관의 의식은 신체적인 것이다. 그리고 세계 내 존재의 뿌리는 세계에 대한 신체의 선의식적 파악에 있으며 신체는 이러한 선의식적 인식의 수레이고 우리가 세계 내 존재 방식을 취하는 수단이다. "신체를 가지는 것은 일정한 환경에 상호 연관된다는 것이고 어떤 기투와 일체를 이루는 것이며 계속적으로 거기에 참여한다는 것이다."[26]

환상지가 세계 내 존재의 현상이라는 것과 세계 내 존재의 뿌리가 신체라는 것 그리고 신체가 주관의 의식 바깥에 있는 사물과 같은 대상이 아니라는 것 때문에 메를로-퐁티는 환상지의 생리학적 설명을 거부한다. 마찬가지의 이유에서 메를로-퐁티는 병식 결손증의 생리학적 설명을 거부한다. 병식 결손증은 시력 감퇴, 사지 상실과 마비 등과 같은 신체적 결함이나 질병을 인식하지 못하거나 인식하는 것을 거부하는 현상을 말한다. 일명 질병 부인증이라고도 한다. 메를로-퐁티가 드는 사례는 오른팔이 마비되어 있는 환자의 경우이다. 이 환자는 오른팔을 내밀라고 하면 오른손이 마비되어 있음을 부인하면서 왼손을 내민다.

그러나 자신의 불구를 느끼지 않으려고 마비된 팔을 움직이지 않

---

24 *PdeP*, p. 90.
25 *PdeP*, p. 93.
26 *PdeP*, p. 97.

는 것 자체가 환자가 팔의 불구에 대한 선의식적 인식을 갖고 있음을 말해 준다.[27] 이것은 마치 정신분석 치료를 받고 있는 환자가 생각하기도 싫고 마주하기도 겁나는 성격상의 결함을 자신도 모르게 숨기려고 하지만 그렇게 숨기고자 함에서 그 결함을 의식할 수 있는 것과 흡사하다. 따라서 불구의 팔을 움직이지 않는 것은 이미 팔의 불구를 의식하고 있는 것과 매한가지이다. 환자는 마비된 팔을 만나는 위험을 꺼려 하지만 그런 위험을 무릅쓰는 경우에만 팔이 마비되어 있음을 인식할 수 있다. 그 환자는 자기가 마비된 오른손으로 글을 쓰고자 하거나 피아노 건반을 두드려 보는 경우에만 자신의 결손에서 벗어날 수 있고 세계와의 생명적 접촉이 재개될 수 있다. 그렇지 않고 "환자가 자신의 결손을 은폐할 때 세계는 환자에게 그 결손을 드러내지 않을 수 없다."[28] 그런 정도만큼 그는 자신의 세계를 상실할 것이고 장애인으로 남을 것이다. 그렇다면 환자는 세계를 통해서 자신의 신체를 의식하고 나의 신체의 주선으로 세계를 의식한다.[29] 이것이 메를로-퐁티가 세계 내 존재의 관점에서 병식 결손증을 해석하는 방식이다. 이러한 실존적 해석이 생리학이 설명하지 못하는 바, 마비된 수족이 신체의 일부인데도 무시되는 이유, 환자가 자신의 불구를 보면서도 그것을 회피하는 이유를 제공한다.

고전적 심리학 역시 신체를 올바르게 해석하는 데 실패한다. 고전적 심리학은 생리학처럼 신체를 나무나 꽃병과 같은 대상으로 탐구

---

27 *PdeP*, pp. 95, 173.
28 *PdeP*, p. 97.
29 *PdeP*, p. 97.

한다. 신체가 사물적 존재라면 신체는 현존할 수도 있고 부재할 수도 있다. 왜냐하면 대상은 멀리 떨어져 있을 수 있고 그래서 결국 나의 시계에서 사라질 수 있기 때문이다. 대상의 현존에는 가능한 부재가 따를 수밖에 없다.[30] 흔히 대상은 상황과 시간의 변화 속에서도 변함없는 대상으로 있다고들 한다. 따라서 조망이 달라지면 대상도 달리 보여 대상은 변화무쌍하다고 말해질 수 있을 것 같지만 오히려 역으로, 조망이 변화할 때 대상이 변화하므로 대상의 불변성은 조망의 변화 또는 변화하는 조망 덕분이라고 말하는 것이 온당하다. 따라서 조망의 변화에 의해서 대상의 변화는 말할 것도 없고 대상의 불변성이 보증된다. "대상이 불변하는 구조라면 그것은 조망의 변화**에도 불구하고** 그런 것이 아니라 조망의 변화**에서** 또는 조망의 변화를 **통해서** 그런 것이다."[31] 따라서 대상의 항구성은 상대적 항구성이다.

　그러나 이것은 타인의 신체의 경우에는 사실일지 모르나 신체가 자기 자신의 것인 경우에는 사실이 아니다. 우리는 대상에 대한 조망을 선택하고 바꿀 수 있다. 그러나 우리는 자신의 신체에 대해서는 그렇게 할 수 없다. 나의 신체에 대한 조망이 없기 때문이다. 탁자나 등불은 나에게서 멀어질 수 있다. 그러나 나의 신체는 언제나 나에게 지각된다. "나의 신체는 나를 떠나지 않는 대상이다."[32] 이러한 대상은 다양한 감각기관에 의해서 드러나는 사물들과 동일한 의미의 대상일 수 없다. 달리 말하면 나는 나의 신체를 가지고서 외부 대상을

---

30 *PdeP*, p. 106.
31 *PdeP*, p. 106.
32 *PdeP*, p. 107.

관찰하고 다루고 검사하고 조사하지만, 나의 신체에 관한 한 나는 나의 신체를 관찰하지 못한다. 그렇게 하기 위해서 그 자체 관찰될 수 없는 제2의 신체가 마련되지 않으면 안 된다.[33]

그러나 그것은 불가능하다. 신체는 보고 만지는 동안 보일 수도 만져질 수도 없는 존재이기 때문이다. 하지만 역설적이게도 신체는 보고 만짐에 있어 없어서는 안 될 존재이다. 관찰될 수 없지만 관찰에 언제나 현존한다는 의미의 이러한 신체의 항구성은 세계에서 주어지는 특정된 장면의 항구성이 아니라 모든 관점에 항상 수반하는 일종의 잠재적 인자의 항구성이며 제거될 수도 없고 그 자체 하나의 관점으로 정의될 수도 없는 절대적 항구성이다.[34] 신체는 언제나 저 밖에 있기만 하는 것일 뿐인 외부 대상 중의 하나가 아니라 그것에 의해서 외부 대상이 존재하게 되는 그러한 것이다.[35]

요컨대 신체의 지위는 대상의 지위와 근본적으로 다르다. 우리는 우리 자신을 신체로부터 떼어낼 수 없고 또 떠날 수 없다. 우리는 우리의 지각으로부터 신체를 제거할 수 없다. 우리는 우리의 신체를 관찰할 수 없어도 우리의 신체는 우리에게 항구적으로 현존한다. 신체의 항구성은 세계 속의 항구성, 사실적 항구성이 아니다. 그것은 대상의 상대적 항구성의 기초로 사용되는 절대적 항구성이다. 그것은 외부 대상의 현존과 부재의 가능 조건이다. 그것은 대상을 우리에게 우연적으로 제시하는 방식이라는 의미의 사실적 필연성이 아니다.

---

33 *PdeP*, p. 107.

34 리차드 자너, 「신체의 현상학」, 최경호 옮김(서울: 인간사랑, 1993), 254쪽.

35 *PdeP*, p. 108.

그것은 대상을 우리에 대하여 존재하게 하므로 자신은 대상일 수 없도록 되어 있다는 의미에서 우리가 사실적 필연성에서 발견하는 형이상학적 필연성이다. 이리하여 신체는 세계의 대상이 아니라 그 대상과 우리와의 의사소통의 수단이고 규정된 대상의 총합이 아니라 규정된 모든 사고에 앞서 우리의 모든 경험에 영속적으로 자기 현존하는 잠재적 지평이다.[36]

고전적 심리학은 객관적 과학이기를 고집함으로써 신체의 항구성을 대상의 항구성과 같은 것으로 처리한다. 신체의 객관적 기술은 신체를 기계적 사물로 다루기 마련이다. 그때부터 신체의 경험은 신체의 표상으로 전락하고 체험할 때 우리가 의식하는 대로 기술해야 하는 근원적 현상이 아니라 심리적 사실로 응고된다. 신체의 표상은 다른 표상들과 같은 표상이고 신체는 다른 대상들과 같은 대상이다. 나의 신체의 현존은 나의 신경 수용기에 대한 신체의 작용에서 결과하는 사실적 현존으로 이해된다. 그러나 물리학자나 화학자는 자신이 자신의 탐구 대상은 아니지만 심리학자는 자신이 원칙적으로 자신의 탐구 대상이기 때문에 언제까지나 신체를 과학에 맞추어 다룰 수는 없다. 자신이 탐구하는 실재가 바로 자신이라면 자신이 탐구하는 자신의 경험을 이해하는 데 자신은 필수적이고 또한 필수적으로 개입하지 않을 수 없다. 역설적이게도 심리학자는 자신이 관찰자이면서 동시에 관찰 대상이라는 이중성으로 인해서 신체를 객관화하고 중립화하려는 노력에도 불구하고 신체에서 주객 미분의 선객관적 경

---

36 *PdeP*, p. 109.

험을 인정하지 않을 수 없었다. 그러한 경험이 신체의 이중 감각, 감정성, 운동감각이다.

손은 물건을 다룰 수 있지만 물건처럼 다루어질 수도 있다. 내가 다른 사람의 손을 잡고 흔들 때 그의 손은 연장 자루처럼 흔들린다. 그런데 이상하게도 그의 손은 뼈, 근육, 피부의 다발이기를 그치고 그 외부에 대상이 있기라도 한 것처럼 그 장소, 그 공간을 관통하고 곧장 나의 신체를 향해 신체적 운동을 전개할 듯한 자세를 취한다. 그 순간 나는 나의 손이 그의 손에 의해서 흔들리고 있음을 느낀다. 내가 나의 손이 흔들리고 있음을 아는 것은 맞잡은 양손을 주시함으로써가 아니라 흔들리는 그의 손이 나의 손, 팔, 신체에 침투함으로써이다. 그의 손은 흔들리는 동안 흔드는 손으로 변모하고 흔들리면서도 그 흔들림을 지각하려는 움직임을 보인다. 나의 손 역시 흔드는 동안 흔들리는 손으로 변하고 그제야 나는 나의 손이 흔드는 손이라는 것을 느낀다. 그의 손이나 나의 손은 각각 그와 나에게 이중 감각을 제공한다. 이러한 이중 감각에서 "신체는 외부에서 발단되는 인식의 기능을 수행하면서 외부로부터 스스로를 간파하고 만져지면서 스스로를 만지려고 노력하며 일종의 반성에 종사한다."[37] 이것이 신체가 대상들과 근본적으로 구별되는 고유한 특성이다.

나는 나의 신체의 어딘가가 아프다는 것을 느낀다. 그 고통은 발에서 온다. 그렇다고 발이 고통의 원인은 아니다. "'발이 아프다'는 것은 '내가 나의 발이 고통의 원인이라고 생각한다'는 것을 의미하지 않

---

37 PdeP, p. 109.

는다."[38] 그것은 인과적 규정으로 이해되거나 기술될 수 없다. 그것은 고통이 발에 있는 것처럼 지각된다는 것을 의미한다. 나는 "고통이 자신의 국소를 가리키고 고통의 공간을 구성한다"고 말하고 있다.[39] 고통이 느껴지는 데서 고통의 공간이 느껴진다. 이것이 그 말이 의미하는 바이다. 내가 느끼는 고통은 발을 찌르는 못과 같은 외부 대상처럼 느껴지지 않는다. 그것은 체험된 공간이고 느껴진 신체이다. 나는 극도의 분노로 목에 열이 나고 가슴이 두근거리며 무릎이 떨리고 얼굴이 붉어지며 숨이 막히고 몸이 말을 듣지 않는다. 이러한 느낌들은 신체가 자기 자신을 느끼고 체험하는 어떤 변양들이다. 분노에 몸이 말을 듣지 않는 것은 내가 나 자신의 신체에 대하여 가지는 경험, 즉 신체적 경험이다. 그것은 신체가 신체 자신에게 주는 무엇이다. 그것은 느껴진 신체의 어떤 상태이다. 신체가 이렇듯 감각적 감수성이라는 의미의 감정성을 가진다는 점이야말로 고통과 분노가 용적, 말하자면 부피를 가질 수 있는 이유이다.

내가 못을 박을 때 나는 못을 때려 박을 위치를 눈으로 찾는다. 나는 적당한 위치를 발견하고는 그 위치로 못을 가져간다. 그러나 나는 못을 그 위치로 가져가기 위해 눈으로 나의 손과 팔의 위치를 확인하지 않는다. 따라서 못의 이동은 손의 이동과 다르다. 이러한 신체적 운동에는 의도와 행동의 분리가 없다. 행동에 대한 운동감각적 의식, 행동에 대한 선반성적 의식이 없으면 못을 운반하는 행동은 중단된다. 이와 같이 외부의 대상을 움직이는 것과 자신의 신체를 움직이

38 *PdeP*, p. 109.
39 *PdeP*, p. 110.

는 것 사이의 근본적인 차이는 심리학이 발견한 신체의 운동감각에서 온다. 내가 나의 신체의 도움으로 외부 대상들을 움직일 때, 나의 신체는 외부 대상들을 다른 장소로 옮기기 위해 그 대상들이 어떤 장소에 있다는 것을 파악한다. 그러나 나는 나의 신체를 직접적으로 움직이며 신체를 다른 장소로 옮기기 위해 신체가 객관적 공간 지점에 있다고 생각하지 않는다. 나는 신체를 찾을 필요가 없다. 그것은 이미 나와 함께 있다. 나는 그 신체적 운동을 마치기 위해 신체를 안내할 필요가 없다. 처음부터 신체는 그 운동에 관련되어 있고 그 운동에 뛰어드는 것도 바로 신체이다.[40]

4. 마침말

_____이상에서 우리는 신체의 현상학적 인식론적 분석을 통해서 신체의 주체성을 파악했고, 신체를 물리적 대상과 구별함으로써 그 존재론적 지위가 세계의 대상과는 근본적으로 다르다는 것을 보았다. 실존적 신체, 항구적 신체, 이중 감각하는 신체, 감정적 신체, 운동감각하는 신체는 신체에 대한 생리학과 심리학의 편견을 비판하는 개념적 무기요 실재일 뿐만 아니라 신체를 대상처럼 다룰 수 없는 신체 자신의 존재론적 특성을 계시한다. 신체의 주체성, 실존성, 항구성, 감정성, 이중 감각성, 자기운동성 등은 인간의 신체가 여타의 동

<hr>

40 _PdeP_, p. 110.

물의 신체일 수도 없고 물리적 세계의 일부일 수도 없음을 보여 준다. 나는 나의 대상에서 벗어날 수 있지만 나의 신체에서 벗어날 수 없다. 나는 나의 신체를 지각하기 위해 신체 밖에 있을 수 없다. 이는 나의 신체와 여타의 대상과의 근본적인 차이점이다. 나의 신체가 대상일 수 없는 것은 대상이 나의 신체에 의해서 존재하게 된다는 점 때문이다. 이중 감각하는 신체 역시 대상이 나의 신체처럼 나의 신체에 닿을 수는 있으나 닿는다고 해서 나의 신체처럼 대상이 반성을 수행할 줄 아는 존재가 되는 것은 아니라는 것을 보여 준다. 외부 대상은 표상될 뿐이나 나의 신체는 자신의 정서, 쾌락, 고통을 체험한다. 즉 신체는 감정적 존재로서 자기 신체를 스스로 체험한다. 따라서 신체는 체험된 신체이다. 이것이 나의 신체가 나 밖에 있는 사물처럼 나에게 표상될 수 없는 이유이다. 외부 대상은 신체에 의해서만 이리저리 움직일 수 있지만 신체는 자신을 직접 움직이고 움직이는 자기 자신을 직접 체험한다. 인간의 신체는 그 부분들이 병렬되어 존재하는 것이 아니라 서로를 감싸는 통합된 전체, 즉 형태로서 존재한다. 예를 들면 나는 걷거나 운동할 때, 나의 사지 하나하나가 포함되어 있는 신체상(body image)을 통해서 그 사지 하나하나가 어디에 있는가를 지각하고 있다. 신체는 자신을, 그 자신을 의식하는 것으로서 체험하고 신체의 부분들과 내적으로 교통하고 세계를 선반성적으로 거냥한다. 마침내 신체는 세계 내에 존재하면서 "어떤 현실적 또는 가능적 과제를 거누는 자세"[41]로서 규정된다.

---

41 *PdeP*, p. 116.

세계를 겨누거나 또는 세계를 향해 자세와 태도를 취하는 이러한 의식적 신체는 세계를 향한 선반성적 기투로서 이해될 수 있겠고, 메를로-퐁티는 이러한 선반성적 신체적 기투를 반성적 지적 의식의 범주적 의도에 앞서, 이미 그 기저에서 작용하는 지향성, 즉 기능적 지향성(fungierende Intentionalität; operative intentionality)으로 이해한다. 절대적 주체성의 구성 작용의 근저에는 우리의 삶과 세계의 선술어적 통일성을 구성하는, 주관과 객관을 미리 구성하는 기능적 지향성이 있다. 실재에 대한 모든 판단을 정립하고 명시화하는 의식의 지향성보다 더 심층적인 지향성이 있고, 구성적 사유 주체의 의미 부여에 의존하지 않는, 신체-주체에 의존하는 선이론적 구성이 있다. 이러한 기능적 지향성은 물론 세계를 신체적으로 겨냥함이고, 이러한 의미에서 기능적 지향성은 신체적 지향성[42]으로 불릴 수 있다. 그리고 이러한 신체적 지향성의 발견과 더불어 우리는 후설의 현상학적 분석은 경험의 의식적 근거를 끝없이 파헤쳐 내려간 반면, 메를로-퐁티의 현상학은 선험적 주체성의 의식적 삶의 신체성 또는 육화성을 드러내고 천착했다고 평가할 수 있을 것이다.

메를로-퐁티는 결국, 신체적 지향성의 개념으로써 인간 신체의 구조적 특징들을 표현하고 신체적 지향성에 기초해서 인간의 본성과 삶에 대한 새로운 이해 가능성을 『지각의 현상학』에서 확증하고자 한다. 『지각의 현상학』에서 메를로-퐁티는 의식의 지향성과 구별되

---

[42] 내가 구덩이를 파고자 또는 파면서 삽질하는 행동은 나 자신의 신체와 신체적 행동에 대한 운동감각적 의식 없이는 불가능하다. 이러한 의식은 구덩이를 파겠다는 나의 의도와는 분명 다르다. 내가 구덩이를 파기 위해 삽을 집어들 때 나의 머리가 삽을 향해 돌아가는 것은 그 나름대로의 지향적 구조를 가지는 행동일 것이다.

는 신체의 지향성을 통해서 세계와 인간에 관한 철학의 근본 개념들을 재규정하고 재해석한다. 그는 감각, 공간, 사물뿐만 아니라, 의식, 타인, 자유, 시간, 언어, 문화, 사회, 역사와 지향적 신체와의 실존적 변증법을 기도한다. 인간 현상을, 체험된 신체의 경험과 구조에 대한 기술을 통해서 이해하고자 하는 것이 『지각의 현상학』 전편을 통해서 메를로-퐁티가 추구하는 것이다. 신체를 실존적-현상학적 방법으로 분석하고 기술하는 메를로-퐁티의 『지각의 현상학』은 미래 현상학의 지평과 영역을 새로이 열어 주고, 인간 철학을 위한 새로운 관점을 드라마틱하게 제공하고 있다고 볼 수 있을 것이다.[43]

---

43 신체 현상의 기술(증명이나 논증이 아닌)을 통해서 인간 실재를 파악하는 것은 현상학적이 아닌 관점에 잡히지 않는 인간 실재의 모습을 우리에게 제공하는 것이 되기 때문에 무엇보다도 여기에는 현상과 실재를 현상학적으로 이해하는 능력이 요구된다. 따라서 신체현상학적 인간 철학의 전개와 발전은 내가 실재에 대한 현상학적 인식 능력을 얼마나 보유하고 있는가에 달려 있다고 하겠다.

제1부　이론 철학

제1장

감각적 경험의 쇄신

1. 들어가는 말

     한스게오르크 가다머가 『진리와 방법』 어디에선가 철학에 있어서 경험의 개념은 가장 해명되지 않은 것들 중의 하나라고 말한 적이 있다. 우리가 경험의 개념을 확정하지 않은 채로 되는 대로 사용하고 있음은 부인할 수 없는 사실이다. 우리가 하는 개개의 구체적 경험들에 대하여 우리는 경험의 개념을 규정하고 부과하면서 경험을 하고 있는 것은 아니다. 이 때문에 우리는 상대방이 자신의 경험에 의존해서 이야기를 할 때 그 사람의 경험에 관심을 기울인다. 다시 말하면 그 사람의 경험이 무엇인지에 대해서 궁금하게 여긴다. 그 사람은 자신의 경험의 개념을 처음부터 해명하고서 자신의 이야기를 하는 것이 아니기 때문이다.

대부분의 경우 경험의 개념을 해명하지 않고 이야기를 해 나가는 이유는 이야기를 개념들로부터 출발하여 해 나가는 것이 아니라 했던 경험들 또는 하고 있는 경험들로부터 출발하여 이야기하고 그 이야기 도중에 또는 차후에 필요하면 개념들을 성찰하게 되기 때문이다. 그러므로 개념 또는 표상보다는 경험이 먼저이고 경험이 표상과 개념의 원천이라고 말할 수 있다. 이러한 경험을 일차적 경험 또는 원초적 경험이라고 부를 수 있다. 경험의 개념이 기대하는 대로 해명되지 않는 것은 그것을 파악하려는 노력이 부족한 것이라기보다 이러한 경험과 개념의 관계를 좁게 또는 잘못 이해하는 데서 발생한다.

경험을 정신의 삶 속에서 지각되는 모든 것이라든지 오성이 자신의 활동에서 얻는 모든 것이라든지 하는 규정이 여기에 속한다. 단적으로 말해서, 경험은 의식이나 오성의 아래에 있다는 것이다. 그러나 우리는 오성을 가지고 무엇을 경험하지 않는다. 물론 우리에게 일어나는 경험은 우리가 오성 또는 감각을 가지고 지각하는 것이 사실이다. 내가 지금의 논의에서 주의를 주고자 하는 점은 우리에게 일어나고는 있지만 우리가 하지 않는 경험이 숱하게 많다는 것이다. 경험을 한갓된 의식의 삶과 오성의 활동과 관계된 것으로만 보고 이 관계 속에 나타나지 않는 것을 배제하는 것은 경험을 해명하는 과제에 있어서 치명적일 수 있는 근시안적 접근이라는 사실을 환기하고 싶다.

이 점은 특히 자명한 듯이 보이는 감각적 종류의 지각에 대해서도 마찬가지이다. 17세기 이래로 감각의 개념은 고전적 경험론과 현대 실증주의 지각 이론의 기초 개념이었다. 감각은 데카르트, 로크, 버클리, 흄 등의 경험 이론에서 감각, 관념, 지각됨, 인상, 감각적 인상 등의 이름으로 발견되고 규명되었다. 그러한 전통은 오늘날의 실증주의 과학 전 분야에 걸쳐 자가 수정, 발전되어 확고한 자리를 차지하고 있다. 그뿐만 아니라, 과학의 개념들의 무비판적 수용과 제휴와 결탁을 통하여 음미되지 않은 채 합법적 개념화의 정공 과정을 거치면서 과학적 사고방식의 영광을 위하여 지금도 강력한 힘을 발휘하며 봉사하고 있다.

메를로-퐁티는 이러한 전통과 발전이 감각 현상을 얼마나 경시하고 무시하며 감각적 사태의 진상을 얼마나 왜곡하는지를 『지각의 현상학』에서 여실하게 보여 준다. 주지하다시피, 메를로-퐁티는 여타의 어느 철학자들보다도 지각의 연구에 몰입했었다. 지각 예찬론자라고 해도 과언이 아닐 정도이다. "지각의 우위성"이라는 널리 알려진 표현은 그의 철학 브랜드이다. 1952년 콜레주 드 프랑스 대학 임용 후보자로서 자신을 소개하는 보고서에는 "나의 첫 두 저서[『행동의 구조』, 『지각의 현상학』]는 지각의 세계를 복원시키는 것을 추구했다"[1]고 적혀 있다. 지각의 복원에서 진리의 추구를 시작하겠다는 그의 의지의 구체적 실행은 1933-1934년, 즉 25세에 감각적 세계의 본성을 밝히는 「지각의 본성에 대하여」라는 논문으로 나타났고 그 요지는 감각적 경험이 오성의 지적 활동이나 과학적 인식 대상으로 환원될 수 없다는 것이었다. 이러한 주장은 『행동의 구조』에서는 형태 심리학의

1 Merleau-Ponty, "An Unpublished Text by Merleau-Ponty: A Prospectus of His Work", in The Primacy of Perception (Evanston: Northwestern University, 1964), p. 3.

2 Merleau-Ponty, "The Nature of Perception: Two Propsals", in Merleau-Ponty, Texts and Dialogues, ed. Hugh J. Silverman and James Barry, Jr. (Atlantc Highland, NJ: Humanities Press, 1992), pp. 74-84.

통찰을 이용하면서 실험 심리학 또는 심리학주의의 환원주의적 존재론적 가정들을 비판하는 것으로 다듬어지고 『지각의 현상학』에서는 지각적 경험 그 자체를 현상학적으로 기술하는 것으로 점철되어 있다. 그것은 감각적 경험에 대한 고전적 개념들을 체계적으로 비판하는 데서 시작한다.

2. 감각에 대한 고전적 편견

_____ 메를로-퐁티는 고전적 감각 개념이 객관적 세계에 기초한 과학적 사고의 편견임을 지적한다. 철학사적으로 보면, 17세기 이래로 아마도 감각에 대한 가장 고질적인 편견은 감각을 사물의 인과적 힘에 의해 주관에 주어지는 의식 상태 또는 사물의 속성으로 보는 견해일 것이다. 그 가장 대표적인 사례가 고전적 경험론이다. 고전적 경험론에 의하면, "본다는 것은 색이나 빛을 가지는 것이고 듣는다는 것은 소리를 가지는 것이며 감각한다는 것은 성질을 가지는 것이다."[3] 이러한 경험적 입장은 고립된 감각적 성질들을 자신의 대상으로 삼는 원자적 의식 상태가 있다고 가정하고 이 원자적 의식 상태가 우리의 실제적인 지각의 요소라고 주장한다. 뿐만 아니라 우리의 실제적인 지각적 경험들은 복합적인 특성을 가진다. 예컨대 우리의 지각적 경험들은 적갈색에 관한 것이라든가 빨간 집과 푸른 집에 속한

---

3 메를로-퐁티, 『지각의 현상학』, 류의근 옮김(서울: 문학과 지성사, 2002), 39쪽. 『지각의 현상학』으로 이하에 표기함.

다든가 등등. 우리는 감각의 복합성을 로크의 단순 관념과 복합 관념의 구분에서 익히 알고 있다. 복합 관념은 더 이상 분해 불가능한 요소적인 정신적 원자, 즉 단순 관념으로 분석될 수 있다. 이러한 고전적 감각 분석은 그 감각 개념이 우리가 경험하는 어떤 것과도 일치하지 않는다는 문제점을 지니고 있을 뿐만 아니라 지각적 경험에서 원자적 감각을 확립하는 것이 가능하다고까지 오판하고 있다.[4]

그러나 메를로-퐁티에 의하면, 고립된 감각적 성질들은 경험의 가능한 대상이 아니다. 감각의 현상 또는 지각적 경험에 실제로 주어지는 것을 있는 그대로 기술하면 그 점을 이해할 수 있을 것이다. 적색과 같은 감각적 성질을 예로 들어 보자.

> 내가 양탄자에서 보는 붉은 얼룩은 양탄자를 가로지르는 음영에 의해서 붉을 뿐이고, 그 성질은 빛이 움직이는 상황과 관계해서 나타날 뿐이며, 그렇게 해서 그 성질은 공간적 성형의 요소로서 나타난다. 게다가 그 색은 어떤 표면에 놓여 있을 때만 규정되고, 너무 작은 표면에서라면 그런 성질을 부여하는 것은 불가능해질 것이다. 마침내 그 붉음은 양탄자의 양털의 붉음이 아니라면, 그 말 그대로의 붉음과 동일한 붉음이 아닐 것이다.[5]

다시 말하면, 개개의 붉음은 붉다는 점에서 하나의 동일한 성질일지 몰라도 그 동일한 성질에 거주하는 의미는 각각 다르다. 이러한

4 『지각의 현상학』, 37-38쪽.
5 『지각의 현상학』, 39-40쪽.

맥락에서 '순수 감각'을 규정할 '순수 성질'이란 존재하지 않는다. 고립된 성질은 정의상 관계적 성질을 결여한다. 따라서 그것은 주관에 대하여 의미를 가질 수 없게 되어 있다. 결국 고립된 성질은 의식 상태의 가능 대상일 수 없다. 따라서 우리가 지각적 경험의 실제로부터 얻은 것이 사물의 성질이라는 주장은 감각 현상의 올바른 규정이라 볼 수 없다. 그러한 주장은 "지각적 경험에 주의를 기울이는 대신 지각된 대상을 위해서 지각적 경험을 망각하는 것"[6]이고 팽개치는 것이다. 그러므로 "사람들은 순수 감각이란 것이 아무것도 감각하지 않음, 따라서 감각하는 것이 전혀 아님에 귀착하는 것을 본다."[7]

그리고 우리는 '본다', '감각한다'는 것이 무엇인가를 너무 잘 안다고 믿는다. 왜냐하면 지각이 오래전부터 우리에게 색깔 있는 또는 소리 나는 대상을 제공해 왔기 때문이다. 또한 우리는 지각을 분석하자마자 그 대상들을 의식에로 옮겨 놓는다. 말하자면 우리는 사물 그 자체에 있다고 알고 있는 것을 사물의 의식에 있는 것으로 가정한다. 우리는 지각된 것을 가지고 지각을 구성한다. 그러나 지각된 것 그 자체는 분명히 지각을 통해서만 접근될 수 있기 때문에 우리는 이것도 저것도 이해하지 못하게 되고 세계 내에 갇히고 만다. 따라서 우리는 세계의식으로 넘어가기 위해서 세계를 우리로부터 분리할 수 없도록 되어 있어야 한다. 그렇다고 분리될 수 있다고 한들 우리가 성질을 직접적으로 경험할 수 있다고 말할 수 있도록 되는 것도 아니다. 모든 의식이 어떤 사물의 의식이라는 것이 참이라면, 감각은 지

6 「지각의 현상학」, 39-40쪽.
7 「지각의 현상학」, 39-40쪽.

각된 대상에서 주조될 수 없다.

일반적으로 사람들은 감각을 지각된 것에서 주조한다. 그리고 이것은 상식과 일치한다. 상식은 감각 가능한 것을 우리가 의존하는 객관적 조건에 의해서 규정한다. 그리하여 시각 가능한 것은 사람들이 눈으로써 파악하는 것이고 감각 가능한 것은 사람들이 감관으로써 파악하는 것이다. 이러한 관점에서 감각의 개념이 어떻게 되는가를 살펴보자. 메를로-퐁티는 이러한 입장의 감각 이론을 생리학적 지각론으로 칭하고 이를 경험론적 감각 이론과 구분한다. 그리고 이를 다시 심리학적 지각론으로 칭하고 생리학적 지각론의 대안으로 대비시킨 다음 역시 동일한 비판을 전개한다.

> 지각의 생리학은 규정된 수용기로부터 일정한 전달자를 통해 특수한 기록소에 이르는 해부학적 진로를 인정하는 데서 시작한다. 사람들은 객관적 세계가 주어지면 그것은 소지하고 있어야 하는 전언을 감관에 맡겨서 그 원문을 우리에게 재생하는 방식으로 해독시키도록 해야 한다는 것을 인정한다. 바로 여기에 원칙적으로 일대일의 대응 관계와 함께 자극과 요소적 지각과의 항상적 연관이 존재한다.[8]

지각의 생리학에서 신경 체계는 전산망에 비유되고 따라서 지각 과정은 한 치의 오차도 없는 기계적 과정이며 신경의 기능은 외부 세계에 대한 정보를 담고 있는 신호를 송신하는 것이다.

---

8 『지각의 현상학』, 43-44쪽.

그러나 이러한 생리학적 감각 이론의 문제점은 그 이론이 수용하는 항상성 가설(hypothèse de constance)[9]이 의식의 소여와 일치하지 않는다는 점이다. 다시 말하면, 자극과 감각 사이의 항상성이 관찰을 통해 확증되지 않는다는 점이다. 예컨대 적색 감각을 일으켜야 하는 물리적 자극과 녹색 감각을 일으켜야 하는 물리적 자극이 같이 주어질 때 그는 적색의 감각과 녹색의 감각을 가지는 대신 회색의 감각을 가진다. 따라서 우리는 "객관적 자극이 우리에게 기대하게 할 것과는 다른 감각을 직접 일으킬 수 있다"[10]는 것을 인정해야 한다. 감각의 현상이 자극과 일치하지 않는 이러한 경우를 설명하기 위해, 생리학적 입장은 주의와 판단과 같은 심리적 요인을 추가하고 도입한다. 이를테면 주의 집중, 판단 착오, 정밀 훈련, 지시 엄수와 같은 보조 개념을 변통한다. 이러한 심리학적 가설의 도입과 함께 생리학적 입장을 구제할 수 있다 해도, 그것은 이미 항상 법칙이 훼손된 뒤의 일이다. 따라서 "감각 가능한 것은 더 이상 외적 자극의 직접적 결과로 규정될 수 없다."[11] 그와 동시에 감각의 객관적 정의는 물리적 자극에 의해 성취될 수 없다. 아울러 감각이 주어진 물리적 사건과 두뇌 상태의 인과적 관계에 의해 발생한다고 주장하는 이론은 심리적 요인을 변통하자마자 비일관성의 오류에 빠진다.

자극과 요소적 지각과의 항상적 연관은 사실적으로도 관찰되지 않고 원리적으로도 관찰 가능하지 않다. 고립된 성질의 파악의 개념

---

9 어떤 자극에 대하여, 그 자극에 반드시 대응하는 어떤 감각이 있다는 가설. 이는 자극과 감각의 관계를 기계적 관계로 본다.
10 『지각의 현상학』, 44쪽.
11 『지각의 현상학』, 45쪽.

은 관찰되는 것이 아니고 사변되는 것이며, 우리의 지각적 경험의 일부를 형성하는 것이 아니다. 우리가 지각적 현상으로 돌아가면 성질의 파악은 크기의 파악과 같이 모든 지각적 맥락과 결합되어 있다는 것이 드러나고,[12] 우리가 감각을 이해하려고 노력한다면 우리는 어떤 알려진 변수들의 함수로서의 심리적 개체가 아니라 이미 전체와 결합되고 의미가 부여된 구조를 발견한다. 다시 말하면 순수 감각을 한정 지우려는 시도에 아무런 도움도 되지 않는 어떤 형성을 발견한다.[13] 또 우리는 감각의 초기 단계에서 부분적 자극들의 상호 협조, 그리고 감각 체계와 운동 체계의 협조를 예상해야 한다.[14] 이러한 이유에서 사람들은 신경 과정을 주어진 메시지의 단순한 변환으로 규정할 수 없다.

요소적인 것은 더 이상 첨가되어 전체를 구성하는 것도 아니며 그렇다고 전체가 자기를 구성하기 위한 단순한 기회인 것도 아니다. 요소적 사건은 이미 의미를 띠고 있고, 상위적 기능은 하위 작용을 이용하고 승화시키면서 보다 통합된 존재 방식 또는 가치 있는 적응을 실현할 뿐이다.[15]

결론적으로, 감각의 생리학적 규정은 정립될 수 없다.

---

12 『지각의 현상학』, 45쪽.
13 『지각의 현상학』, 46쪽.
14 『지각의 현상학』, 46쪽.
15 『지각의 현상학』, 47쪽.

3. 세계–에로–현전으로서의 감각

_____ 감각의 참모습은 객관적 과학의 용어들로써 파악될 수 없다. 심리 과학에서든 생리 과학에서든, 고전적 감각 개념은 감각 현상의 무시와 왜곡이고 과학적 의식의 객관화 성향의 산물이다. 감각 장치는 전도체가 아니고 신체는 수동적 수용기, 전언의 전송자가 아니다. 이 모든 것은 과학적 사고방식의 무비판적 수용의 결과이다. 무엇보다도 과학적 의식은 감각하는 주체와 감각 가능한 세계와의 살아 있는 관계를 간과한다. 신체가 객관적 신체 또는 자료의 전송자로 되기 전에, 그리고 성질이 일정하게 규정된 성질로 되기 전에 신체는 사물을 운동적 의미를 가지고 있는 것으로 체험하고 있으며, 사물의 감각적 성질은 그 성질이 나타나는 맥락과 분리되어 주어질 수 없다.

그들에게 사물의 감각적 성질이 그 자신의 살아 있는 의미, 운동적·행동적 의미를 가지고 있다는 점은 은폐된다. 이미 "사람들은 오랫동안 감각에 '운동적 수반'이 있다는 것, 자극이 감각이나 성질과 연결되어 그 주위에 무리를 형성하는 '태동하는 운동'을 터뜨린다는 것, 행동의 '지각적 측면'과 '운동적 측면'이 상호 교통한다는 것을 알고 있었다."[16] 색깔은 운동적 반응을 유도하거나 색깔에는 어떤 운동적 반응이 같이 제공된다. "빨간색과 노란색은 외전(abduction)에, 파란색과 푸른색은 내전(adduction)에 유리할 수 있다."[17] 이와 같이 다

---

16 「지각의 현상학」, 321쪽.
17 「지각의 현상학」, 320쪽. 내전은 유기체 또는 신체가 세계에 의해 자극 받는 쪽으로 향하여 유인되는 것을 말하고 외전은 유기체 또는 신체가 자극으로부터 멀어져 자신의 중심을 향해 빠져드는 것을 말한다.

제1부 이론 철학

른 색깔들은 신체에 다른 행동들을 일으키고 개개의 색깔에는 일정한 운동적 가치가 주어진다. 이러한 색채 지각과 운동적 반응의 동시 발생은 외적 인과 설명의 대상일 수 없을 것이다. 따라서 감각들, 감각적 성질들은 어떤 의식 상태나 어떤 고립된 경험으로 환원될 수 없다.

청색에 의해 일어나는 운동적 반응들은 어떤 파장이나 강도에 의해서 규정된 색깔이 객관적 신체에 미친 결과가 아니다. 왜냐하면 색깔을 감각한 결과가 그 색깔이 행동에 행사하는 영향과 언제나 정확하게 일치하는 것은 아니기 때문이다.[18] 가령 적색은 내가 그것을 의식하지 않는 상황에서도 나의 반응의 폭을 증대시킨다.

> 색깔의 운동적 의미가 이해되는 것은 색깔이 자기에게 갇혀진 상태이기를 멈추고 사고하는 주관의 확증에 제공된 기술할 수 없는 성질이기를 멈추는 한에서 그러하다. 색깔이 내가 세계에 적응하게 되는 어떤 일반적 조립을 내 안에서 달성하는 한에서, 색깔이 나에게 새로운 평가 방식을 권유하는 한에서, 다른 한편 운동성이 현재의 또는 가까운 장소상의 나의 변화에 대한 단순한 의식이기를 멈추어 나의 크기의 표준과 나의 세계-에로-존재의 변화 가능한 범위를 끊임없이 확립하는 기능이 되는 한에서 그러할 뿐이다.[19]

이것이 사람들이 색채 지각, 이를테면 빨강 및 노랑과 함께 서러

---

18 『지각의 현상학』, 321쪽.
19 『지각의 현상학』, 321-322쪽.

움의 경험을 가지고 청색 및 녹색과 함께 평온과 집중의 경험을 가지는 이유이고, 적색이 우리에게 노력이나 폭력을, 녹색이 휴식과 평화를 의미하는 이유이다. 우리가 그 색들을 폭력이나 평화의 구체성으로 체험하는 것은 인과적 사건이 아니다. 지각된 색의 성질과 그 성질을 상징화하는 운동적 반응의 상호 소통은 선객관적 경험의 차원에서 일어나는 것이다. 이러한 종류의 선험적 차원에서 일어나는 지각적 운동 또는 선반성적으로 일어나는 세계에로의 현전을 메를로-퐁티는 "현상적 장"이라 부른다.

메를로-퐁티에 의하면, 지각과 운동성을 하나로 묶으면서 유의미한 감각적 세계를 가져오는 것은 신체-주체이다. 색깔의 성질은 그 색깔에 적합하고 그 성질을 정확하게 규정하는 어떤 신체적 태도 없이는 불가능하기 때문이다. 우리가 어떤 것을 보고 싶어 한다면, 신체는 적당하게 자신을 위치 지어야 한다. 이를테면 눈을 정확하게 위치 지어야 한다. 눈은 보이는 대상의 거리에 따라 다르게 수렴한다. 시각장이 어둡다면 눈조리개가 확대되어야 한다. 마찬가지로 나에게 청색의 의미가 지각되기 위해서 나의 신체는 자신을 위치 지우는 어떤 신체적 태도를 가져야 한다. 그 색에 맞갖는 신체의 태도가 없다면 그 색은 지각되지 않는다. 이것이 "내가 청색의 태도를 채택하자마자 청색의 의사(擬似) 현존을 획득하는 이유이다."[20] 이러한 관점에서 "감각의 주체는 성질에 주목하는 사고하는 자도 아니고 감각에 의해 영향을 받거나 변화되는 불활성 환경도 아니다. 그 주체는 어떤

20 『지각의 현상학』, 323쪽.

존재의 환경에서 같이 탄생하는 또는 그와 종합해서 동시에 일어나
는 힘이다."[21]

이렇게 해서 감각은 일종의 공존재 또는 성찬식에 비유된다.

성례가 일종의 감각적인 것을 통해서 은총 행위를 상징할 뿐만 아니
라, 신의 실재적 현전이기도 하고 그 현전을 한 조각의 공간에 머무
르게 하며, 성찬의 빵을 먹는 사람들에게, 내적으로 준비가 되어 있
다면, 신의 현전을 알려 주는 것처럼 이와 마찬가지로, 감각적인 것
은 운동적·생명적 의미를 가질 뿐만 아니라 어떤 공간 지점에서 우
리에게 제시되는 세계-에로-존재의 어떤 방식, 우리의 신체가 할 수
있다면 떠맡고 부담하는 세계-에로-존재의 어떤 방식 이외의 다른
것이 아니다. 감각은 문자 그대로 성찬식이다.[22]

감각 행위가 색깔을 대상으로 대면하기보다는 색깔에 관여하는
것으로 간주되어야 하고 감각에서의 주객 관계를 성찬식으로 이해할
수 있는 것은 가을에 우리가 자주 느끼는 '하늘이 참으로 푸르구나'
하는 경험에서 알 수 있다. 가을의 푸른 하늘에 대한 나의 지각적 경
험에서 "나는 … 사고로 그것을 소유하지 않으며 … 그것에 빠져들며
그 신비에 잠기고 그것이 내 속에서 스스로 생각하고 나는 모이고 수
집되고 대자적으로 존재하기 시작하는 하늘 자체"[23]이다. 그러나 그

21 『지각의 현상학』, 324쪽.
22 『지각의 현상학』, 324쪽.
23 『지각의 현상학』, 328쪽.

렇다고 하늘이 정신은 아니다. 그렇지만 하늘은 대자적으로 존재한다. 왜냐하면 하늘을 훑어보고 거기에 거주하는 시선에 의해서 지각된 또는 감각된 하늘, 나의 신체가 취하는 어떤 생명적 진동의 장소로서의 하늘은 외적 부분들로 구성되는 객관적 존재로서가 아니기 때문이다. 이러한 경험에서 감각의 주체는 구성하는 보편적 의식처럼 일시에 편재해야 할 필요도 없고 존재와 동연적이어야 할 필요도 없다. 요컨대 그것은 "우주를 초월해서 전지하게 보고 사고하는 주체"[24]가 아니다.

> 그것[감각]은 사물처럼 즉자적으로 놓여 있지 않으며 자신을 넘어 겨냥하고 의미한다 ···. 감각하는 주체는 성질들을 대상으로 정립하는 것이 아니라, 그것들과 교감하고 자기의 것으로 만들며, 그것들 속에서 자신의 순간적 법칙을 발견한다 ···. 감각하는 자와 감각적인 것은 두 개의 외항으로서 대면하지 않으며, 감각은 감각적인 것이 감각하는 자로 침투함이 아니다 ···. 감각의 주체와 감각적인 것 사이의 교환에서 우리는 하나는 능동적, 다른 하나는 수동적이라고 말할 수 없다.[25]

푸른 하늘의 경험에 대한 정확한 기술은 '내가 경험하고 지각한다'가 아니라 '사람들이 내 속에서 경험하고 지각한다'일 것이다.[26] 내 속에서 경험하고 지각하는 '사람들'(on)이란 개인의 의식적 사고 주체가

24 『지각의 현상학』, 328쪽.
25 『지각의 현상학』, 326-329쪽.

아님은 분명하다. 푸른 하늘과 하나이게 그 힘을 발휘하는 것은 '개인적 자아로서의 나'가 아니겠고 그런 의미에서 그것은 '비개인적 자아'이다. 그것은 전통적으로 말해지는 사고 주체로서의 지적 오성적 의식이 아니다. 그것은 나와 그 세계와의 자연적 교류로서 개개의 감각에 일반적 익명적 환경을 제공하는 성불성(成不成)의 자연적 능력이다.[27]

> 나는 감각을 경험할 때마다 그것이 내가 책임지고 결단하는 나 자신의 존재에 관심을 둔다는 것을 내가 경험한다는 것이 아니라 이미 세계 편에 속해 있던 다른 자아, 말하자면 세계의 어떤 국면들에 열리어 이것들과 함께 동시에 일어나는 다른 자아에 관심을 둔다는 것을 경험한다. … 나는 감각을 … 내가 그 작자도 아니면서 나를 통해 용해하는 일반적 실존의 양상으로 경험한다.[28]

그러면서 다른 한편으로 나는 대상을 볼 때 내가 현실적으로 보는 것 너머로 여전히 존재가 있다는, 다시 말하면 볼 수 있는 존재뿐만 아니라, 청각에 의해 만져질 수 있는 또는 잡을 수 있는 존재가 있다는 것을 경험하고, 감각적 존재뿐만 아니라, 어떠한 감각의 선취에 의해서도 소진될 수 없는 대상의 깊이가 있다는 것을 경험한다. 보고 만지는 당사자에게 볼 수 있는 세계, 만질 수 있는 세계는 결코 세계

---

26 「지각의 현상학」, 329쪽.
27 「지각의 현상학」, 328쪽.
28 「지각의 현상학」, 330쪽.

전체가 아니다. 이러한 의미에서 "보는 또는 듣는 나는 어떻게 보면 존재의 한 부분에만 익숙해 있는 특화된 나"[29]이다.

이렇게 모든 지각적 경험은 언제나 부분적이다. 지각은 언제나 한계를 가지고 있다. 보이는 현실적 시각의 주위에는 언제나 보이지 않는, 볼 수 없는 지평[30]이 있다. 모든 지각적 경험은 장을 마련한다. 다시 말해서 자신의 대상을 장 속에 자리 잡게 한다.

> 모든 감각은 어떤 장에 속한다 …. 시각은 어떤 장에 구속된 사고이다. 바로 이것이 사람들이 감각이라 부르는 것이다. 내가 감각들을 가져 이것들이 나로 하여금 세계로 접근하게 한다고 말할 때, 나는 … 나 스스로 구성 작용에 의해서 존재의 어떤 국면들에 의미를 부여함이 없이도 공자연성에 의해서 그 국면들에 의미를 발견할 수 있다는 진리를 표현하고 있는 것뿐이다.[31]

모든 감각적 지각은 장에 의해 인도되면서 그 스스로 상호 소통과 분리와 통일을 거듭한다. 감관의 어느 하나에 나타나는 성질은 그 동일한 대상에 통합적으로 공존하는 다른 성질을 본질적으로 언급한다. 대상은 시각뿐만 아니라 모든 감각에 말하고 있다. 내가 사물에 대한 나의 경험을 어느 하나의 감각적 경험에 국한하고자 할 때 이 인

---

29 「지각의 현상학」 331쪽.
30 메를로-퐁티에게 지평은 다양한 의미를 지닌다. 그것은 여러 종의 신념, 가설, 기대일 수도 있고, 대상이 이러저러하게 우리에게 알려지는 방식, 이를테면 기투, 스타일, 구조, 일반적 조형(montage) 등일 수도 있다.
31 「지각의 현상학」 331-332쪽.

위적인 고립된 경험에 대해 우리가 발견하는 것은 "자발적으로 여타의 모든 감각들을 향해 넘쳐흐른다"[32]는 사실이다. 즉 감각은 상호 소통한다.

감각의 상호 소통과 통일성은 일상적 경험에서 얼마든지 발견된다.[33] 유리가 깨어질 때 우리는 그 유리의 촉각적 성질을 보기도 하고 유리가 눈에 보이는 것을 듣기도 한다. 다시 말하면, 유리가 깨어지는 소리는 눈에 보이는 유리의 단단함과 깨어지기 쉬움을 전달하고, 그 소리 속에서 유리의 단단함과 깨어지기 쉬움과 같은 성질을 듣는다. 우리는 모래에 반쯤 묻혀 있는 주철 덩어리의 무게를 보거나 엔진 소리에서 도로의 편평도와 경사도를 들을 때, 감각의 상호 소통을 경험한다. 사물의 감각적 성질들은 사물 속에서 상호 소통의 차원을 발견하고, 그 자신의 내적 구조를 직접 전달한다. 그것들은 "모두 자신의 유의미한 핵에 의해서 의사소통한다."[34] 그것들은 "해석 없이도 상호 번역되고 생각을 경유하지 않고도 상호 이해된다."[35] 그렇다면 고립된 성질은 상호 감각적 경험의 파괴와 파편쯤으로 이해될 수 있을 것이다.

시각과 청각은 서로에게 수태적이다. 우리는 색이 가지는 소리를 경험하고 소리가 가지는 색을 경험한다. 이러한 경험에서 우리는 색의 감각과 소리의 감각을 동시에 가지는 것만은 아니고, 색이 가지는

32 「지각의 현상학」, 347쪽.
33 「지각의 현상학」, 350~351쪽.
34 「지각의 현상학」, 351쪽.
35 「지각의 현상학」, 358쪽.

소리를 보기도 하고 그 맛을 경험하기도 한다. 소리를 본다는 것은 우리가 시각이라고 부르는 것을 포함한 일체의 감각적 존재가 그 소리의 진동에 반향하고 있다는 것을 지시한다. 이러한 공감각적 지각은 시각이 시각적 성질에만 제한되고 소리가 청각적 성질에만 제한된다면 무의미한 경험에 그치고 말 것이다.

> 공감각적 지각은 하나의 규칙이거니와 이것을 우리가 간취하지 못한다면, 그것은 과학적 지식이 경험을 뒤바꾸어 놓아서이고 우리가 보아야 하고 들어야 하며 감각해야 하는 것을 물리학자가 인지하는 대로 우리의 신체적 조직과 세계로부터 연역하느라고 보는 방식, 듣는 방식, 감각하는 방식을 잊어서이다.[36]

그러므로 상호 감각적 경험의 통일성은 추리나 판단의 문제가 아니다. 메를로-퐁티는 이러한 감각적 경험의 종합을 지적 종합, 지적 작용이 아니라 "선논리적 통일성"[37] "선술어적 통일성"[38]으로서 신체 자신의 종합, 지각적 종합, 전이의 종합(synthesis of transition)이라고 역설한다. 우리가 극장에서 자막이 나오는 외국 영화를 관람할 때 대사, 그림, 소리, 음악을 종합하는 것은 나의 지성이 아니라 나의 신체이다. "이것들은 나의 신체를 통해서 의사소통하고, 나의 신체의 감

---

36 『지각의 현상학』, 350쪽.
37 『지각의 현상학』, 355쪽.
38 『지각의 현상학』, 358쪽.

각적 국면들로서 서로에게 직접적으로 상징적이 된다."[39] 그것들은 신체 자신(corps proper)의 체계적 전개들이다.

> 종합을 실현하는 것은 인식론적 주관이 아니다. 그것은 분산에서 벗어나, 모든 수단을 다해 자신의 운동이라는 유일무이한 목적을 향할 때의 신체이고, 그렇게 하면서 유일무이한 의도가 협력 작용의 현상을 통해서 이해될 때의 신체이다. 우리는 현상적 신체, 말하자면 자신의 주위에 어떤 환경을 투사하는 한(限)의 신체, 그 부분들이 상호 동적으로 인식되고 그 수용기들이 협력 작용에 의해 대상의 지각을 가능하게 하는 방식을 준비하는 한의 신체에 종합을 부여하기 위해서만 객관적 신체에게서 종합을 거둔다. [우리는] 이러한 지향성이 사고가 아니라고 말하면서 그와 동시에 그것이 의식의 투명성에서 실현되지 않는다는 것, 그리고 그것이 나의 신체가 소유하는 모든 잠재적 자기 지식을 당연한 것으로 간주한다.[40]

그러므로 거듭 말하거니와 내가 이 세계를 지각한다고 말할 때, 나는 더 이상 나의 지각 활동이 순수 정신적 행위이거나 순수 구성적 의식 행위로 구성된다는 것을 의미하는 것이 아니다.

> 나의 지각 행위는 그 소박성에서 파악하면 그 자체, 그러한 방식으로 종합을 실현하지 않는다. 그것은 이미 행해진 일을 이용하고 단숨에

---

39 『지각의 현상학』, 358쪽.
40 『지각의 현상학』, 354-355쪽.

구성된 일반적 종합을 이용한다 …. 나의 신체, 나의 감각은 세계의 습관적 지요, 앎이요, 암묵적 또는 침전된 학[이다].[41]

따라서 신체는 자기 자신의 두께를 가지고 있고 우리의 지각은 신체의 두께에 붙잡혀 있다.[42] 신체는 세계 그리고 세계를 종합해야 하는 우리의 동기와 수단에 대해서 우리가 아는 것보다 더 많이 알고 있다. "신체는 모든 대상에 공통적인 직물"[43]이고 자신의 부분들을 세계의 일반적 상징체계로서 이용한다.[44] 우리는 그 때문에 세계에 출현할 수 있고 세계를 이해할 수 있으며 세계에서 의미를 발견할 수 있다. 역으로 우리가 우리의 신체에 의해서 세계에 존재하는 한, 우리의 신체로 세계를 지각하는 한, 신체와 세계는 분리될 수 없고 개개의 지각 작용은 세계를 지(地)로 하지 않고서는 불가능하다. "개개의 지각적 행위는 세계에의 전면적인 점착(adhésion globale au monde)에 의거해서 선취되는 것 같다."[45] 이것이 감각의 비정립적·선객관적·선의식적·선과학적 규정의 최종 결과이고 우리가 감각에 대한 경험

41 『지각의 현상학』 363쪽. 내가 나의 자가용에 시동을 거는 습관적 행동은 내가 시동 거는 법을 처음 배운 이래 습관화되어 버린 행동이지만, 나의 신체는 주어진 상황의 특수한 구조에 익숙하게 됨으로써 그 주어진 상황을 노련하게 다룰 줄 아는 신체이다. 즉 나의 신체는 세계를 습관적으로 안다. 그리고 나의 습관적 신체에는 차주인 내가 어떤 시간, 어떤 장소에서 시도하는 최초의 시동 경험이 침전되어 있다. 침전된 경험은 시간의 흐름에 따라 탈개인화·비개인화하고 일반성, 익명성을 띠게 된다. 침전의 비개인화, 일반화에 의해서 나의 신체는 내일 또다시 시동을 걸어야 하는 행동을 재개하고 반복할 수 있다. 이러한 의미에서 나의 신체는 침전된 일반적 앎이다.
42 우리의 삶이 깊이를 가지고 있고 그 깊이에 따라 세계 지각의 모양새가 달라지는 것처럼, 신체도 자기 자신의 내면적 층을 가지고서 세계를 지각한다는 뜻이다.
43 『지각의 현상학』 358쪽.
44 『지각의 현상학』 361쪽.
45 『지각의 현상학』 368쪽.

적·심리적·반성적·과학적 입장에 대한 철저한 비판적 태도를 취하고 감각의 현상에서 참으로 실제로 무엇이 일어나고 있는가라고 물을 때 발견하는 내용들이다.

4. 감각과 실재의 관계

이상의 논의를 바탕으로 하여, 감각적 경험은 신체의 능력 또는 구조를 통한 세계에로의 열림으로 요약, 종합될 수 있겠다. 그렇다면 감각의 대상 역시 이러한 개념 규정에 따라 기술될 수 있겠다. 이제 우리는 사물 또는 실재적 대상이란 도대체 무엇인가를 해명하지 않으면 안 된다. 말하자면 객관적 실재를 신체의 관점에서 어떻게 이해하는가, 대상이 가지는 것으로 보이는 객관성이 신체의 관점에서 어떻게 규명되는가, 신체가 사물의 명증성에 어떻게 개입되어 있는가 하는 문제이다. 이것은 선험적 경험으로서의 감각이 현상과 실재의 구별 문제를 어떻게 해결하는가 하는 바로 그 문제이기도 하다. 또한 실재론과 관념론의 대립을 어떻게 극복하는가 하는 바로 그 문제이다. 이것은 "어떤 것도 의식에 대한 대상으로 존재할 뿐이라는 관념론적 조망과, 의식들은 객관적 세계와 즉자적 사건의 직물에 편입된다는 실재론적 조망을 결합하는"[46] 문제이다.

문제 해결의 출발점은 역시 감각적 현상이다. 왜냐하면 우리는 현

---

46 「지각의 현상학」, 639-640쪽.

상 이외 달리 의존할 곳이 없기 때문이다. 사물은 조망의 변화에 따라 자기 자신의 크기와 형태를 가진다. "우리는 이러한 외현적 변화들을 대상에 귀속시키지 않는다. 즉 그것들은 우리와 대상과의 우연적 관계들이고, 대상 그 자체에 관계하지 않는다."[47] 다시 말하면 현상은 사물의 우연적 출현에 불과하지만, 그 출현과 그 출현의 다양성 가운데서도 우리가 사물 그 자체로 경험하는 어떤 현상이 있다. 우리는 사물을 다양한 현상을 통해서 현상하는 것으로 경험하지만 동일한 사물을 경험하고 있으며, 그 사물을 어떤 항상적 현상을 가지는 것으로 경험한다. 사물은 다각적으로 여러 형태와 크기를 가지는 것으로 현상하지만, 어쨌든 우리는 바로 그 사물의 실재적 크기와 형태라는 것을 경험한다. 다양한 현상의 우연성과 외현성에도 불구하고, 그 사물의 크기와 형태의 항상성을 담보하는 특전적 현상이 있다는 것을 우리는 어떻게 이해해야 하는가? 그 사물을 동일자로 경험하는 현상이 있다는 것이 어떻게 가능한가?

내가 대상에 가까이 다가가거나 대상을 더 잘 보기 위하여 손가락으로 대상을 돌려 본다면, 그것은 나의 신체의 개개의 태도가 나에 대하여 단숨에 어떤 광경에 도달하는 능력이고, 개개의 광경은 운동감각적 상황 속에 있는 바로 그것이기 때문이다. 달리 말하면, 나의 신체는 사물들을 지각하기 위해 지속적으로 자리를 지키고 있고, 역으로 나에 대하여 현상들은 어떤 신체적 태도에 언제나 연계되어 있기

---

47 『지각의 현상학』, 450쪽.

제1부 이론 철학

때문이다. 따라서 내가 현상들과 운동감각적 상황의 관계를 인식한다면, 그것은 법칙에 의해서거나 공식에 의해서가 아니라, 내가 신체를 가지고 있고 그 신체에 의해서 세계를 파악하는 한에서이다.[48]

대상, 크기, 형태를 실재적인 것으로 지각하는 어떠한 지각적 경험도 '나는 할 수 있다'는 통일성, 즉 신체의 선객관적 통일성 내에서이고, 사물의 선객관적 통일성은 신체의 선객관적 통일성의 상관자이다.[49]

사물은 나의 신체의 상관자이고, 보다 일반적으로는 나의 실존의 상관자인데, 나의 실존은 나의 신체가 안정화된 구조일 뿐인 그런 실존이거니와, 사물은 사물에 대한 나의 신체의 파악에서 구성되며, 우선 그것은 오성에 대한 의미가 아니라 신체의 탐사로 접근될 수 있는 구조이다. 우리가 실재적인 것을 그것이 지각적 경험에서 우리에게 나타나는 그대로 기술하고자 한다면, … 사물들의 관계나 사물들의 모습들의 관계는 언제나 우리의 신체에 의해 매개되어 있다.[50]

사물의 실재성에 대한 이러한 논의로부터 실재의 본질 또는 의미는 다음과 같이 정의되기에 이른다.

---

48 『지각의 현상학』, 455쪽.
49 『지각의 현상학』, 472쪽.
50 『지각의 현상학』, 479~480쪽.

나는 현상에 대한 나의 충일한 공존, 즉 현상이 어떤 점으로 보나 자신의 분절의 최대치에 있을 그 순간에, 그리고 현미경에서 겨냥된 나의 표적들이 특전을 부여받은 하나의 표적의 주위에서 망설이는 것처럼 상이한 감각 소여들이 단 하나의 극점을 향해 정위될 그 순간에 내가 그 현상과 충일하게 공존하는 것을 … 사물이나 실재의 경험이라 부른다.[51]

사물의 경험을 현미경의 초점에 비유하는 데서 짐작할 수 있듯이, 사물에 도달하기 위해 신체의 모든 능력은 균형 잡히고 조정되어야 한다. 사물의 형태의 지각에 최적인 신체의 위치는 색깔의 지각에 최적인 그것과 다를 것이다. 이를테면 우리는 한 감각의 시각적 형태의 명료도를 누그러뜨리거나 희생시킴으로써 다른 감각의 명료도를 보다 높일 수 있다. 개개의 감각 소여가 다른 감각에 개방될 수밖에 없는 것은 감각 소여가 주어졌을 때, 거기에는 다른 감각과 타협해야 했던 어떤 일이 함께 주어지기 때문이다. 이와 같이 감각의 개방성을 조절하는 것이 사물을 경험할 수 있는 유일한 방식이다. 실재는 이러한 상호 감각적 조직화에서 발견된다. "이제 우리는 실재의 핵을 발견한다. 즉 사물이 사물인 것은 사물이 우리에게 무엇을 말하더라도 사물이 우리에게 그것을 자신의 감각적 모습들의 조직에 의해서 말하기 때문이다."[52] 이것이 현상은 사물의 현상이지, 감각의 현상이 아닌 이유이다. 따라서 사물은 현상 뒤에 있지 않다. 사물은 현상에서

---

51 「지각의 현상학」, 477쪽.
52 「지각의 현상학」, 484쪽.

제1부 이론 철학

자신을 명증적으로 육화한다.[53] 사물은 지각에서 친히·몸소(en chair et en os) 주어진다.[54] 사물의 의미 자체는 사물의 명증적 현시와 하나가 된다. "실재적 세계의 경이는 그 세계에서 의미가 존재와 하나라는 것에 있다."[55]

사물은 모든 감각이 상호 조정되어 최적의 인식도(認識度)에 이를 때, 비로소 획득되고 경험된다. 그와 동시에 사물은 자신의 현존을 그 모든 지각적 영역에서 행사한다. 이러한 의미에서 사물은 "신체의 목적론의 최종항"[56]으로 나타난다. 따라서 사물은 그 속성들의 총체도 아니고, 그 총체의 의식도 아니다. 사물 또는 실재적인 것은 자립적인 어느 한 감각의 상관자도 아니고, 모든 감각의 동시 의식의 상관자도 아니다. 그것은 모든 감각의 공동 작용의 상관자이다. 하나의 감각에 주어진 사물은 다른 모든 감각들의 일치 작용을 그 자신에 대하여 불러들인다. 사물은 상호 감각적이나 어느 하나의 감각 또는 그 모든 감각에 독립해서 존재하지 않는다. 자신의 모든 일정한 속성을 넘어 서 있는 사물의 통일성은 기체도, 공허한 그 무엇도, 내속하는 속성들의 주체도 아니다. 사물은 이성적 원리나 인지적 장치에 의해서 구성되지 않는다. 그것은 신체 자신의 선반성적 전개인바, 애매한 구조와 범주에 의해서 조직된다.

사물은 이렇듯 모든 객관적 판단과 정립 이전에 활동하는 신체-

53 『지각의 현상학』, 479쪽.
54 『지각의 현상학』, 479쪽.
55 『지각의 현상학』, 485쪽.
56 『지각의 현상학』, 484쪽.

주체의 "체험된 논리"(logique vécue)[57]에 의해서 지각되고 구성될 수 있을 뿐 그와 다르게 이루어지는 것은 아니다. 사물의 실재성이 "나와 현상과의 충만한 공존"으로 이해된다면, 그것은 사물이 감각적 지각과 독립해서 존재한다는 것을 의미하는 것이 아니라, 어느 하나의 감각, 예를 들면 눈에 보이는 것을 능가해 있다는 것을 의미한다. 이 점에서 그것은 우리를 초월해 있다. "그것은 초극될 수 없는 충만성이다."[58] 우리의 눈에 익은 사물이 가끔씩 낯설게 느껴질 때가 있다. 특히 우리가 일상적 관심에서 벗어나 세상만사를 떨쳐 버리고 사물을 무심하게 바라볼 때, 사물은 우리에게 소외된 듯 저 밖에 말없이 타자로서 다가온다. 메를로-퐁티는 이러한 경험을 "사물은 우리를 무시하고 즉자적으로 쉬고 있다"[59]라고 기술한다.

이러한 사물의 말없는 타자성은 조금 전에도 말했지만, 사물이 지각하는 주체와 분리해서 독립적으로 존재한다는 뜻이 아니다. 그것은 사물이 현재로서는 지각적으로 특화되지 않고 있다는 것을 가리킬 뿐이다. 또는 우리와 현상과의 충만한 공존의 결여라고 풀이될 수 있다. 따라서 역설적으로, 사물의 즉자성은 소진 불가의 충만성을 의미한다. "실재적인 것은 무한한 탐사에 응하고 소진 불가하다."[60] 이와 같이 타자성은 끝없이 탐구될 수 있고 규정될 수 있는 것이다. 그럼에도 불구하고 우리는 그것이 우리의 현재의 분절화를 피해 가기

---

57 「지각의 현상학」, 102쪽.
58 「지각의 현상학」, 484쪽.
59 「지각의 현상학」, 483쪽.
60 「지각의 현상학」, 486쪽.

제1부 이론 철학

때문에 저 너머에 있다고 말하게 되고 우리의 신체가 그것을 절대 완전하게 포용할 수 없기 때문에 낯선 타자로서, 즉 초월적으로 남아 있을 수밖에 없다고 말하게 되는 것이다. 그러나 또한 구조화 가능성, 분화 가능성, 가시성, 분절성이 사물의 본질이기에 사물의 초월성 또는 즉자성은 사물의 독립적 존재와 동일시될 수 없는 것이다.

그러므로 사물의 실재성의 본질은 "그것을 우리의 소유로부터 감추는 바로 그것에 있다"[61]는 것이다. 사물의 자족성과 사물이 숨는 지각의 부재는 사물의 초월성의 분리 불가능한 양면이다.[62] 그리고 "지각하는 주체는 자신의 장소와 관점을 포기함이 없이 감각함의 불투명 속에서 자신이 사전에 열쇠를 가지고 있지도 않은, 그러면서 자신 속에 투사를 가져오는 사물들을 향해 가고 자신의 보다 깊은 곳에서 대비하는 절대적 타자에로 열린다."[63] 따라서 지각하는 자와 지각하는 것 사이의 대립은 없다. "우리가 세계의 실재성과 세계의 미완결성 사이에서 발견하는 모순"[64]은 모순이 아니다. "세계의 미완결성과 존재 사이에서, [세계에의] 참여와 의식의 편재성 사이에서, 초월과 내재 사이에서 선택은 없다."[65] 인간과 세계 사이에는 내재적 초월이나 초월적 내재만이 있을 뿐이다. 타자성을 완전하게 파악할 수 없는 인간의 능력은 인간의 한계를 지시하고 타자성을 완전하게 파악하고자 하는 인간의 욕구는 세계의 미완성을 가리킨다. 따라서 "자신을 '열린

61 『지각의 현상학』, 356쪽.
62 『지각의 현상학』, 356쪽.
63 『지각의 현상학』, 488-489쪽.
64 『지각의 현상학』, 497쪽.
65 『지각의 현상학』, 498쪽.

것'으로 나타내는 것, 우리를 자신의 '규정된 표시들' 저 너머로 회송하는 것, '보아야 할 다른 사물'을 언제나 우리에게 약속하는 것은 사물과 세계의 본질이다."[66] 왜 어떤 것이 있고 없지 않는가라고 표현되는 사물과 세계의 신비성은 이것 이외 별다른 것이 아니고, 지각되지 않는 것으로 지각되는 세계의 비밀의 열쇠 또한 이것 이외 별다른 것이 아니다.

5. 결론적 평가

　　　현상-실재의 문제에 대한 메를로-퐁티의 접근 방법은 실증주의자들이 객관적 실재를 구제하고자 하는 의미에서 그것을 구제하는 것이 목적이 아니다. 감각적 경험이나 감각 소여가 의식과 독립해서 실재하는 존재와 일치하는가 하는 문제를 실재론자들이 해결하고자 하는 의미에서 해결하고자 하는 것도 아니다. 실재론자가 추구하는 지각과 그 대상의 일치 또는 동일성은 처음부터 두 개의 다른 개념의 동일성을 함축하기 때문에 개념상의 모순이다. 따라서 실재론자들은 실재를 의식 독립적 실재로서 정립할 수 없는 길로 접어들게 된다. 또한 실재론자의 의미에서 실재가 의식 독립적이라면 실재는 자존적 또는 자족적이어야 하는데, 이것은 초시간적, 또는 무시간적이어야 하는 것으로서 유한한 인간에게는 본디 상정하는 것이 불가능

---

66 「지각의 현상학」 500쪽.

한 일이다.

따라서 선택 사양으로 관념론자의 길이 있다. 메를로-퐁티는 이 노선에서 완전하게 벗어나 있는 것으로는 보이지 않는다. 비록 메를로-퐁티가 관념론과 실재론을 극복하려는 제3의 길을 걷는다 해도 실재를 내부에서 규명하는 것에서 완전히 탈피한 것이라고 볼 수 없는 점이 있기 때문이다. 육화된 신체가 하는 지각적 의식이라도 여전히 현상학적으로 내재적인 요소를 버릴 수 없다. 이러한 맥락에서 그는 현상학적으로 관념론자이다. 그에게 실재 또는 존재는 어떤 신체 능력에 의해 규정되는 것이기 때문에 내적인 것이다. 우리는 그것을 내재적 초월성이라고 말할 수 있다. 객관적 실재를 내재적 초월성으로 보면, 실재론자들이 말하는 의식 독립적 실재라는 것은 거부된다. 메를로-퐁티의 지각의 현상학이 전통적 의미의 관념론이지는 않지만 여전히 관념론적인 것은 바로 이러한 점을 감안해서이다. 그래서 메를로-퐁티는 반실재론자이고 전통적 의미의 관념론을 반대하지만, 관념론적 성향은 여전하다.

현상학적 의미와 맥락의 관념론자로서, 관념론과 실재론의 인식론적 대립에 대한 메를로-퐁티의 창의적인 기여는 양쪽이 공통으로 가지고 있는 "외부 세계의 관념 그 자체에 대한 비판"[67]을 수행했다는 점이다. 우리가 '객관적으로 주어진 외부 세계'를 운운할 때 이 세계는 당연한 것으로 간주된다. '저기 저 밖에 있는 실재'를 기본적이고 당연한 것으로 생각할 때 객관적 실재가 우리에게 존재하게 되는 방

---

67 「지각의 현상학」 47쪽.

식은 자연스럽게 은폐된다.

여기서 메를로-퐁티가 말했던 "세계의 편견"이 시작된다. 감각 소여와 같은 것이 있고 이를 토대로 실재 전체를 탐구할 수 있으며 연합하고 판단하고 종합하는 주체를 도입한다. 경험주의자는 객관적 실재에 대하여 수동적이어서 지각적으로 무능하고 주지주의자는 주체가 객관적 실재를 전체적으로 발견할 수 있어서 지각적으로 전능하다. 마침내 감각적 경험의 참실상은 소실된다. 저 밖에 실재가 존재한다고 생각하는 방식의 구성이 어떻게 이루어지는가, 객관적 실재가 우리에게 존재하게 되는 방식이 어떠한가 하는 문제는 더 이상 조사되지 않는다. 우리에 대하여 이미 구성되어 있는 그러한 문제들을 문제로서 조금만 주의를 기울여 살펴보았더라도 "외부 대상의 세계"라는 개념은 가정된 것이고 증명될 수 없는 것으로 드러날 수 있었을 것이다. 해석학적 순환의 원리에 따라 편견, 가정, 전제로부터 자유로운 개념이나 이해가 있을 수 없다면, 의식을 초월해 객관적으로 존재하는 대상 역시 그에 관한 논의가 유의미하게 이루어질 수 있기 위해서라도 그 정도만큼은 주관적 또는 상호주관적이지 않으면 안 된다. 메를로-퐁티는 외부 세계의 존재 문제를 선천적 의미 체계로서의 신체와의 연관에서 현상학적으로 탐구하고 기술함으로써 세계에 대한 많은 편견을 적발하고 많은 새로운 진리들을 밝혀 주었다.

사물은 더 이상 객관적 사물일 수 없다. 사물은 사물에 접근되는 방식과 독립해서 존재할 수 없다는 것이 드러났기 때문이다. 이러한 사물은 언제나 드러내어 주기를 바라고 있다는 점에서 의식 초월적이지만, 따라서 외적이지만, 그것은 내재적으로 외적인 것이고 또 언

제1부 이론 철학

제나 이미 드러나고 있다는 점에서 초월적으로 내적인 것이다. 객관적 실재는 언제나 이미 지각되어 버린 것이라는 점에서 절대적 대상일 수가 없다. 따라서 실재의 추구, 즉 진리는 즉자와 대자의 잠정적 불완전한 종합이다. 모든 사물은 끝없이 탐구될 수 있다. 절대적인 의미 부재도 없고 최종적인 이해도 없다. 사물은 선천적 의미 체계로서의 신체와 분리될 수 없게 연동되어 있기 때문에 인간이 모든 국면이 동시에 일거에 알려질 수 있는 대상, 즉 절대적 대상을 구성하는 것은 불가능하다. 세계는 애매하고 불투명하다. 세계가 완전히 투명해지는 일은 불가능하다. 그러나 역시 절대적으로 불투명한 것도 아니다. 모든 존재가 신체의 지각 능력에 의해서 현재에서 현재에로 이어지는 흐름의 무한성을 지칭하는 것이라면, 모든 존재의 인식이 인간 삶의 여정에서 시간적인 한때의 것이고 또는 장기적으로 유효하다가 마침내 버려지는 것이라면, 이러한 입장은 일종의 역사주의적, 상대주의적, 해석학적 관점을 함축한다.

이와 같이 존재와 인식을 한시적인 수행 또는 성취로서 보는 관점은 절대성, 절대적 인식은 인간에게 불가하다는 것을 시인하고 자백하는 점에서는 한층 겸손해진 것이지만, 그렇다고 보편적, 객관적 진리의 추구라는 철학의 숙제를 시원하게 해결해 준 것은 아닌 것 같다. 솔직하게 말해서, 일체의 존재를 그 전체성에서 알고자 하는 철학의 오랜 존재론적 전통 또는 비전이 메를로-퐁티에게는 그 시효를 다한 것으로 보인다. 그에게 세계 또는 사물은 우리에 대하여 존재하는 것으로, 따라서 그만큼 우리가 보고, 사고하고, 구성하는 대로의 사물이지 그 이상일 수 없는 셈이다. 이 점에서 메를로-퐁티의 감각의 현상학은 포스트모더니즘의 인식론과 형이상학으로 이행해 가는 교량이라고 평가될 수 있다.*

* 이 글의 출전은 다음과 같다. 「메를로-퐁티의 감각적 경험의 개념」, 『철학과 현상학 연구』 20집 (2003), 한국현상학회, 93-114쪽.

제1부   이론 철학

제2장

자아의 재구성

1. 서론

      우선 여기의 자아가 데카르트의 코기토(cogito)를 가리키는 것이라고 주의를 주는 데서 시작해야 될 것 같다. 사고하는 존재로서의 자아, 의식적 존재로서의 자아는 데카르트의 위대한 발견이다. 데카르트가 모든 진리와 학문의 절대적 출발점으로서 "코기토 에르고 숨(cogito ergo sum), 즉 나는 생각한다 고로 존재한다"를 확보한 이래 그는 서양철학의 사상가로 자리를 굳혔고 그 이후의 서양철학은 데카르트의 코기토를 어떻게 보느냐의 역사라고 해도 과언은 아니게 되었다. 서양철학을 의식 철학으로 특징지을 수 있다면 그것은 오직 데카르트의 코기토 덕분일 것이다. 데카르트의 코기토는 근세 이래 철학의 근본 주제에서 한 번도 빠진 적이 없었다. 아니, 결코 배제될 수 없었다. 자아의 자기의식은 진리와 확실성의 기준으로 뿌리내린 지이미 오래이고 500년 가까이 기득권을 누려 왔다. 이러한 코기토는서양의 근·현대 철학이 충실해야 했던 정경이기도 했지만 저항하고대결하고 극복해야 했던 외경이기도 했다. 메를로-퐁티 역시 이러한작업에서 예외일 수 없다. 이러한 관점에서 이 장에서는 메를로-퐁티가 데카르트의 코기토 에르고 숨을 어떻게 이해하고 비판하며 새로운 해석을 제공하는가를 살펴보고자 한다.

메를로-퐁티에 의하면, 데카르트의 코기토를 이해하는 전통적인두 가지 해석 방식이 있다.[1] 하나는 심리주의적 해석이고 다른 하나는주지주의적 해석이다. 전자는 내가 자신을 파악할 때, "나는 사유한다"는 심리적 사실에만 주목하고 또 경험이 지속하지 않는다는 조건에서 내가 사유한다는 것을 의심할 수 없다고 순간적으로 확정한다.따라서 코기토는 순간적인 코기토이다. 이러한 코기토는 순간과 침묵속에서 경험되는 코기토이다. 그러나 그 확실성은 곧이어 내가 그 코기토의 확실성을 어느 특별한 사고에 있어서 분명히 해 보려고 하자마자 사라지고 마는 확실성이다. 그래서 순간적으로 확정된 확실성의 보증자로서 신이 있어야 하고 신의 성실성이 요청된다. 여기서 자기의식은 흄의 자아론과 같이 상호계기적인 심적 사건에 지나지 않는다. 이것이 심리주의자가 말하는 코기토이고 경험론의 코기토이다.

이에 반해 후자는 코기토를 "나는 사유한다"는 사실의 파악뿐만아니라 사유가 지향하는 대상의 파악으로도 이해한다. 또한 그것은

---

1 Merleau-Ponty, *The Primacy of Perception*, edited by James Edie (Evanston: Northwestern University Press, 1964), pp. 21-22.

사적 존재의 명증성으로서만이 아니라 적어도 그 존재가 사고하는 한에서 사고되고 있는 것의 명증성으로도 이해된다. 코기토가 이렇게 이해되면 코기토, 즉 자아의 확실성은 코기타툼, 즉 사유 대상의 확실성보다 더한 것도, 그렇다고 별다른 종류의 것도 아니다. 양자는 똑같이 관념적 명증성을 가진다. 그러나 양자가 데카르트가 말하는 대로 그렇게 단순한 명증성이라면, 사고하는 자아는 자신에 대하여 완전 투명하지 않으면 안 된다. 왜냐하면 그렇지 않을 때는 자아가 사고하는 사물의 명증성은 달리 확보될 수가 없을 것이고 그 결과, 사고하는 자아는 그 사유 대상에 관한 한 자기 명증성조차 잃어버리게 될 것이기 때문이다. 따라서 나는 회의를 지나치게 인위적으로 조작적으로 감행하면서까지 명증성과 확실성에 도달하고자 애를 쓸 필요가 없다. 사유하는 나는 처음부터 확실한 존재였기 때문이다. 이것이 주지주의적으로 해석된 코기토이고 관념론의 코기토이다. 이러한 해석은 우선 코기토를 심적 사건의 시간적 연속으로부터 구출하고 시간적인·심리적인·실재적인 것의 정초, 즉 과학과 인식의 원리의 원천으로 만드는 데 필수적이다.

이 양극단의 해석은 그 책임이 정도의 차이는 있겠지만 데카르트 자신의 코기토론에서 기인한다고 보아야 할 것이다. 데카르트의 코기토 때문에 대륙의 합리론과 영국의 고전적 경험론이 나왔고 이것이 발전되어 서양철학은 오늘날 현상학과 분석철학이라는 양대 산맥을 형성하기에 이르렀다. 선험철학과 경험철학의 대결은 그 대표적인 실례라고 하겠거니와, 주관주의와 객관주의, 상대주의와 절대주의, 심리학주의와 반심리학주의, 실증과학과 형이상학, 목적론적 세계관과 인과론적 세계관의 모든 싸움은 데카르트의 코기토에 대한 해석과 비판에서 비롯되었고 지속되었으며 지금도 여전히 반복되고 있다. 그러므로 데카르트의 코기토에 대한 메를로-퐁티의 제3의 해석과 비판은 데카르트의 코기토에 기초하는, 그리고 데카르트의 이원론에 예속되어 헤어나오지를 못한 서양철학 전반의 지배적 사고 성향에 대한 가장 현대적 비판이요 데카르트의 이원론에 연원하는 모든 철학적 관점들의 영구 반복적인 대립과 갈등에 종지부를 찍으려는 기도가 아닐 수 없다.

2. 데카르트의 코기토에 대한 비판

_____메를로-퐁티의 코기토론은 일면적이 아니라 다각적이다. 그의 코기토의 분석과 비판은 크게 세 문제로 나뉘어 전개된다. (1) 외적 경험의 가능성의 문제, (2) 내적 지각의 확실성의 문제, (3) 수학적 진리의 명증성의 문제가 그것이다. 이 세 문제는 데카르트가 방법적 회의를 수행하면서 거쳤던 세 단계, 즉 감각의 가설의 단계, 꿈의 가설의 단계, 악마의 가설의 단계에 대응하는 것으로 보아도 좋을 것이다. 원래 꿈의 가설은 우리의 신체와 외부 세계의 실재성을 의심하기 위한 이유로서 제시되었다는 점에서 내적 지각의 확실성의 문제는 꿈의 가설의 단계와 상응하는 것으로 보기 어려운 점이 있다. 그러나 꿈에서 보고 확신한 우리의 신체와 외부 세계가 명석판명한 지각에 의해서 확실시되는 한 그 신체와 세계는 괄호치기에서 벗어나 확실

제I부 이론 철학

성을 재획득한다는 점에서 꿈의 가설은 진리의 기준으로서의 명석판명성과 결부될 수 있을 것이다.

(1) 외적 경험의 가능성의 문제

메를로-퐁티가 데카르트의 코기토를 비판하기 위해 코기토를 생각하는 것처럼 각자가 코기토를 생각한다고 상상해 보자. 이 경우에 내가 생각하고 있는 코기토는 데카르트 자신의 코기토가 아닐 것이다. 그것은 수백 년 전에 데카르트에 의해 형성된 사상이고 데카르트가 우리에게 남긴 텍스트라고 보아야 할 것이다. 또는 그것은 숱한 철학자들이 텍스트로서의 코기토를 통해 드러내 보이는 영원한 진리일 수도 있을 것이다. 이러한 맥락에서 데카르트의 코기토는 나의 사고가 그 무엇인가를 잡기 위해 분투하는 문화적 대상이다. 그렇다면 데카르트의 코기토는 대상이 문제를 제기하는 것처럼 문제를 제기한다. 즉 사고하는 자아가 대상이 됨으로써 제기되는 문제이다. 사고하는 자아가 이러한 존재라면 사고하는 자아는 실재론적 자아가 된다. 따라서 즉자적 존재로서의 코기토가 있고 그 코기토를 사고하는 나의 사고, 즉 일종의 초월적 행위가 있게 된다. 데카르트의 코기토를 문화적 존재로서 이해하는 것은 사물과 관념을 사고하는 나에게 돌리는 사고방식을 견지하는 것임은 분명하다.

그런데 바로 이러한 구도와 사고방식이 데카르트의 코기토의 핵심에 놓여 있다. 데카르트에 있어서 주체로서의 코기토는 의심을 넘어서 있다. 그러나 이 주체는 무엇인가? 데카르트는 사고하는 주체가 육화되어 있는 존재라거나 세계에 연루되고 참여된 의식이라고 말할 수 없다. 왜냐하면 방법적 회의에서 신체와 세계의 실재성은 괄호의 대상이기 때문이다. 자아가 무엇인가에 대한 데카르트의 대답은 괄호의 대상일 수 없는 것, 즉 사유에만 관계할 수 있다. 그것은 사유가 본질이다. 그러나 그런 나는 무엇을 사유하는가? 데카르트는 신·세계·신체의 실재성을 생각한다고 말할 수 없다. 왜냐하면 이러한 실재성은 괄호 안에 놓여 있기 때문이다. 다시 한번 그의 대답은 괄호 없는 것에만 관계할 수 있을 뿐이다. 나는 나 자신의 사고를 사고하고 있고 나 자신의 의식적 내용들을 의식하고 있을 뿐이다. 이렇게 또다시 사고하는 주체가 사유로 특징지어진다. 거듭 말하거니와, 이렇게 자아 존재의 본질이 사고라면 신·세계·신체는 신·세계·신체에 대한 사고 이외의 형태를 취할 수 없다. 따라서 내용을 가진 코기토의 확실성은 '~에 대한 사고'의 형식에서 주어진다. 왜냐하면 내가 쓰는 이 볼펜, 내가 사용하는 이 종이, 내가 앉아 있는 이 걸상과 서재는 실재적이 아닐지라도, 내가 이 모든 것을 꿈꾸고 있다 해도, 내가 볼펜, 종이, 걸상과 서재를 관념하는 것은 난공불락의 확실성으로 남아 있기 때문이다. 내용을 가진 코기토의 확실성이 이러하고 또한 이것이 사고하는 존재의 본질적 모습이라면 관념에서 실재를 도출해내는 가능성을 묻는 문제가 제기된다. 보다시피 데카르트의 코기토는 사물과 관념을 사고하는 자아에게로 돌리기 때문이다.

데카르트의 코기토에서 존재는 사고하는 자아의 명석판명한 소유이다. 자아 이외의 모든 실재성은 자아 이외의 모든 존재의 명석판명한 관념에서 직관 또는 연역된다. 코기토는 모든 현상에 반드시 동반해야 한다. 따라서 초월은 사고하는 나의 근본 구조이다. 여기서 데카르트가 직면하는 것은 나를 넘어서는 현상에 내가 어떻게 열리는가를 아는 문제이다. 일찍이 소크라테스는 다음과 같이 물은 적이 있다. "당신은 본질이 무엇인가를 결코 알지 못하는 것에 대해서 어떤 방식으로 추구할 것인가? 당신이 알지 못하는 사물들 가운데서 당신이 찾고자 제시하는 것은 어느 것인가? 그리고 당신이 우연히 그것을 만난다면 당신은 어떻게 그것이 그것이라는 것을 아는가?"[2] 불행하게도, 데카르트는 학습의 역설 또는 초월과 내재의 역설이라고 불리는 이 문제에 대하여 자신의 코기토로는 해결할 수 없었다. 바로 이것이 데카르트의 코기토에 대한 메를로-퐁티의 첫째 비판이다.

전통적으로 내재성의 영역은 내부, 즉 의식 활동의 영역으로, 초월성의 영역은 외부, 즉 의식과 독립한 사물 세계로 이해되었다. 이렇게 되면 내재와 초월은 상호 배제적이 되고 의식의 대상은 사물이 아니게 된다. 그 역도 성립한다. 즉 매개는 상상 불가한 것이다. 모든 지식을 경험에 정초하는 경험주의도 모든 지식을 내부의 투명성에 정초하는 주지주의도 똑같이 회의주의에 빠진다. 전자는 내부의 지각적 대상이 초월적 사물에 대한 정보를 제공하는 것을 확실히 할 수 있는 방법이 없기 때문이고 후자는 내부에 갇힘으로써 인식의 진과 위를 초월적으로 확인할 수 있는 방법이 없기 때문이다. 각자에게 주어지는 단 하나의 출구는 전자의 경우 경험이 제공하는 인식이 아무것도 아닌 것이라는 주장으로 자기의 모든 정당화를 종결짓거나 후자의 경우 대상의 지각이 불가능하지 않기 위해서는 자아 존재가 모

---

2 Merleau-Ponty, *Phénoménologie de la Perception* (Paris: Gallimard, 1945), p. 425. *PdeP*로 이하에 표기함.

든 것을 알고 있어야 한다는 주장으로 자기의 모든 정당화를 끝내거나 하는 방법뿐이다. 그러므로 내재와 초월을 매개하는 제3항이 요구된다. 역설의 쌍뿔, 즉 확실성과 무지, 투명성과 불투명성을 매개하는 것은 무엇인가? "과거와 세계가 존재한다면, 과거와 세계는 원칙적으로 내재적이어야 하고 사실적으로 초월적이어야 한다."[3] 바꾸어 말하면 세계를 내재적인 동시에 초월적이라고 보는 방법이 있어야 한다. 메를로-퐁티는 그것이 "스피노자와 흄, 영원성과 원자화된 시간 사이를 빠져나가는 제3의 길"[4]이라고 말한다.

데카르트의 코기토에는 그러한 제3의 매개자가 없다. 데카르트에 따르면, 내가 나무를 본다는 것은 내가 나무와 마주치고 부딪치는 것이 아니라 내가 대면하는 그 존재에서 내가 전개시키는 어떤 본질, 관념을 발견한다는 것이다. 따라서 내가 주위에서 사물을 능동적으로 발견한다는 것은 사물이 나의 주위에서 실제로 존재해서가 아니다. 왜냐하면 사고하는 자아는 그 본질상 사실적 존재인 나무에 대하여 아는 것이 하나도 없기 때문이다. 사물의 초월성은 내가 사물이 무엇인지를 모르는 정도에서만 초월적이고 아무것도 모르는 채로 사물의 단순한 존재를 단정하는 정도에서만 초월적이라는 뜻일 뿐이다. 초월적 사물의 경험은 나의 내부에서 그 사물에 대한 기투가 일어나고 발견되는 한에서 가능할 뿐이다. 그러므로 그것은 사물의 실재적, 객관적 소유를 지시할 수 없다.

이러한 논리의 견지에서 두 점 사이의 거리를 나의 손가락으로 재

3 *PdeP*, p. 418.
4 *PdeP*, p. 428.

어 보는 경우를 생각해 보자.[5] 나의 집게손가락과 엄지손가락이 형성하는 각도, 다시 말해서 두 점 사이의 거리를 가리키는 그 각도는 두 점의 어느 쪽에도 없는 어떤 힘, 바꾸어 말하면 두 점 사이의 관계를 알 수 있게 되는 또는 실현할 수 있는 어떤 힘의 내적 작용에 의해서 재어질 수 없다면 어떻게 판정될 수 있겠는가? 나의 엄지손가락의 감각과 나의 집게손가락의 감각이 거리의 기호들일 수 있는 것은 두 점 사이의 통로가 바로 그 통로를 이해하고자 하는 목표를 가진 나의 사고에 의해서 겨냥되었기 때문이다. 그런데 데카르트의 정신은 자신이 기호로서 구성하지 않았던 기호의 의미를 인식할 수 없는 정신인 것이다. 따라서 메를로-퐁티는 데카르트의 정신을 겨냥해서 다음과 같이 비평한다. "내가 사물을 인식할 수 있다는 것은 나의 유한하고 규정된 지각들이 세계와 동연적인 인식 능력, 세계를 처음부터 끝까지 펼치는 인식 능력의 부분적 표시들이기 때문이다."[6]

따라서 데카르트의 사고하는 자아는 세계에 위치 지어진 것으로 기술되지 않고 세계를 세우고 짓는 자아로 규정된다. 주체와 그 주위와의 교섭은 주체가 독립적으로 사물을 존재하게 하고 자신의 주위에 배치하며 안으로부터 끌어내는 한에서 가능하다. 데카르트의 코기토는 나 자신의 코기토요 나 자신의 코기토에 의해서만 의미를 가지는 코기토이다. 코기토를 역사적으로 구성하는 것도 나요 데카르트의 텍스트를 읽는 것도 나이며 그 텍스트에서 멸절될 수 없는 진리를 인식하는 것도 나다.

5 *PdeP*, p. 424.
6 *PdeP*, p. 424.

메를로-퐁티에 의하면,[7] 데카르트의 코기토는 자신이 발견하기 위해 필요로 하는 모든 것을 자기 자신 속에 가지지 않았다면 아무것도 생각할 수 없었을 코기토이다. 그것은 자신의 목표보다 앞서야 하고 자신이 구하는 것을 이미 발견했어야 하고 그렇지 않으면 그것을 구할 수 없는 코기토이다. 그것은 스스로 사물들에 그 자신이 사물들에서 곧장 발견할 것을 집어넣지 않았다면 사고가 사고의 환상으로 되는 코기토이다. 그것은 추리와 지각이 사후에는 분해되고 사라져도 그 실현에 필요한 모든 것만은 한꺼번에 포착해야 하는 코기토이고 따라서 분할 불가한 의도에서는 거리 둠이 없이 자기 자신에 현존해야 하는 코기토이다. 그것은 어떤 사물에 대한 사고라도 자기의식적이어야 하고 자기의식 없이는 대상을 가질 수 없는 코기토이다. 그것은 모든 경험과 반성의 뿌리에서 자기 자신을 직접적으로 인식하는 코기토이다. 그것은 작용하는 정신의 존재 자체이다. 그것은 사물들을 의식하게 되는 그 작용이 그 완성과 동시에 스스로 이해되어야 하는 코기토이다. 그것은 사물을 의식하게 되는 그 작용이 아무것에 의해서라도 터지거나 유발될 수 있다고 생각될 수 없는 코기토이다. 그것은 사물을 의식하게 되는 그 작용이 자기원인인 코기토이다. 그것은 시간에도 어떤 한계에도 예속되지 않는 장과 사고의 체계를 내부에 간직하고 있는 코기토이고 사건에 하등 빚지지 않는 코기토이다. 마침내 사고가 가지는 이 이상한 능력, 사고할 때마다 발견되는 이 이상한 능력은 영원성으로 규정된다. 그것은 단 하나의 의도에서

---

7 *PdeP*, pp. 425-426.

시간적 전개들을 포착하고 예기하는 능력으로서 이해되는 것, 말하자면 영원한 의식으로서 신이다. 결국 "궁극적으로 코기토가 나로 하여금 일치시키는 것은 바로 신이다."[8]

데카르트의 코기토가 유한한 정신이 아니라 영원한 존재로 표현되는 정신이라면 그것은 비시간적 존재이다. 그러나 우리는 코기토가 시간에서 빠져나올 수 없는 것을 잘 안다. 데카르트의 코기토가 나를, 나에게 접근 가능한 모든 존재의 보편적 구성자로서, 숨겨진 부분과 밖이 없는 선험적 장으로서 발견한다면 그것은 형태와 질료를 구별하지 않는다. 그러나 우리는 코기토가 영향을 받으며 수동성의 제약에서 완전히 벗어날 수 없음을 잘 안다. 데카르트의 코기토가 자신의 능동성을 제약하는 것처럼 보이는 것을 새롭게 자기의 것으로 만들어 버리도록 하는 존재라면 그것은 아무런 제약도 받지 않는 신일 것이다. 그러나 우리는 여전히 코기토가 시간과 사건에 무관할 수 없고 영향을 받을 것이라는 것을 잘 안다. 대자의 코기토는 사고할 때마다 자신을 받침점으로 삼고 자신의 다양한 관념과 표상을 넘어 모든 인식의 원리이면서도 인식될 수 없는 통일성으로 존재하는 절대자라고 말해져도 우리는 그 코기토에 우리의 유한한 실존적 체험이 흩어져 있고 간직되어 있음을 잘 안다.

데카르트의 코기토에 따르면, 나의 손가락이 두 점 사이를 재어도 정신이 자신 속에 두 점 사이의 관계를 의미하는 어떤 것을 가질 수 없다면 거리는 지각될 수 없다. 그리고 내가 어떤 관념들의 질서

---

8 *PdeP*, p. 428.

를 향해 방향을 잡기 위해서는 나는 코기토라고 말하는 것만으로 충분하다. 왜냐하면 모든 가능적 명시화가 어떻게 해서든 코기토에 현존하게끔 되어 있기 때문이다. 그것이 나의 엄지손가락의 감각과 나의 집게손가락의 감각이 거리의 기호들일 수 있는 이유이다. 그러나 두 점의 어느 쪽에도 없는 힘은 사고의 내적 힘이 아니라 손가락이 없으면 없는 힘이다. 나의 손가락의 거리 지각은 나의 사고에 의해 윤곽 지워지는 것이 아니다. 오히려 나의 손가락이 두 점 사이의 관계를 실현할 수 있는 힘을 형성한다. 다섯 손가락의 손은 한 손가락의 손으로 세계를 파악하는 방식과는 다른 방식으로 어떻게든 세계를 파악할 것이다. 나의 발은 내가 발 없이 손만을 가졌을 때 손을 이용하는 방식과는 다른 방식으로 세계를 파악할 것이다. 나의 귀는 세계를 소리의 세계로 구성하는 것을 도와주고 나의 눈은 세계를 보이는 세계로 구성하는 것을 도와준다. 나의 손과 발은 내가 아는 것보다 훨씬 더 많이 안다. 나의 팔과 다리는 내가 아는 것보다 훨씬 더 많이 안다. 나의 눈과 귀는 내가 아는 것보다 훨씬 더 많이 안다. 나의 입술은 내가 아는 것보다 훨씬 더 많이 알고 말한다. 나의 손은 파지하고 촉지하는 나이다. 나의 발은 걷는 나이다. 나의 눈은 보는 나이다. 나의 귀는 듣는 나이다. 그러므로 신체는 내가 세계로 열리는 장소이다. 그것은 코기토에서 세계에로의 이행이다. 그것은 코기토를 세계에 접맥시킨다. 신체로 세계를 지각하는 한 신체는 지각의 주체이다. 이러한 신체를 메를로-퐁티는 특별히 강조하고자 하는 의도에서 "신체 자신"이라고 표현한다. 우리는 지금 신체에 이식된 코기토, 신체를 통하여 세계에 개입된 코기토, 즉 육화된 주체성을 만나고 있다.

데카르트의 코기토는 신체적 코기토, 육화된 코기토라는 것이다. 이렇게 데카르트의 코기토 한복판에는 인식하는 주체로서의 신체가 상주하고 있다.

(2) 내적 지각의 확실성의 문제

많은 철학자들이 자기 자신의 의식 상태에 대한 경험 또는 신념에는 오류가 있을 수 없다고 주장했다. 내가 나의 의식 상태에 대하여 그렇게 믿고 있는 한 내가 잘못된 신념을 가지는 것은 있을 수 없다는 주장은 〈1인칭 경험 진술의 불가오류성〉이라는 표현으로 널리 알려져 있다. 아프다는 느낌이 오류일 수 없는 것은 내가 아프다고 느끼면서 동시에 그 아픔의 느낌에 대해서 생각하는 것이 불가능하다는 점에서 분명한 것 같다. 우리는 희망하는 동시에 희망하고 있음을 생각할 수 없다. 왜냐하면 희망은 희망의 대상이 나중에는 어떻게 되더라도 지금 이 순간에는 그 대상과 하나이고 이 동시성은 희망을 사고하고자 뒤를 돌아다봄으로써만 깨뜨려지기 때문이다. 물론 그 두 활동은 시차가 없다고 할 정도로 아주 빠르게 번갈아 일어날 수 있다. 그러나 그 두 활동은 구별되며 동시 양립은 불가능하다. 우리 자신의 내부를 들여다보는 내성은 그와 동시에 활동이 정지됨으로써 남겨지는 것에 대하여 많은 것을 말할 수 있을 것이다. 그러나 그것은 활동 그 자체에 대한 것은 아니다. 고통을 느끼는 것이 고통을 느끼는 것을 생각하는 것에 의해서 멈추어지고 방해를 받는다면, 바로 그 점에서, 고통의 느낌이 사고되기 직전까지 일어나고 있었던 모든 것은 누가 무엇이라고 해도 참이다. 나의 고통의 느낌은 그 느낌이 참이라는 관찰도, 내성도, 증거도 아니다. 그것은 그 자체로 참이다. 그래서 비트겐슈타인은 『철학적 탐구』 246절에서 이렇게 말했다. "제3자에 대해서 제3자가 내가 아픈지를 의심하고 있다고 말하는 것은 의미가 있다. 그러나 나 자신에 대하여 그렇게 말하는 것은 의미가 없다."

메를로-퐁티는 데카르트의 코기토의 확실성이 바로 이러한 종류의 무오성이라고 생각한다. 예를 들면, 사랑과 의지는 내적 작용들이다. 이것들은 자기 자신을 대상으로 지각하고 그렇게 함으로써 자기 자신과 분리된다. 그리고 사람들은 이러한 의미에서 사랑과 의지가 우리를 속인다는 것을 잘 안다. 그러나 사랑과 의지가 그 자신에 관하여 우리를 속이는 것은 불가능한 것 같다.[9] 다시 말하면, 내가 사랑, 기쁨, 슬픔을 경험하는 순간에는 내가 사랑한다는 것, 기쁘다거나 슬프다는 것은 그 대상이 지금과 같지 않고 나중에는 사라지고 없으며 그 대상이 사실은 그런 것이 아니었구나 하고 판명된다 하더라도 참이라는 것이다. 실로, 내가 사랑한다 함은 나는 사랑한다고 하는 의식이요 내가 의지한다 함은 나는 의지한다고 하는 의식 이외 무엇일 수 있겠는가. 그렇지 않으면 사랑이나 의지는 사랑하지 않는 사랑이요 의지하지 않는 의지일 것이다. 의지나 사랑은 우리가 의지나 사랑이 지향하는 대상을 고려하지 않고 이해하고자 하는 한 "우리가 피할 수 없는 절대적 확실성의 영역을 구성할 것이다."[10] 사랑과 의지는 그 대상에 관해서가 아니라면 그것이 느껴지는 이상 언제나 참이라는 것이 메를로-퐁티가 데카르트의 코기토에서 발견하고 인식하는 것

---

9 *PdeP*, p. 432.
10 *PdeP*, p. 433.

제1부 이론 철학

이다.

메를로-퐁티는 이러한 내적 자기 확실성에 도전하기 위해 사랑의 경험에 대한 주의 깊은 절묘한 기술을 시도하고 나의 감정적·정서적 상태가 그렇게 명증적이지 않다는 것을 보여 준다. 메를로-퐁티가 드는 사례는 연애 경험이 많은 청춘 남녀들 사이에 있음직한 거짓된 사랑 또는 환상적 사랑의 이야기이다. 주의할 것은 메를로-퐁티가 말하는 거짓된 사랑 또는 환상적 사랑이 말 그대로 거짓 사랑을 의미하는 것이 아니라는 점이다. 우리는 사랑의 자격이 전혀 없는 감정을 사랑의 이름으로 치장하는 연애 사기 사건을 신문 지상에서 자주 읽곤 한다. 이러한 사랑은 연인의 삶에 참되게 참여했다고 볼 수 없는 사랑이고 스스로가 이미 알고 있는 대답을 피하고자, 나는 진정으로 그 또는 그녀를 사랑하는가라고 묻지도 않거니와 그런 질문을 애초부터 외면하고 자기 자신을 숨기는 사랑이다. 이러한 사랑은 그야말로 악의, 고의, 환심, 저의, 이해관계에서 짜여진 치밀한 계획에 의해 집행되는 사랑이다.

이와는 반대로, 메를로-퐁티가 말하는 거짓 사랑 또는 환상적 사랑은 이런 것이다.[11] 어쩌다가 우연히 눈이 맞은 두 남녀가 있다. 나는 그녀와 한창 사귀는 가운데서 내가 그녀를 사랑한다는 것을 명시적으로 확실하게 의식하지는 못할지라도 그녀에 대한 나의 배려와 태도와 아낌과 보호가 나의 내면에서 그러한 의식보다 훨씬 앞서 일어난 사랑의 발로였다는 것을 발견하고는 자기도 모르게 놀란다. 그녀

11 *PdeP*, pp. 433-434.

에 대한 나의 사랑은 점차 확실해진다. 마침내 두 연인은 사랑을 확인하고 결혼한다. 그러나 나는 결혼 생활을 하는 가운데 지금까지 그녀에게 보여 준 나의 사랑이 거짓이라는 것을 깨닫는다. 요컨대, 그것은 내가 거짓이라는 것을 모르는 채로 사랑에 빠져 살아가더라도 나중에 내가 거짓 사랑이었던 것으로 발견할 수 있는 사랑이다.

그렇다면 왜 나는 그때는 몰랐는데 이제야 알 수 있게 되었는가? 결혼 생활을 하면서 내가 나 자신이 누구인가를 재인식하게 된 것이 한 이유일 수 있다. 그동안 나는 나 자신에 대한 환상에서 살았는데 내가 그것을 몰랐던 것이다. 그녀에 대한 사랑을 확신하고서 지금 이 순간까지 그녀에게 보여 준 나의 모든 것이 다르게 보이기 시작한다. 나는 그동안 나에게 무엇이 일어났는가를 곰곰이 생각해 본다. 나는 나의 사랑에서 사랑과는 다른 것들을 발견한다. 나는 사랑했던 그 여인에게서 내가 한때 사모했던 여성의 미소와 청순을 발견하고 내가 존중한 사람의 관심과 확신을 발견한다. 나는 그녀가 가진 어떤 좋은 성격과 외모, 사고의 생기발랄함만을 사랑했을 뿐이었다. 나는 그녀를 그녀로서 사랑하지 않았다. 나는 나의 과거와 미래가 그녀로부터 침투되는 것을 허용하지 않았다. 나는 그녀를 몸과 마음을 바쳐 진실되게 사랑하지 않았다. 그녀에 대한 나의 사랑에서 사랑을 발견하지 못하고 사랑과 다른 것을 발견하는 이러한 사랑의 경험은 우리가 드물지 않게 겪는 것이다.

우리는 이러한 사랑을 거짓된 사랑 또는 환상의 사랑이라고 말할 수 있는가? 자기 인식의 불가오류성에 따르면, 이러한 사랑은 사랑에 빠져 있는 동안에는 자기 스스로 그렇게 느끼고 사랑하고 있기에 거짓 사랑이 아니고 참사랑이다. 그리고 내가 느끼고 체험하고 인식한 그 사랑이 거짓인 것으로 드러났기에 참사랑은 그렇게 끝났다고 말해질 것이다. 그래서 그 사랑은 끝난 참사랑의 이야기라고 정리될 것이다. 아니면, 나는 그 사랑의 시작과 끝을 알고 있었기 때문에 그 사랑은 사랑이 아니고 사랑의 가면만을 썼을 뿐이고 따라서 사랑은 없었다고 평가될 것이다. 그 사랑에 빠져 있었던 내가 그녀의 외적 미모와 나와의 동질성, 나의 우연치 않은 관심과 배려에서 진행되고 있었던 사랑을 참사랑으로 알았다고 하면, 또는 오해, 착각, 환상에서 싹튼 사랑으로 알았다고 하면, 그렇게 안 채로 사랑했다고 하면, 그것은 참사랑 또는 거짓 사랑이라고도 말해질 수 없다. 왜냐하면 어느 쪽이든 그것은 사랑조차 아니었을 것이기 때문이다. 즉 사랑은 아예 사랑할 때부터 없었다.

결혼 생활을 하는 많은 부부들과 열애 중인 연인들은 이러한 딜레마에 동의할 수도 있고 하지 않을 수도 있다. 메를로-퐁티는 후자이다. "그 사랑은 어느 쪽도 아니다. 사람들은 그 사랑이 존재했던 동안은 참사랑과 구별될 수 없었다고 말할 수 없고 내가 그 사랑을 부인했을 때 거짓 사랑이 되었다고 말할 수 없다."[12] 이렇게 애매한 사랑이 있다. 그러나 분명한 것은 그 사랑이 시간이 지나 착각에서 깨어난 후에야 참사랑과 구별될 수 있었다고 해도 거짓 사랑은 아닐 것이라는 점이다. 그렇다고 그것이 끝난 참사랑이라고 말할 수도 없다. 왜냐하면 참사랑처럼 진실되고 투명하게 명징적으로 사랑하지 않으면

12 *PdeP*, p. 434.

서도 나는 사랑한다고 믿을 수 있기 때문이다. 이것은 사랑인 줄 모르면서도 사랑에 빠질 수 있는 것과 같은 이치이다. 그녀에 대한 나의 사랑이 거짓된 또는 환상적 사랑이라는 것, 참사랑이라는 것 등등은 절대 확실하게·불가오류하게 인식되는 것이 아니며 사랑과 관련해서 내가 그녀에 대해 하는 인식은 내가 투명하게 인식할 정도로 인식되는 것이 아니라는 것이다. 우리는 주위에서 사랑한다고 하면서도 그 사랑을 확신하지 못한 채 사랑을 계속해 가는 청춘 남녀들을 많이 본다. 내가 그녀와 함께 시간을 보내고 그녀의 존재를 알고 체험하는 것으로 사랑을 확인할 때도, 그녀에 대한 나의 사랑의 순수성과 진정성을 위해 잠시 그녀와 떨어져 자기 인식을 필요로 할 때도, 나의 사랑은 애매하게 남아 있는 것이다.

그러므로 가장 주관적인 영역, 즉 사랑의 감정에서도 코기토는 순수하고 투명한 자기 소유와 자기 인식의 특전을 누리지 못한다. 우리가 우리 자신을 그 모든 실재성에서 한순간이라도 놓칠 새라 쉴 새 없이 소유하기란 불가능하다. 결과적으로, 메를로-퐁티가 예시한 거짓된 또는 환상적 사랑의 경험과 상황은 자기 자신에게 투명하다는 코기토론에 의해서 정당하게 이해될 수 없다. 그러한 의식론은 "회고적 착각"[13]을 통해서 그것을 이해할 수밖에 없을 것이다. 그것은 내가 지금 아는 것을 나는 언제나 알았다고 주장한다. 그것은 내가 많은 책을 읽고 사건을 겪고 난 후에 나 자신에 대해 안 모든 것을 미리 나 자신의 중심에 놓을 수 있다고 믿는다. 그것은 내가 방금 얻은 나 자신

---

13 *PdeP*, p. 436.

제1부 이론 철학

에 대한 인식을 과거의 어느 시점에서 실현할 수 있다고 믿는다. 그 것은 내가 자신에 대해 나중에 배우게 될 모든 것을 명시적 대상으로 서 지금 알고, 알 수 있다고 믿는다. 그러나 우리는 사랑하는 사람에 대하여 차차 취하는 나의 행동, 사고, 느낌의 의미와 방향을 내가 당 분간은 모를 수 있고, 몰랐고, 모르고 있다는 것을 보았다.

메를로-퐁티에 의하면,[14] 나의 사랑은 처음부터 무의식에 숨겨진 사물도 아니고 나의 의식의 명시적 대상도 아니며 사람들이 도려낼 수 있는 사물도 아니다. 그것은 나를 타인에게 데려다 놓는 초월의 운동이다. 그것은 나의 관심을 어떤 사람에게 고정시키고 나의 생각 과 행동에 전향을 가져 온다. 평소의 나라면, 약속 시간에 만날 사람 이 오지 않을 때 자리에서 일어나겠지만 그래도 나는 그녀에게 관심 을 가지고 계속 기다리는 행동을 취하며 지루하지만 기다리다가 그 녀가 나타나면 나도 모르게 기쁨을 느낀다. 사랑은 사랑하는 자가 세 계와 자신과의 관계를 확립하는 방식이다. 그러므로 나의 거짓된 또 는 환상적 사랑은 내가 세계와 타인과 관계하는 방식이었고 그 자체 로 나의 삶이었다. 나의 사랑이, 사랑한다는 단순한 사고 작용으로서 는 나 자신에게 확실하고 투명할 수 없는 것은 이와 같이 내가 세계와 타인과 사물에 둘러싸여 있고 상황 속에 있기 때문이다. 우리 자신에 대한 우리의 접촉은 애매성 속에서 성취되고[15] "이러한 애매성은 의 식의 불완전성이 아니라 의식의 정의이다."[16]

---

14 *PdeP*, pp. 436-437.
15 *PdeP*, p. 437.
16 *PdeP*, p. 383.

사랑은 인식이 아니라 체험이다. 그것은 인식되기 전의 앎이다. 그것은 반성 전에 일어나는, 반성이 전제하는 선반성적 경험이다. 그것은 반성적 사고에 의해 완전하게 변형 또는 환원될 수 없다. 그렇기 때문에 "사랑을 체험하는 자에게 사랑은 이름을 가지고 있지 않다."[17] 내가 사랑을 하면서도 사랑인 줄 모르는 것은 당연지사이다. 사랑은 체험된 경험인즉, 내가 세계에 있다는 것을 비정립적으로 의식함이요 세계와 사람을 선반성적으로 처리함이다. 그렇다면 사랑의 애매성은 어떤 방식으로든 나의 선역사에 뿌리를 내리고 참여하고 있을 것이다. 즉 내가 세계에 닻을 내릴 때 이미 동시적으로 작용하는 익명적 주체가 있다. 그것은 신체의 익명성이다. 그러므로 사랑의 애매성은 신체를 통한 것이다. 신체는 익명적으로 그리고 주체적으로 세계와 나를 엮어 놓는다. 누구에게는 의미적, 해석적 맥락이 달라도 동일한 형태의 경험으로 나타나고 누구에게는 다른 경험인데도 구조적 유사성 또는 동일성을 가진 경험으로 주어진다. 더욱이, 분명 다른 상황과 처지의 경험인데도 누구에게는 똑같이 사랑이고 누구에게는 똑같이 연민이다. 누구는 사랑하면서 사랑인 줄로 확신하고 누구는 열애 중이면서도 사랑인지 아닌지 몰라 갈등한다. 이 모두는 신체에 침전된 사고의 역사가 세계와 만나면서 맺는 관계의 매듭들이다. 신체는 존재의 회로이고 우리의 삶은 애매하다. 나의 신체는 나의 애매성이다. 사랑과 야망 속에서 사랑이 야망에 의해 애매·모호하게 흐려지는 것처럼 삶이 다양한 해석에 열려 있고 여러 가능적 의

---

17 *PdeP*, p. 437.

제I부 이론 철학

미를 가지는 것은 이렇듯 신체가 존재의 회로이기 때문이다.

(3) 수학적 진리의 명증성의 문제

철학에서 거론되는 수학적 진리의 고전적 보기는 기하학적 진리일 것이다. 철학의 관례상, 기하학적 진리는 순수 사고의 전형적인 실례이다. 수학적 사고의 확실성 또는 필연성이 악마의 장난일 수 있다는 데카르트의 방법적 회의가 보여 주듯, 데카르트는 수학적 진리를 악마를 끌어들여서라도 방법적 회의의 대상으로 삼아야 했을 만큼 수학적 진리를 다른 지식과는 특별히 다르게 취급했다. 데카르트가 수학의 확실성을 철학적 지식이 갖추어야 할 확실성의 모범으로 간주했다는 것은 주지의 사실이다. 그렇다면 수학적 진리의 확실성, 수학적 사고의 필연성, 기하학적 진리의 영원성은 데카르트 자신의 코기토의 확실성처럼 그가 믿는 대로인가? 즉 그것은 정말로 형식적 사고 행위이고 순수 오성의 명증성인가? 과연 나는 기하학적 사고의 영역에서 나와 나 자신과의 절대적 일치를 획득하는가?

데카르트는 다섯 번째의 성찰에서 삼각형의 본질과 속성에 대하여 다음과 같이 논의하고 있다.

내가 여기서 가장 중요하다고 생각하는 것은 결코 순수한 무로 평가될 수 없는, 어떤 사물들에 관한 무수한 관념들을 내가 나의 내부에서 발견한다는 것이다. 물론 그러한 관념들이 나의 생각 밖에 존재하는 것은 아니다. 그리고 내가 그 사물들을 생각하거나 생각하지 않거나 하는 것은 나의 자유이지만 그러한 사물들이 나에 의해서 가공된 것은 아니다. 그러한 사물들은 그들의 참다운 그리고 불변하는 본성을 소유하고 있다. 예를 들면, 내가 하나의 삼각형을 상상할 때, 비록 나의 생각 밖의 이 세상 어디에도 그와 같은 도형이 존재할 수 없고 지금까지 존재한 적이 없었다 할지라도, 그 도형은 내가 고안해서 만든 것도 아니요 나의 정신이 좌우하는 것도 아닌 어떤 본성이나 형식, 어떤 규정된 불변·영원한 본질을 가지고 있다. 이것은 그 삼각형의 여러 가지 속성들이 증명될 수 있다는 것, 말하자면 삼각형의 세 각의 합은 이직각과 같다든가, 가장 큰 각은 가장 긴 변에 대응한다든가 하는 등등의 사실에서 드러나거니와, 이러한 사실들은 내가 삼각형의 문제를 생각해 본 적이 없다 하더라도 처음으로 삼각형을 상상할 때 내가, 원하건 원하지 않건 간에, 삼각형에 속하는 것으로 매우 명석하게 인식하는 것이고 따라서 나에 의해 임의로 만들어진 것이라고 말해질 수 없다. … 그러한 속성들은 내가 명석하게 인지하기 때문에 확실히 모두 참임에 틀림없다.[18]

여기서 데카르트는 삼각형의 형식적 본질과 성질을 순수 오성에 의한 명석판명한 지각, 순수한 관념에 의해 규정하고 있다.

이러한 규정에 따를 때, 삼각형의 본질과 성질은 어디서 성립하는가? 나는 삼각형과 삼각형이 속하는 3차원 공간을 생각한다. 나는 그 측변의 연장을 생각하고 한 꼭짓점에서 수평으로 그어지는 맞변과의 평행선을 생각한다. 나는 그 꼭짓점과 두 평행선이 삼각형의 내각

---

18 Descartes, *The Philosophical Works of Descartes vol. 1*, edited by E. S. Haldane and G. R. T. Ross (New York: Cambridge University Press, 1979), pp. 179-180.

의 합과 등등한 합을 이루고 이직각을 이루는 것을 명석판명하게 인식한다. 나는 내가 증명한 것으로 간주하는 그 결과를 확신한다. 나는 주어진 것, 예컨대 이 각, 저 각을 가설로 삼아 그로부터 결론을 끌어내고 그 관계를 의식하고 그렇기 때문에 증명하는 것을 의식한다. 이러한 개개의 증명 단계에서 삼각형은, 가설을 형성하는 주어진 것과 그로부터 도출되는 결론 사이의 필연적 연결에서 안정된 구조로서 지속하고, 증명의 단계에서 도입된 새로운 관계들은 서로 연속적으로 하나가 다른 하나를 밀어내면서도 밀고 들어오는 하나가 확립되는 동안 제거되는 다른 하나는 나에 대하여 존속한다.[19] 물론 내가 삼각형의 내각의 합이 두 직각이라는 것을 증명할 때 나는 엇각의 발견에서 세 내각의 합과 두 직각의 비교에 이르기까지 삼각형을 반드시 의식적으로 파악하고 지속적으로 지각하고 있는 것은 아니다. 그러나 사고가 결론에 도달하기 위해 그러한 의식의 분산과 산만은 최소한 어떤 방식으로든지 극복되지 않으면 안 된다. 그렇지 않으면 내가 증명의 단계에서 삼각형의 본질에 속하는 관계들을 그 도형에 나타나도록 하는 것은 불가능할 것이다. 그러한 극복에 의해서 우리는 무수한 경험적 도형에 대하여 동일한 증명을 반복적으로 수행할 수 있다. 그것이 삼각형의 본질과 성질을 성립시키는 토대이다.

많은 철학자가 이러한 극복의 의미와 본질을 간과하거나 오해함으로써 시간을 초월하는 영원한 형상이 존재한다고 생각했고 자아가 절대적 자기 소유·자기 일치의 능력을 가진다고 믿었으며 연속적

---

19 *PdeP*, p. 440.

인 사고 작용 가운데서 영원 절대의 진리를 직관할 수 있다고 기대했다. 그러나 그 극복은 직관된 형상으로서의 삼각형에 기초하지 않는다. 증명이나 증명이 확립하는 성질은 삼각형의 관념이나 정의에 포함되어 있지 않다. 따라서 기하학적 증명의 필연성은 분석적 필연성이 아니다. 누구나 아는 것을 증명하는 방식은 삼각형의 형상을 분석함으로써 주어질 수 없다. 요컨대 증명을 위한 일련의 구성은 삼각형의 본질에는 포함되어 있지 않다. "사람들이 증명할 속성들과 그 증명에 도달하기 위해 거칠 매개들을 미리 포함하는 삼각형의 정의는 없다."[20] 그렇다고 삼각형의 본질이나 관념을, 변을 연장하고 한 꼭짓점에서 그 맞변의 평행선을 긋고 엇각의 원리를 도입하는 것으로 또는 내가 삼각형을 상상 속에 그려 그 생김새, 그 선의 배치, 그 형태를 고찰함으로써 가능한 것으로 규정하고 말 수도 없다.

그렇다면 기하학적 사고에 있어서의 통일성, 즉 개개의 증명 단계에서 삼각형이 시간의 흐름과 경과에도 불구하고 안정된 구조를 유지하면서 존속한다는 것이 의미하는 바는 무엇인가? 즉 "사고 단계의 시간적 분산을 극복하고 나의 정신적 사건들의 한갓된 사실적 존재를 극복하는 것"[21]은 무엇을 의미하는가? 삼각형의 내각의 합이 이직각이라는 증명이 삼각형의 형식적 본질, 순수한 형상에 의해 매개되지 않는다면, 그것은 다른 무엇의 도움을 받음으로써만 형식적 작용에 의해서 결론에 도달할 수 있다. 메를로-퐁티에 의하면, 그것은 전이의 가능성의 체험이다. "결론이 가설에서 필연적으로 도출되는 것

20 *PdeP*, p. 441.
21 *PdeP*, p. 441.

제I부 이론 철학

은 기하학자가 구성 행위에서 전이의 가능성을 이미 체험했기 때문이다."[22] 이러한 체험이 없으면 삼각형의 직관과 그 속성의 증명은 주어지지 않는다. 내가 이직각과 동등하다고 하는 그 각들의 합이 내가 다른 곳에서 삼각형의 내각의 합과 동등하다고 하는 바로 그 합인 것은 현상 또는 외관의 질서를 넘어서는 그러한 체험에 의해서이다. 따라서 그것은 확실성의 토대를 비로소 들추어내는 것이고 가설과 결론 사이의 연결에 엄밀성을 증대시키는 것이다. 그것은 확실성이 형성되고 진리가 나타나는 장소이며 말없이 가정되어 있는 미정형의 공리이고 기하학자의 사고에 의해 확립되지 않는 구성이다.[23]

이러한 구성은 순수 지적 종합, 오성의 결합이 아니다. 그것은 신체 자신의 종합이다. 아무런 필연적 연관도 없는 세 직선을 하나의 공간을 형성하기 위해 서로 결합할 때 내각의 합이 이직각인 삼각형이 만들어진다. 이것은 삼각형의 본질에 필수적일 것이다. 그러나 세 직선을 긋기, 세 직선을 닫기가 구성이라면 구성은 선긋기에 불과할 것이고 어떤 증명도 구성에서 나오지 않을 것이다. 수학은 순수 창조가 되고 말 것이다. 평행선과 할선을 긋기 위해 삼각형의 밑변을 연장하는 것 역시 구성일 수 없다. 내가 주선, 보조선과 함께 삼각형을 직관적으로 파악하면서 삼각형이 공간을 차지하는 방식, '위에', '의해서', '꼭짓점', '연장'이라는 말에 의해서 표현되는 관계들에 관계할 때[24] 삼각형의 속성이 나타난다. 내가 삼각형을 감각적으로 직관하거나

22 *PdeP*, p. 442.
23 De Waelhens, *Une Philosophie de L'ambiguité: L'existentialisme de Maurice Merleau-Ponty* (Louvain: Publications Universitaires de Louvain, 1951), p. 278.
24 *PdeP*, p. 442.

상상에서 변형시켜 생각할 때, 적어도 내가 잠재적으로 나의 지각장에 위치 지어져 있고 '상'과 '하', '좌'와 '우'에 관계해서 정위되어 있지 않으면[25] 삼각형의 형식화와 논리적 규정은 불가능할 것이다. 방향과 각의 형식적 관계가 나에 대해 의미를 가지는 것은 내가 감각적 삼각형 또는 상상의 삼각형을 운동적으로 파악하기 때문이다.

그러므로 고찰된 삼각형을 지각하면서 평행선과 할선을 긋는 공간적 위치 설정은 "신체의 운동성",[26] "공간을 낳는 운동"[27]을 필요로 한다. 기하학자의 사고는 자신의 사고가 바로 이러한 운동에 의존하는 만큼 자기 자신과 불일치한다. "이러한 구성은 고찰된 삼각형의 가능성들을 삼각형의 정의에 따른 관념으로서가 아니라 삼각형의 성형화에 따른 나의 운동의 극으로서 명시화한다."[28] 이러한 구성이 증명의 가치를 소유하는 것은 그 구성이 삼각형의 운동적 공식에서 창발하기 때문이다. 이러한 구성은 삼각형의 영원한 관념에로의 복귀가 아니다. 기하학자는 그의 흥미를 끄는 관계들을 적어도 잠재적으로 자신의 신체로 기술함으로써만 인식할 수 있다. 따라서 "기하학의 주체는 운동적 주체이다."[29] 요약을 위해 인용하면,

내가 구성에 의해 삼각형의 속성들을 나타나게 한다면, 이렇게 변형된 도형이 내가 출발한 바로 그 도형이기를 그만두지 않는다면, 그리

25 *PdeP*, p. 442.
26 *PdeP*, p. 443.
27 *PdeP*, p. 444.
28 *PdeP*, p. 442.
29 *PdeP*, p. 443.

제I부 이론 철학

고 결국 내가 필연성의 특성을 간직하는 종합을 수행할 수 있다면, 그것은 나의 구성이 모든 속성들이 포함될 삼각형의 관념에 의해 기초 지어져서도 아니고 내가 지각적 의식에서 출발하여 형상에 도달해서도 아니다. 그것은 내가 나를 단숨에 공간에 삽입하는 신체에 의해서이자 그리고 그 신체의 자발적 운동이 일련의 한정된 절차에 의해 나에게 공간을 전체적으로 보는 데 도달하도록 허용하는 신체에 의해서 새로운 속성의 종합을 실현하기 때문이다.[30]

결국 우리의 신체는 기하학적 종합의 가능 조건이다.[31]

이상의 세 문제 이외 메를로-퐁티가 데카르트의 코기토를 창의적으로 비판하는 논거로 삼는, 무시해서는 안 될 중요한 문제가 의식의 언어 문제이다. 데카르트의 자아는 언어적으로 표현된 자아이다. 내가 『성찰』을 읽으면서 말들의 의미와 관념들의 연결을 통해서 '나는 생각한다 고로 존재한다'에 도달할 때 나는 언어를 사용해야 한다. 나는 나의 사고와 나의 존재를, 언어를 매개로만 하여 파악한다. 데카르트는 사유를 표현하는 언어의 지위에 관해 묻지 않았다. 우리는 사유가 언어적 표현에 의존한다는 사실을 망각하기 때문에 사유가 스스로 투명하고 스스로를 소유한다고 믿게 된다. 데카르트의 자기의식은 언어를 사용하는 자기의식이기에 말은 내적 인식의 기호에 불과하다. 따라서 말은 별 의미를 지니지 못하고 우리에게 가르쳐 주는 것도 별로 없다. 언어는 이미 투명하게 완성되고 분절된 생각을 표현

30 *PdeP*, p. 444.
31 *PdeP*, p. 445.

하고 전달하는 도구 이상의 것이 아니다. "발화는 한낱 사고의 옷으로만 간주될 뿐이다."[32] 따라서 언어는 사고에 의해 조건 지어지는 셈이다.

그러나 "언어는 사고를 전제하는 것이 아니라 사고를 완성한다."[33] 이것은 언어가 의식의 모든 장면을 지배한다는 뜻인가? 아니다. 왜냐하면 모든 발화에 앞서 내가 나 자신의 삶과 사고와의 접촉을 가지지 않았다면 데카르트의 직관과 추리는 이해될 수 없었을 것이기 때문이다.[34] 이것에 의해서 언어적 표현은 표현하는 자에게 그가 미리 생각했던 것을 넘어서도록 허용하고 발화에서 그가 거기에 넣는다고 생각한 것보다 더 많이 발견하도록 허용한다. 그렇다면 발화는 의미가 고정된 말들에 의해서 그리고 이미 이용 가능하도록 주어져 널려 있는 의미들에 의해서 그 말들과 의미들을 넘어서는, 자기 수정하고 창조하는 역설적 작용이다.[35] 만일 사고가 발화보다 선행하고 독립적이라면 사고는 무엇 때문에 자신의 완성을 향하듯 표현을 향하는가 하는 물음이 제기된다.[36] 따라서 사고는 표현의 수단을 발견할 때까지는 자신을 완성하지 못한 셈이고 아직 불분명하며 자신에게조차도 분명하지 않다. 언어 없는 사고는 몸과 사지가 없는 소상과도 같다. 그러기에 "발화 속의 사고"[37]가 있고 "말 속의 사고"[38]가 있으며 "사고

32 *PdeP*, p. 445.
33 *PdeP*, p. 206.
34 *PdeP*, p. 461.
35 *PdeP*, p. 445.
36 *PdeP*, p. 206.
37 *PdeP*, p. 209.
38 *PdeP*, p. 209.

제1부 이론 철학

는 표현"[39]인 것이다.

이처럼 언어는 스스로 우리에게 무엇인가를 산출하고 자신의 의미를 분비한다. 메를로-퐁티는 이러한 언어를 "말하는 언어", "발원적 발화"[40]라고 부른다. 이러한 언어는 "말해진 언어", "이차적 발화"[41]와 구별된다. 전자는 이미 언어에 형성된 의미들을 가지고 새로운 의미를 구성하고 창조하는 선험적 언어이고 후자는 반성 없이 이런저런 사람에 의해 이런저런 순간에 나오는 제도화된 진부한 경험적 언어이다. 전자는 구성된 언어의 자원들을 참신하게 사용함으로써 새로운 관념적 존재를 가능하게 한다. 따라서 그것은 어떤 의미에서는 나와 너 사이에 의사소통이 일어나게 하는 언어이다. 후자는 화자와 청자 모두에게 존재하는 관습화된 말이요 그 의미를 기계적으로 표현한다. 따라서 그것은 어떤 의미에서는 생각 없이 주고받는 측면이 강해서 말하는 자도 없고 듣는 자도 없는 언어이다. 전자의 대표적 경우가 시적 언어이고 후자의 대표적 경우가 수학적 언어이다. 이제, 진열되어 집어 가기만을 기다리는 제품처럼 우리의 의식 세계에 널려 있는 많은 생각을, 이러한 생각들이 연결되어 있는 안정적 기호 체계로 대체하는 파생적 표현 행위와 마음대로 이용할 수 있는 말들을 동원해서 새로운 말과 의미를 우리 자신과 타인에 대하여 창조적으로 표현하는 행위가 다르다는 것은 더욱 분명해졌다.

메를로-퐁티는 "말하는 언어"의 창조성을 이렇게 기술한다.

---

39 *PdeP*, p. 211.
40 *PdeP*, p. 446.
41 *PdeP*, p. 446.

새로운 의미 부여적 의도는 이미 마음대로 이용할 수 있는 의미들로, 즉 이전의 표현 행위들의 결과들로 되덮임으로써만 자신을 인식한다. 마음대로 이용할 수 있는 의미들은 갑자기 미지의 법칙에 따라 서로 뒤섞이고 단숨에 새로운 문화적 실재가 존재하기 시작한다.[42]

이때가 이미 언어에 형성된 의미들이 새로운 의미로 명령 받아 정돈되고 초월되는 순간이고 너와 나와의 의사소통이 이루어지는 순간이며 무엇인가가 말해졌다고 우리가 느끼는 순간이다. 그러므로 "말한다 함은 언어적 상들을 불러오고 상상된 모형에 따라 말들을 분절하는 것이 아니다."[43] 나는 청취된 말을 분석하고 그 말의 개개의 부분에 분절과 음성 운동을 대응시킴으로써 말을 이해하는 것이 아니다. 내가 알래스카인들이 사용하는 싸락눈이라는 말을 이해하는 것은 그 말의 사전적 정의를 내가 알아서가 아니다. 말의 이해는 그 말의 관념적 통일성이나 동일화의 종합에 의해서가 아니다. 말은 인식되는 것이 아니라 어느 날 어느 순간에 터득되는 것이다.[44]

그렇다면 무엇인가가 말해졌다고 느끼는 것, 이것은 무엇인가? 그것은 신체의 운동적 현존이고 "신체적 현존의 경험"[45]이다. 그것은 "나의 신체 및 그 지각적·실천적 장에 대한 최초의 경험과 함께 나에게 주어진 운동적 힘"[46]이다. "나는 말을 알고 말하기 위해 그 말을 표

42 *PdeP*, p. 213.
43 *PdeP*, p. 461.
44 *PdeP*, p. 462.
45 *PdeP*, p. 216.
46 *PdeP*, p. 462.

제I부 이론 철학

상할 필요가 없다. 나는 그 말의 분절적·음향적 본질을 나의 신체의 가능적 용도의 하나로서, 나의 신체의 변조의 하나로서 소유하는 것으로 충분하다."[47] 메를로-퐁티는 내가 싸락눈이라는 말을 알 때 그 말은 "나의 음성 장치의 어떤 사용이고 세계-에로-존재로서의 나의 신체의 어떤 변조"[48]라고 말한다. 즉 말의 의미는 "목구멍의 수축, 혀와 치아 사이에서 휘파람 소리를 내는 공기의 배출"[49]과 같은 신체적 동작으로 육화된다. 신체는 말의 의미를 실현하고 말은 "신체를 연출하는 어떤 방식"[50]을 표현한다. 말의 의미는 지적 해석 과정이 아니고 신체 뒤에 있는 것도 아니며 신체에 의해서 이해된다. 이것이 유아가 부모의 정사 장면을 보고도 고개만 갸우뚱할 뿐 더 이상 이상하게 생각하지 않는 이유이다. 물론 유아는 나중에 커서 결국 그 장면을 이해하게는 되겠지만 현재로서 그 장면은 의미가 없다. 그는 부모처럼 신체적 행동과 반응을 보여 줄 수 없기 때문이다. 동작의 의미가 이렇게 이해되듯 말의 의미가 그렇게 이해된다. 이제 말의 의미는 타인의 의도가 나의 신체에 거주하는 것이요[51] 신체의 능력이 대상과 일치하는 것이며 대상을 되찾는 것이다.[52] 이처럼 신체는 언어의 선조건이고 언어는 사고의 선조건인즉, 결국 우리의 신체는 모든 표현 작용의 가능 조건이다.[53]

47 *PdeP*, p. 210.
48 *PdeP*, p. 461.
49 *PdeP*, p. 226.
50 *PdeP*, p. 226.
51 *PdeP*, p. 215.
52 *PdeP*, p. 216.
53 *PdeP*, p. 445.

3. 결론

_____이상의 논의를 토대로 정리하건대, 데카르트의 코기토는 언제나 내가 실제적으로 사유하는 것에 국한하지 않는, 즉 그 이상이거니와, 내가 데카르트를 읽는 동안 나에게 일어났으되 지금은 현존하지 않은 많은 생각들로 이루어지는, 내가 짜내서 가질 수 있되 전개하지 않은 많은 생각들로 이루어지는 의미의 지평을 가지고 있어야 한다. 이것은 모든 반성적 의식의 원천이 되는 선반성적 삶의 영역이다.

따라서 데카르트의 코기토는 이미 세계와 접촉하고 있음을 비주제적으로 의식하는 코기토를 전제한다. 데카르트의 코기토는 이러한 코기토를 통해서 세계에 의미를 부여하고 의미를 공급받는다. 이러한 코기토는 데카르트의 '나는 생각한다'는 아니다. 그것은 이미 세계에 개입된 코기토이다. 그것은 데카르트의 코기토가 사고해야 할 혼동스러운 복잡한 세계를 고정시키고 객관화하기 위해, 또한 확실하게 사고하기 위해 나의 내부에서 내가 먼저 만나서 교섭해야 하는 코기토이다. 그것은 데카르트의 코기토를 익명적으로 제어하는 코기토이다. 그것은 데카르트의 코기토를 "장"으로, "체험"으로, "상황의 가능성"으로 드러내는 코기토이다.[54] 그것은 데카르트의 코기토가 의지하고 이용하고 취하는 침전된 선역사이다.

메를로-퐁티는 이러한 선역사의 주체를 익명적 신체라고 부른다. 메를로-퐁티는 이러한 코기토를 "말없는 코기토", "침묵의 의식"이

---

54 *PdeP*, p. 465.

라 부르고 데카르트의 코기토를 "말해진 코기토", "언어화된 코기토", "읽힌 코기토"라고 부른다. 후자가 "사고의 사고"라면 전자는 "사고되지 않은 사고"이다. 말없는 코기토는 아직 사고될 수는 없으나 드러날 필요는 있는, "자기에 대한 순수한 느낌", "자기에 대한 자기 현전", "나에 의한 나의 체험", "세계의 전체적인 미분화된 파악"이다.[55] 데카르트의 코기토는 바로 이러한 암묵적 코기토가 있음을 말해 주고 있다. 데카르트의 코기토는 암묵적 코기토가 자기 자신을 표현한 코기토이다.

최종적으로, 우리는 데카르트의 코기토에 대하여 이렇게 판결할 수 있을 것이다. "나는 주체성의 본질을 반성함으로써 그것이 신체, 세계와 결합되어 있다는 것을 발견하거니와 이것은 주체성으로서의 나의 존재가 신체로서의 나의 존재와 세계의 존재와 하나이기 때문이고, 결국 나라는 주체는, 구체적으로 파악되면 저 신체, 저 세계와 분리될 수 없기 때문이다."[56] 의식은 언제나 상황 속에 있고 사고의 자율성은 인식하는 신체에 의해 한정된다. 의식의 활동은 육화의 면면으로 처리된다. 마음이 몸에 있기는커녕 몸이 마음에 있다.

사람들은 데카르트 이래 의식과 신체가 근본적으로 다른 존재라는 것을 부정할 수 없었고 헤겔 이래 정신의 역사성을 부정할 수 없었듯이, 메를로-퐁티로부터 정신의 신체성을 진리로 수용하지 않으면 안 될 것이다. 의식의 육화는 몸과 마음의 이원성을 빠져나가는 중간지대를 보여 준다. 메를로-퐁티는 몸이 마음속에 있는 길을 탐구함

55 *PdeP*, pp. 460-463.
56 *PdeP*, p. 467.

으로써, 바꾸어 말하면 체험된 신체의 경험을 기술함으로써 관념론과 유물론, 합리론과 경험론, 주관주의와 객관주의 사이를 피해 가는 제3의 길을 마련하고자 시도한 것이다.

메를로-퐁티가 데카르트의 코기토 비판에서 발견한 말없는 코기토, 즉 세계와 접촉하고 있는 신체 자신의 비주제적 의식은 그의 후기 저술『보이는 것과 보이지 않는 것Le visible et l'invisible』에서 정신도 물질도 아닌, 만물의 원소로서의 살의 개념으로 발전된다. 물론 우리는 데카르트의 코기토에 대한 메를로-퐁티의 분석과 기술에 대하여 어느 정도 신뢰할 것인가를 물을 수 있다. 그렇지만 최소한, 데카르트적 코기토론의 오류와 한계가 드러났다는 점에 의문의 여지는 없을 것이다.*

---

* 이 글의 출전은 다음과 같다. 「메를로-퐁티의 코기토 에고르 숨」, 『철학연구』 38권(1996), 철학연구회, 123-146쪽.

제3장

살과 타자의 만남

1. 철학적 물음

_____일반적으로, 철학은 경험에 대한 반성으로 볼 수 있다. 여기서 반성은 경험을 의식의 대상으로 삼는다는 뜻이다. 일상에서 일어나는 모든 것을 광의의 경험이라고 한다면, 개인들이 자신의 주관적 느낌과 감정을 알게 되는 내적 삶을 좁은 의미의 경험이라고 할 수 있다. 이렇게 되면 경험은 매일의 외적 세계와 내적 주관적 세계를 모두 포괄한다. 이러한 의미의 경험을 거리를 두고 대상화하여 분석하고 설명하는 것은 모든 철학에 공통되는 점이다. 그리고 철학이 그런 방식으로 경험을 대상화하는 한, 반성의 틀은 항상 이분법적이다. 즉 주관과 객관으로 나누어 사고할 수밖에 없는 필연성에 놓이게 된다. 그런데 만일 이러한 반성 프레임이 경험을 잘못 이해하거나 해석하

게 되는 것이 사실이라면, 여태까지의 철학은 자신이 사용했던 반성과 도구들을 근본적으로 재검토하지 않으면 안 된다. 바꾸어 말하면, 경험은 반성의 방식으로 해석될 수 없다는 것이다. 따라서 그동안 반성은 경험을 속단한 것이다. 반성을 거역할 수 있는 경험이 있고 반성으로 설명되지 않는 경험들이 있다는 것이다.

인간의 경험이 철학의 전부이다시피 할 자료이고 자원이라면, 그리고 반성이 경험에 대한 해석 도구로서 잘못된 것이라면, 이것은 매우 중대한 문제이다. 경험이나 반성에 대한 철저한 반성이 강력하게 요구된다고 하겠다. 주객에 관한 전통적 이분법에 따르면, 주관은 대상이 감관을 통해서 우리에게 주어질 때만 알 수 있다. 따라서 주관이 대상에 대해 아는 것은 대상에 대한 우리의 표상이지 대상 그 자체가 아니다. 인간 경험의 대상은 원칙적으로 현상계에 제한된다. 주관과 객관은 서로 분리되어 있기 때문에 주관이 객관의 일부에만 도달할 수 있을 뿐이라는 점은 필연적 진리이다. 현상학의 공적은 이러한 주관과 객관의 이분법의 고리를 끊어 내려는 노력을 경주했다는 사실에 있다. 현상학이 주객 이분법의 악순환의 고리를 끊어 버리는 해법은 의외로 단순하다. 객관은 경험하는 주관의 객관일 수 있으면 되고, 주관은 객관을 경험하는 주관일 수 있으면 된다. 즉 주객의 통일 또는 합치는 주관과 객관의 상호 만남, 말하자면 경험에서 이루어진다. 이러한 통일을 우리는 세계 또는 경험이라고들 부른다. 왜냐하면 그러한 상호 만남의 경험에서 주관의 실재성과 객관의 실재성을 우리는 거머쥐기 때문이다. 세계는 그야말로 그런 것이다. 이러한 경험, 이러한 세계는 기적이다. 후설을 위시한 현상학계에서는 "세계와 이성의 신비"라는 표현을 즐겨 사용해 왔다.

이러한 경험은 결코 "반성의 체제"[2]에 들어오지 않는다는 것이 현상학계의 줄기찬 주장이다. 이것은 반성의 개념이 변화를 입어 새롭게 정립되어야 한다는 것을 의미한다. 이 기적의 메커니즘을 해명할 줄 아는 반성은 어떠한 반성인가? 우리에게 경험이 일어나는 가능성의 조건을 설명하는 반성은 어떠한 반성인가? 반성으로 포착할 수 없는 경험 내부의 구조 또는 형상이란 무엇인가? 반성이 전제는 하지만 설명은 아직 하지 못하는 경험은 어떤 종류의 경험인가?[3] 반성이 밝혀 드러내거나 계시할 수 없는, 이미 항상 경험 속에 들어 있기는 하나 아직 발견되고 있지 않는, 그 경험의 베일에 싸인 본질 또는 본질 구조란 무엇인가? 주관이 객관과 만날 때 일어나는 것으로서 기술되는 경험의 정체성은 어떻게 확인되는가? 경험이 또 다른 경험을 낳는 조건은 무엇인가? 경험이 경험을 넘어서 자기와는 다른 경험을 생산하는 가능 근거는 어디에 있는가? 또는 의미가 탄생되는 구조를 어떻게 풀어내는가? 의미력 또는 의미작용의 원천은 무엇인가?

이러한 물음들이 현상학의 계승자로서 메를로-퐁티가 후기 사상에서 얽힘(entrelacs), 교차(chiasme), 살(chair)의 개념, 또는 보이는 것(le visible)과 보이지 않는 것(l'invisible)을 가지고 답하려고 하는 것들이

---

1 메를로-퐁티, 『지각의 현상학』, 류의근 옮김(서울: 문학과 지성사, 2002), 33쪽. 『지각의 현상학』으로 이하에 표기함.
2 메를로-퐁티, 『보이는 것과 보이지 않는 것』, 남수인·최의영 역(서울: 동문선, 2004), 187쪽. 원문 172쪽. 영문 130쪽. 이하에서 이 번역본을 기본으로 하되, 필요하면 개인적 번역을 사용한다. 그리고 원문과 영문판 쪽수를 차례로 기재한다.
3 『보이는 것과 보이지 않는 것』, 32쪽. 원문 31쪽. 영문 14쪽.

다. 이른바 "세계의 세계성"[4]의 문제이다. 메를로-퐁티는 이러한 유의 물음들만이 철학적이고 철학적 질문이어야 한다고 단언한다. 철학은 "의식과 객관의 구별"[5]이 소멸되는 영역, 즉 선반성적·선객관적 영역을 생업으로 탐구한다. 우리는 이러한 영역에서 상기 개념들을 이해하는 가운데, 의식-신체-세계의 통일성을 확인하게 될 것이고 신체의 현상학적 사유가 존재자의 본성에 언급하는 존재의 형이상학적 사유로 발전하는 것을 목도하게 될 것이며 세계와 세계 경험이 하나 됨을 이해할 수 있게 될 것이다. 이하에서 우리는 반성이 지각으로 이행하는 맥락을 살펴보고, 지각에서 살의 개념이 발전하는 과정을 규명한 후에, 살의 관점에서 타자를 분석하는 것으로 마무리하고자 한다. 먼저, 우리가 흔히 수행하는 반성이 앞서 언급한 물음들을 감당할 수 없는 경위를 밝혀 보자. 이것은 반성철학에 대한 비판으로서, 반성이 반성할 수 없는 "경험을 경험 자신의 의미의 순수한 표현으로 이끌어 오는"[6] 작업이다.

2. 반성에서 지각으로

흔히 세계가 존재한다고들 한다. 그리고 세계는 우리가 보는 세계이고 바로 이 점에서 세계는 우리가 보는 바 그것이다. 이러한

---

4 『지각의 현상학』 27쪽. 『보이는 것과 보이지 않는 것』에서 "세계의 문제"라고 표현한다. 21쪽 참조. 원문 21쪽. 영문 6쪽. 원문에는 그 표현이 이탤릭체로 강조되어 있다.
5 『보이는 것과 보이지 않는 것』 290쪽. 원문 253쪽. 영문 200쪽.
6 『보이는 것과 보이지 않는 것』 185쪽. 원문 171쪽. 영문 129쪽.

표현은 우리의 삶 속에 깊이 뿌리내리고 있는 보편적 확신이다. 세계만큼 우리에게 익숙한 것도 없을 것이다. 또 익숙한 것이기에 우리는 더 이상 묻지 않는다. 그러나 세계가 확실하다는 확신은 내가 확신하는 것이다. 나 없이 내가 생각할 수 있는 세계는 없다. 나 없이 세계가 존재한다는 확신은 그 확신이 강해지면 강해질수록 그 확신을 가지는 나 없이는 세계가 존재하지 않는다는 사실을 자명하게 드러낸다. 나 없이 세계가 존재한다는 확신은 나의 확신이므로 세계가 없기 위해서라도 먼저 세계는 나에 대한 세계이어야 한다. "세계가 세계에 대한 나의 의식보다 앞서 존재한다는 것은 어림도 없다."[7] 나와 너 없이 창세로부터 사물은 있다 또는 세계는 있어 왔지 않느냐고 반문한다면, 그 사물과 세계는 나와 무관하게 존재했을 것이므로 사물이 있는지, 세계가 있는지는 내가 모를 일이 되고 만다. 왜냐하면 나의 시야에 들어 본 적이 없는 세계를 내가 알 수 있는 길은 없기 때문이다. 그러므로 세계는 나에 대한 세계이지 나 없는 세계일 수 없다.

그런데 만일 세계가 나에 대한 세계라면, 세계는 단수가 아니라 복수가 된다. 왜냐하면 세계는 저마다의 세계가 될 것이기 때문이다. 다시 말해서, 세계는 개인마다 다른 세계가 된다. 세계에 대한 나의 확신은 나의 시각일 것이므로, 그 확신은 거짓일 수 있다. 바로 여기서 세계에 대한 나의 확신은 하나의 막연한 신념으로 드러나게 된다. 확실성이 개연성으로 아니면 가장 개연적이지 않을 수 있는 신념으로 전락한다. 그러므로 결국 세계에 대한 나의 확실성은 세계에 대한

---

7 「보이는 것과 보이지 않는 것」, 75쪽. 원문 72쪽. 영문 47쪽.

나의 무지요 세계 경험이나 시각에 대한 나의 무지를 폭로하는 고백인 셈이다. 보통 사람들이 공통적으로 가지고 있는 세계 존재의 확실성은 따라서 근거 없는 확실성이다. 그들은 막연하게 세계 일반, 자체적인 존재로 존재하는 세계를 상정하고 있을 뿐이다. 현재로서는 그들에게 세계 존재의 확실성을 증명해 주는 것이 하나도 없음이 틀림없다. 우리는 전통적으로 그 확실성을 증명해 줄 만한 자원이었던 바, 지각도 내성도 존재 자체도 의심하지 않을 수 없다.

그러므로 "우리는 지각을 넘어선 곳에서 지각의 존재론적 기능의 보장과 의미를 찾아야 한다."[8] 우리는 더 이상 마치 사람들이 존재한다는 것이 무엇인지를 이미 알고 있는 듯이 말해서는 안 된다.[9] 우리가 더 이상 "지각하는 사람의 내적 확신에 머무르는 것은 불가능해 보인다."[10] 그렇다고 우리가 지각을 떠날 수 있는 것도 아니다. 왜냐하면 지각을 통하지 않고 별도로 세계 존재의 확실성의 원천을 마련하는 것은 사람에게는 불가능할 것이기 때문이다. 말하자면, 세계에 대한 나의 경험과 이야기하는 수밖에 없는 것이다. 보통 사람들이 평범하고 소박하게 가지는 지각적 경험을 떠나서 입수할 수 있는 별다른 뽀족한 수가 있는 것도 아니라는 말이다. 나는 여전히 지각 가운데 사물 자체를 가지고 있는 것이요 사물은 나의 시선의 끝에 있다.[11] 세계는 내가 지각하는 세계요 우리가 지각한다고 생각하는 세계이므

---

8 「보이는 것과 보이지 않는 것」 21쪽. 원문 20-21쪽, 영문 6쪽.
9 「보이는 것과 보이지 않는 것」 21-22쪽. 원문 21쪽, 영문 6쪽.
10 「보이는 것과 보이지 않는 것」 26쪽. 원문 25쪽, 영문 10쪽.
11 「보이는 것과 보이지 않는 것」 22쪽. 원문 21쪽, 영문 7쪽.

로,[12] 반성적 분석이 은폐하고 있는 지각적 경험의 원 구조를 밝히는 것이 시급한 과제인 것이다.

따라서 사물과 세계를 반성된 지각으로부터 또는 반성된 지각 가운데 지각된 사물로 바꾸어 놓는 반성으로부터 회귀하여, 반성에 나타나는 바대로의 지각의 본질을 기술하는 반성이 필요하다. 이른바 메를로-퐁티가 말하는 초반성(surréflexion)이다. 초반성이란 반성 자체는 물론이요 또한 반성이 장면 가운데 들어올 변화를 고려하며 그리하여 시야에서 본연(brut)의 사물과 본연의 지각을 결코 놓치지 않을 터이며 결국 본연의 사물과 본연의 지각을 소멸시키지 않을 것이고 지각과 지각된 사물을 잇는 유기적 끈들을 끊어 버리지 않을 그러한 것이다.[13] 우리는 세계를 새롭고 바르게 보는 방법을 배워야 한다.[14] 이것이 철학이 풀어 가야 하는 과업이고 철학이 설명해야 하는 상황이며 "오성의 진정한 개혁"[15]이다.

그렇다면 초반성은 세계가 가능한 이유를 어떻게 반성하는가? 초반성은 지각하는 나와 지각되는 것 사이의 관계를 어떻게 기술하는가? 우리는 흔히들 감각적 경험을 내가 사물로부터 영향을 받는 방식이거나 대상으로부터 성질이나 속성을 얻을 수 있는 방식이라고 말한다. 이를테면 내가 거실의 붉은 카펫을 볼 때 순간적으로 어떤 인상을 받게 되거나 붉다는 성질을 가지게 된다. 그런데 이러한 관찰

---

12 『보이는 것과 보이지 않는 것』 24, 54쪽. 원문 23, 52쪽. 영문 8, 31쪽.
13 『보이는 것과 보이지 않는 것』 63-64쪽. 원문 61쪽. 영문 38쪽.
14 『보이는 것과 보이지 않는 것』 18쪽. 원문 18쪽. 영문 4쪽.
15 『보이는 것과 보이지 않는 것』 17쪽. 원문 17쪽. 영문 3쪽.

또는 묘사가 우리가 붉은 카펫을 볼 때 지각하는 실상의 전부인가? 이러한 관찰은 매우 피상적인 것이다. 그것은 일부는 사실일 수 있겠지만, 결코 감각 경험의 진상을 드러내는 관찰이 아니다. 우리는 감각 경험에 대한 일반적 통념과 선입견에 너무나 고착되어 있기 때문에 감각이 진행되는 실제 상황과 순간에 대해 "사태 자체에로 돌아가서" 관찰해 본 적이 없다. 우리가 그 실상을 드러내려고 한다면, 현상적 장, 선험적 장으로 틈입해야 한다.[16]

우리가 카펫의 붉은 점들을 지각할 때 그 점들 전체는, 그리고 그 점 부분 부분은 우리의 눈에 보이는 영역과 보이지 않는 영역으로 뒤섞여 있다. 눈에 보이는 영역은 형태 심리학적으로 표현하면 형(figure)이고 보이지 않는 영역은 지(ground)이다. 문맥에 따라 전자는 전경 또는 형태로, 후자는 후경 또는 배경 등으로 번역되기도 한다. 또한 붉은 카펫은 후설이 말하는 내적 지평과 외적 지평을 가지고 있다.[17] 감각적 지각은 이러한 여건, 말하자면 장(場) 속에서 이루어진다. 장이란 문자적으로는 경계 지어진 지역을 뜻하지만, 여기서는 지각자와 지각 자체 사이에 또는 지각자와 지각 대상 사이에 형성되는 상호 의존 또는 상호작용이 일어나는 구조화된 전체를 말한다.

지각자는 형과 지 또는 내적 지평과 외적 지평을 결코 전지(全知)할 수 없다. 왜냐하면 붉은 카펫의 "모든 점은 하나같이 바로 그 모든 점으로부터 형태를 만드는 어떤 기능을 갖고" 있기 때문이고 "각각의

---

16 현상적 장, 선험적 장에 대한 상세한 내용은 「지각의 현상학」, 104-120쪽 참조.
17 내적 지평은 어떤 대상의 경험에서 지금 경험된 여러 규정을 넘어서 당장에 경험되고는 있지 않지만 차후에 지각될 수 있는 숨어 있는 잠재적 또는 가능적 규정들을 말하고, 외적 지평은 현재 경험되고 있는 대상과는 별도로 이와 연관되거나 둘러싸고 있는 외적 여러 대상들을 일컫는다.

부분[점]들은 그 자신이 포함하고 있는 것보다 더 많은 것을 환기시키고"[18] 있기 때문이다. 이것은 개개의 점들이 어떤 의미를 담고 있다는 뜻이다. 우리가 카펫과 같은 붉은 대상으로부터 어떤 인상을 받는 것도, 어떤 성질을 얻게 되는 것도 바로 이와 같은 이유들로 말미암아 가능한 것이다. 우리가 동일한 붉은 대상을 볼 때마다 그때그때 인상을 달리 받는 것은 바로 그 때문이다. 그렇다고 그 대상의 색상이 적색이 아니게 되는 것도 아니다. 받는 인상이 조금씩 달라져도 여전히 그 색상은 적색이다. 그러면서도 그 적색은 그 붉은 대상의 형으로서, 지가 없으면, 말하자면 배경이 없으면 성립될 수 없는 것이 된다. 이렇듯 개개의 지각은 저마다 지와 형을 가져야 하고, 지가 없이는 형이 없고 형이 없이는 지가 없으며, 지각적인 것은 그것이 어떻다 하더라도 항상 다른 지각적인 것 사이에 있어야 하고 장의 일부를 형성하고 있다는 바로 이 사태가 모든 지각의 근본 구조이다.[19]

이제 우리는 지각된 사물을 형태의 관점에서 기술할 수 있고, 사물 자체를 지와 형의 구조로 규명할 수 있으며, 감각적인 것을 자기 자신을 넘어서 있는 전체로서 이해할 수 있고, 전체를 모조리 파악할 수는 없으나 부분적인 또는 국면적인 규정들로 경험될 수 있는 것이라고 해석하며, 감각적인 것은 의미로 그득하다고 말할 수 있다. 감각적인 세계는 지각적 경험이 있을 때 의미를 실어 나르고 이 점에서 감각적인 세계는 의미가 항시 대기해 있는 곳이며 의미의 지평이다. 감각적인 세계가 의미의 지평이라는 것은 보이는 사물이 보이지

18 「지각의 현상학」, 38쪽.
19 「지각의 현상학」, 38-39쪽.

않는 의미와 불가분리적이라는 것을 의미한다. 좀 더 강하게 말해서, 그 둘은 동일하다는 것을 의미한다. 왜냐하면 사물은 형태로 지각되고 형태는 의미를 가진 총체성(ensemble)이며 다만 보이지 않는 의미의 지평으로만 현시되기 때문이다. 그래서 메를로-퐁티에게 사물 자체라는 것은 없고 사물의 경험, 주체의 항적(航跡)만 있다[20]고 지적한다. 우리는 사물의 지각으로만 사물을 경험할 수 있기 때문에 사물과 지각적 경험의 분리가 없다. "의미가 존재와 하나라는 것"[21]이고 지각과 사물은 일치한다. "이것이 사물을 사물이게 하는 것이다."[22]

그러므로 보이는 것은 사실인즉슨 의미, 형태, 구조, 말하자면 보이지 않는 것에 불과하다. 이런 보이지 않는 것들은 오성이나 지성이 정립하는 관념적, 추상적 의미 작용들이 아니라 신체의 지각적 삶에서 구현되는 내재적 의미 작용들이다. 즉 신체가 지각하는 주체로서 익명적으로 기능할 때 육화되는 의미 작용들이다. '신체-주체'를 통해서 직접적으로 경험된 장에서 이루어지는 지각 활동이 신체적 지향성이다. 이러한 육화된 의식에서는 사물이 의식과 분리되어서 그 자체로 즉자적으로 존재하는 것이 불가능하다. 이러한 삶을 영위하는 주체가 소위 객관적 신체와 구분되는 현상(학)적 신체이다. 또 이러한 신종 주체를 자연적 주체, 자연적 자아, 자연적 의식이라고 부르는 일도 아주 생소하게만 들리지는 않게 되었다. '자연적'이라는 표현은 사람이 겪는 모든 인간적 또는 인격적 지각 경험을 반성적 차원

20 『지각의 현상학』, 488쪽.
21 『지각의 현상학』, 485쪽.
22 『지각의 현상학』, 486쪽.

제1부 이론 철학

이나 자기의식적 차원으로 가져오기도 전에 이미 거기에 일반적으로 동반하면서 근원적인 기반으로 운행하고 있어서 일반 사람 모두가 그야말로 자연스럽게 자각 없이 그것을 살고 있다는 뜻을 가지고 있다. 즉 인격화되기 이전에 반성적 자각 의식 없이 기능하는 보편적 일반적 익명성을 지칭한다.[23] 이와 같은 의미의 '전인격적', '익명적'이라는 표현은 '야생적'이라는 표현으로도 알려져 있는데, 이는 인간적인 것 이전의 것, 인간적인 것에 속하지 않는, 인간적인 것이라고 하기에는 그 성격이 맞지 않는, 또는 인간적인 것을 훨씬 넘어서는 본연적인 것, 탈인간적인 것 따라서 비인간적인 것이라는 뉘앙스를 담고 있다.

3. 살의 개념

_____이와 같이 메를로-퐁티가 말하는 지각이라는 것은 우리의 일반적 이해와는 매우 달리, 주관과 객관, 내부와 외부, 의식과 신체의 구분이 없어지는 선반성적·선객관적 영역에서 이루어지는 선술어적 지향적 초월 운동을 말한다. 이러한 지각적 행위의 근본 특성은 감각적 사물과의 만남에서 끊임없이 열림과 닫힘, 긍정성과 부정성, 능동성과 수동성, 현실성과 가능성, 한정성과 무한정성, 전체성과 부분성,

---

23 메를로-퐁티가 실재론자를 비판하면서, 사물 자체라는 것은 없고 오직 "역사 너머로 비쳐 보이는 자연"만 주어진다고 말할 때 나오는 자연이라는 말도 이러한 맥락에서 이해될 수 있다. 그 자연은 일반적 익명성에 의해서 탄생하는 의미를 말하는 것이다. 「지각의 현상학」, 488쪽 참조.

결정성과 미결정성, 완전성과 미완성, 개체성과 일반성, 상대성과 절대성, 애매성과 확실성, 파지성(retention)과 예지성(protention), 동시성과 순차성, 동일성과 차이성, 가시성과 비가시성 사이를 오고 가는 가역성을 생명으로 삼는다.

이 가역성은 이 쌍들이 서로 얽혀 있고 서로 편입하며 서로 분리할 수 없고 서로 소속해 있는 관계를 함의한다. 신체가 사물과 만날 때, 눈에 보이는 것과 눈으로 보는 자는 분리될 수 없다. 기이하게도, 보이는 것과 보는 자 사이에는 이상한 유착[24] 또는 예정된 조화[25] 또는 밀접한 교제[26]가 존재한다. 우리의 시선은 사물을 알기도 전에 마치 알고 있는 듯이 눈에 보이는 사물을 감싸고 촉지한다. 동시에 그리고 역으로, 사물은 보는 자에게 제공되는 것으로 그치고 마는 사물만은 아니어서 자신이 원하는 것을 보는 자에게 강요하듯 청원한다. 다시 말해서, "보이는 것은 시선의 끄트머리에 걸려 있으면서도 나의 시각의 상관자 이상이게 하는"[27] 어떤 힘을 가지고 있다. 요컨대 보이는 것은 나의 시선에 즉자적으로 오롯이 제공되는 존재가 아니라 시선이 자기 실존의 연속인 것으로 만드는 마력(talisman)을 가지고 있는 감각하는 감각적인 것, 즉 "대자적 감각적인 것"(sensible pour soi)[28]이

---

24 『보이는 것과 보이지 않는 것』 199쪽. 원문 183쪽, 영문 139쪽.
25 『보이는 것과 보이지 않는 것』 191쪽. 원문 175쪽, 영문 133쪽.
26 『보이는 것과 보이지 않는 것』 188쪽. 원문과 대조하여 자구를 부분 수정했다. 원문 173쪽, 영문 130쪽.
27 『보이는 것과 보이지 않는 것』 원문 173쪽, 영문 131쪽.
28 『보이는 것과 보이지 않는 것』 194쪽. 이렇게 되면 사르트르의 즉자와 대자의 엄격한 이분법은 성립될 수 없다. 메를로-퐁티의 존재론적 사유가 사르트르의 존재론과 갈라서는 지점이 어딘가를 여기서 알 수 있다.

제I부 이론 철학

다. 이렇게 해서, 보이는 것은 자기가 바라는 것을 보는 자에게 이루어 낸다.

그러나 동시에 그리고 역으로, 보이는 것이 이렇게 자기의 베일을 벗는 것을 이루기 위해서 나의 시선은 보이는 것 속에 들어가 있거나 편입되어 있어야 한다. 따라서 우리는 신체가 사물을 지각할 때 우리를 지휘하는 것이 시선인지 사물인지를 말할 수 없다.[29] 왜냐하면, "보는 자가 보이는 것을 소유할 수 있는 것은 단지 자신이 보이는 것에 의해 소유될 때에만, 자신이 보이는 것에 속할 때에만" 그렇게 되기 때문이고, "원칙적으로는 시선과 사물의 연접에 의해 지시된 바에 따라 자신이 그러한 보이는 것들 가운데 하나일 때에만 그러면서 그 보이는 것들을 기이한 역전에 의해 볼 수 있고 또 자신이 그 보이는 것들 가운데 하나라는 것을 볼 수 있을 때에만"[30] 그렇게 되기 때문이다. 이와 같이 보는 자와 보이는 것, 이 양자 사이에는 상호 삽입과 얽힘과 잠식이 있고, 마침내 보는 자(voyant)는 보이는 것(visible)으로 전치되는 일이 발생한다.

가역성에서 보면, 보는 자와 보이는 것은 서로 역전하여 누가 보는지 누가 보이는지 알 수 없게 되므로, 신체와 세계의 통일성이 성립한다. 따라서 전통적인 주관과 객관의 분리는 유지될 수 없다. "몸은 감각되는 것 전체를 자신에게 합체하고, 합체하는 바로 그 동작에서 자기 자신을 감각되는 것 자체에 합체시킨다."[31] 그렇게 함으로써

---

29 『보이는 것과 보이지 않는 것』, 191쪽. 원문 175쪽, 영문 133쪽.
30 『보이는 것과 보이지 않는 것』, 193쪽. 원문과 대조하여 부분적으로 수정했다. 원문 177-178쪽, 영문 134-135쪽.
31 『보이는 것과 보이지 않는 것』, 198쪽. 원문 182쪽, 영문 138쪽.

몸은 사물의 색깔과 표면의 총체성으로 변환되고 시각이 사물의 모든 것을 감각하는 데 필요한 수단을 제공한다. 즉 몸은 세계의 몸이고 세계는 몸의 세계이다. 나의 몸은 자신의 모든 부분들이 전체적이면서도 부분인 그런 방식으로 세계에 연결된 몸이다. 어떤 보이는 것은 이 보이는 것을 자신의 일부로 하는 보이는 것 전체를 반조할(se retourner sur) 때 또는 그 양자 사이에서 상호 교류를 통해 가시성 자체가 형성될 때 보이게 된다.[32] 바로 이와 같은 가시성이 "근원적 현전 가능성, 즉 살이다."[33]

가역성은 감각하는 자와 감각되는 자가 하나의 동일한 운동에서 서로를 동시적으로 품는바, 대립자가 수렴하는 경험을 표시한다.[34] 각자는 자신을 역전하고 서로를 엮고 대립자로 얽히면서 타자가 된다. 보는 자는 자신을 보고 그렇게 해서 보이는 것이 되고, 그와 동시에 보는 자는 자신을 역전하는 순간 보이는 것이 자신을 역전함으로써 보는 자로 된다. 이러한 가역성을 통해서 우리는 감각적인 것이 감각하는 자(ce qui sent)이면서 동시에 사람들이 감각하는 것(ce qu'on sent)이라는 이중적 의미로 읽혀져야 한다는 사실을 이해할 수 있다.[35] 이러한 의미에서 감각적인 것은 스스로를 드러내고 동시에 스스로를 숨긴다. 이러한 은폐와 비은폐의 교차와 얽힘에서 가시성, 즉 존재로

---

32 『보이는 것과 보이지 않는 것』, 199쪽. 원문 183쪽. 영문 139쪽.
33 『보이는 것과 보이지 않는 것』, 193쪽 각주 참조. 원문 178쪽. 영문 135쪽.
34 가역성의 원리가 가장 훌륭하게 적용되는 사례가 악수이다. 『지각의 현상학』, 158-159쪽 참조. 『보이는 것과 보이지 않는 것』, 25, 190-192, 202-205쪽 참조. 원문 24, 175-177, 185-188쪽, 영문 9, 133-134, 140-143쪽 참조.
35 『보이는 것과 보이지 않는 것』, 374쪽. 원문 313쪽. 영문 259쪽.

의 열림이 가능하다. 이러한 교차 구조는 감각적인 것에 항상 준비 또는 구비되어 있다는 의미에서 일반적인 것이고 다시 말해서 "감각적인 것 자체의 일반성"[36]이라고 말할 수 있다. 이러한 가시성, 일반성이 바로 살이다.

그렇다고 살이 보이는 것과 전혀 상관없는 절대적으로 보이지 않는 것으로 생각되어서는 안 된다. 그것은 이 세계의 보이지 않는 것이고, 이 세계에 정주하고 있는 보이지 않는 것이며, 이 세계를 떠받쳐 주는 보이지 않는 것이고, 이 세계를 보이는 것으로 만드는 보이지 않는 것이며, 이 세계의 내적이고 고유한 가능성이다.[37] 살은 한편으로는 가역성을 통해서 자기 미분 또는 자기 분화하는 가시성이고, 다른 한편으로는 "나라고 하는 이 감각적 존재와 내 안에서 감각되는 나머지 모든 것과의 분리 불가능성"이므로, 언제 어디서나 "세계의 살",[38] "사물의 살",[39] "존재의 살"일 수밖에 없다. "세계는 살이기 때문에"[40] 살은 존재를 이루는 구성 요소가 된다. 왜냐하면 살은 존재의 편린이 조금이라도 있는 곳이라면 어디든지 간에 거기에 존재 방식을 입히는 일종의 육화된 원리라는 의미의 일반적인 것을 가리키는 말이기 때문이다.[41] 즉 살은 만물의 아르케이다. 고대 그리스 철학 때부터 추구했던 존재의 본성 내지 원리이다.

---

36 『보이는 것과 보이지 않는 것』, 200쪽. 원문 183쪽, 영문 139쪽.
37 『보이는 것과 보이지 않는 것』, 216쪽. 원문 198쪽, 영문 151쪽.
38 『보이는 것과 보이지 않는 것』, 368, 390쪽. 원문 309, 324쪽, 영문 255, 271쪽.
39 『보이는 것과 보이지 않는 것』, 129쪽. 원문 121쪽, 영문 88쪽.
40 『보이는 것과 보이지 않는 것』, 198쪽. 원문 182쪽, 영문 138쪽.
41 『보이는 것과 보이지 않는 것』, 200쪽. 원문 184쪽, 영문 139쪽.

이러한 살은 존재의 궁극적 범주이고 일반적 원리이다. 이러한 "살은 물질도 정신도 실체도 아니다."[42] 그것이 물질이 아닌 이유는 존재를 만들기 위해 서로 보태거나 이어 가는 존재의 미립자일 수 없고 또 눈에 보이는 사물이 물질적 사실 또는 물질적 사실의 합도 더 이상은 아니기 때문이다. 그것이 정신이 아닌 이유는 눈에 보이는 사물이 역시 정신적 사실 또는 정신적 사실의 합이 아니고 마음에 대한 표상도 아니기 때문이다. 아주 오랜 옛날부터 정신, 즉 보는 자는 자신에게 본질적인 분리 불가능성 다시 말해서 보이는 것과 결속되어 있다는 의미의 분리 불가능성을 인정하지 않아 왔던 터이다. 그리고 그것이 실체가 아닌 이유는 두 개의 실체가 통합한 것 또는 복합된 것일 수 없고 속성의 집합도, 다발도 아니며 자동차, 개 등과 같은 개별화된 속성을 가진 구체적 특수자도 아니기 때문이다. 요약하면 살은 물질로도 정신으로도 실체로도 파악할 수 없고 붙잡을 수 없는 "새로운 존재 유형"[43]이고 "주체와 객체를 형성시키는 환경"[44]이다.

살이 세계를 지배하고 구성하는 원리이고 "원소"(élément)이고 세계의 "일반적인 존재 방식"[45]을 상징하는 것이라면, 세계의 본성이나 본질은 다르게 규명되어야 할 것이다. 고대 자연철학자들이 아르케를 찾아 만물의 공통적인 본질이나 일반적인 원리를 추구했듯이, 살은 모든 지각적 경험의 원리요 본질일 뿐만 아니라 세계와 사물의 공

---

42 『보이는 것과 보이지 않는 것』, 200쪽. 원문 184쪽. 영문 139쪽.
43 『보이는 것과 보이지 않는 것』, 212쪽. 원문 195쪽. 영문 148쪽.
44 『보이는 것과 보이지 않는 것』, 211쪽. 원문 193쪽. 영문 147쪽.
45 『보이는 것과 보이지 않는 것』, 211쪽. 원문 193쪽. 영문 147쪽.

제I부 이론 철학

통적인 원리요 일반적인 진리로 발전한다. 시각적 경험이 가역성을 통한 살의 경험으로 풀이되듯이 세계는 그 일반적 본질이 살로 규명된다. 세계는 "살에 제공된 살",[46] "살에 붙여진 살",[47] 살에 댄 살이다. 세계는 단적으로 살이다. 일단 이렇게 살의 원리에 터를 잡으면 세계와 존재와 사물은 더 이상 전통적으로 반성될 수 없고 또 반성되어서도 안 된다. 일체의 존재자는 달리 정의되지 않으면 안 된다. 이러한 까닭으로, 세계는 사실 또는 사실의 합일 수 없다. 하늘과 땅은 사물의 집합도 아니고 개념의 논리적 가능성도 아니고 의식의 잠재 능력의 체계도 아니게 된다.[48]

이러한 존재론적 원리로서의 살의 개념은 지각적 경험을 위시해서 모든 존재 영역으로 확장된다. 여기에는 시각, 공감각, 사고, 상상, 망각, 정신분석, 언어, 자유, 자아, 타자, 세계, 사물, 공간, 자연, 역사, 문화, 제도, 문학, 예술, 음악, 정치 등 삶의 전 영역이 포함되어 있다. 현상학적 존재론이 삶의 모든 영역을 건드리는 것은 현상학에 저항하는 것을 그냥 둘 수 없고 현상학 내부로 모두 가져와야만 현상학이 완성될 수 있기 때문이다.[49] 그래서 살의 존재론은 생활 세계 현상학의 완성이고 신체의 현상학 또는 지각의 현상학의 속편인 셈이다. 비록 미완의 작품으로 끝났지만 메를로-퐁티가 『보이는 것과 보이지 않는 것』에서 시도한 것은 살의 개념을 가지고 주객 이분법의 토대

---

46 『보이는 것과 보이지 않는 것』, 189쪽. 원문 173쪽. 영문 131쪽 각주 참조.
47 『보이는 것과 보이지 않는 것』, 198쪽. 원문 182쪽. 영문 138쪽.
48 『보이는 것과 보이지 않는 것』, 212쪽. 원문 195쪽. 영문 148쪽.
49 Renaud Barbaras, *The Being of the Phenomenon*, trans. by Ted Toadvine and Leonard Lawlor (Bloomington: Indiana University Press, 2004), pp. 77-78 참조.

위에서 구축된 전통적 존재론의 범주들을 갱신하고 혁신하여 새로운 존재론을 확립하는 것이었다. 그렇지만 우리는 이 글에서 살의 개념 이 적용되는 모든 존재 영역의 구체적 건축의 모습을 살펴보는 것은 불가능하기에, 그 적용 사례로서 타자 문제에 국한하고자 한다. 그리 고 살의 존재론이 타자의 문제를 어떻게 풀어 나가는지를 살펴보는 것은 살의 개념의 존재론적 변혁 능력을 예시하는 작업이 될 것이고 살의 존재론의 이론적 가치 내지는 경쟁력을 드러내는 작업에 해당 할 것이다.

4. 타자 분석

전통적으로, 타자의 문제는 유아론의 문제와 깊이 얽혀 있다. 타자의 독립적 존재는 타자에 대한 의식 또는 경험으로만 지각될 수 있기 때문에 최종적으로 확실한 것은 타인의 의식 또는 다른 의식적 주체가 아니라 이것을 지각하는 나의 의식 또는 나의 존재이다. 따라 서 나의 관념, 나의 사고, 나의 의식만이 홀로 이 세계에 남는 셈이다. 타인이나 다른 의식 존재가 나의 의식이 가지는 관념이나 생각 또는 의식에 불과하다면, 타인에 대한 도덕성, 세계의 객관성, 의사 결정의 합리성, 문화와 공동체의 객관성은 불가능하기 때문에 극복되어야 할 테제가 된다. 홀로 주체성이 상호주체성으로 확증되어야 할 근본 이유가 바로 여기에 있다. 타인에 대한 경험이 후설류의 선험적 자아 의 지향적 작용이나 능동적 구성으로만 끝나지 않고 진정한 의미에서 타인 또는 타자, 즉 나와 다른 의식 존재의 독립성을 보장하는 데까지 이르는 것이 문제이다. 그러나 다른 사람의 의식은 나의 의식이 보거나 만지거나 할 수 있는 것이 아니기 때문에, 타자의 문제는 극도의 까다로운 문제로 바뀐다.

그렇다면 어떻게 하면 다른 사람의 의식을 나의 의식처럼 세계를 경험하고 아는 주체로서 정립할 수 있는가? 사람들이 우리를 세계의 일부로 경험하고 아는 주체로서 확립하는 것은 어떻게 가능한가? 사람들이 우리를 나의 의식이 보는 대로 세계를 볼 수 있는 주체로서 경험하는 것이 어떻게 가능한가? 메를로-퐁티에 따르면, 타자의 문제를 해결할 수 있는 실마리는 이 문제를 해결할 수 있는 방편에 있는 것이 아니라 이 문제를 변형하는 것에 있다.[50] 타자의 문제는 경험주의·주지주의 철학의 유파들이 각종 이론적 반성을 통해서 해결을 모색해 왔으나 충분하지는 않았기에 이제는 다르게 시도해 보는 것이 요구된다. 그렇기는 해도 메를로-퐁티의 타자 이론은 현상학적 반성을 버리는 것은 아니다. 다만 후설의 타자 이론[51]을 더 심층적으로 선험적 주체성 내면의 깊숙한 곳으로 끌고 가는 반성을 수행하는 것뿐이다. 메를로-퐁티의 타자 이론은 "현상학의 현상학"[52]의 방법을 범

---

50 『보이는 것과 보이지 않는 것』. 387쪽. 원문 322쪽. 영문 269쪽.
51 감정이입의 지향성. 말하자면 유비적 통각. 짝짓기 행위 등으로 특징지어지는 후설의 타자 이론과 그 자세한 비판과 평가에 대해서는 다음 책을 참조. Nick Crossely, *Intersubjectivity* (California: Sage, 1996), pp. 1-10.
52 '현상학의 현상학'은 후설의 현상학적 사고에 숨어 있는 아직 발굴되지 않는 사고 영역, 즉 비사고의 영역을 사고하는 반성을 말하고, 이러한 반성은 후설의 현상학을 바로 그 현상학의 철저성을 모본으로 삼아 더욱 철저하게 현상학적으로 사고하는 형태를 취한다. 이러한 반성이 메를로-퐁티 특유의 '초반성'이고 따라서 초반성은 '현상학의 현상학'을 달리 일컫는 말이다.

례적으로 보여 주는 하나의 사례라고 말할 수 있다.

일반적으로 후설의 선험 현상학적 타자 이론은 타인을 의식적 주체로 경험하는 의식에만 집중한다. 시종일관 이 의식의 지향적 내재성만을 명석 판명하게 분석하고 구성하는 것에만 몰입하다 보니 일종의 유아론으로 머물고 말 것이라는 비판적 우려에서 벗어나기 어렵게 된다. 타자 분석에 대한 후설의 방법론은 개인적 의식의 흐름만을 배타적으로 천착하기 때문에 타자는 그 흐름 속에서 구성되는 타자 경험으로 환원되기 마련이다. 이러한 구조적 한계 때문에 후설의 타자는 자아가 수행하는 분석에 의해 창조되고 만들어지고 구성되는 타인이다. 타인은 후설이 구성하는 바대로일 수만 있을 뿐이다. 여기에는 근본적으로 "현상학과 무언중 결부된 폭력이"[53] 있는 것이다. 그래서 데리다는 『글쓰기와 차이』에 실려 있는 논문 「폭력과 형이상학」에서 선험적 자아 중심의 타자 구성 행위를 하나의 폭력으로, 말하자면 "선험적 폭력"[54]이라고 표현할 수 있었다.

그렇다면 이러한 선험적 폭력을 저지르지 않는 대안은 어디서 가능한가? 그것은 후설의 입장과 달리, 다른 사람의 의식이 나의 의식에 의존하지 않고 하나는 다른 하나 없이 존재하지 않는다면 가능할 것이다. 어떻게 하면, 나의 의식이 너의 의식 없이는 무의미하거나 존재할 수 없음을 보여줄 수 있는가? 사실, 어떻게 보면 자기의식 또는 자기 인식이 타인의 의식을 포함하고 있다는 것은 매우 단순한 이

---

53 자크 데리다, 「글쓰기와 차이」, 남수인 역(서울: 동문선, 2001), 139쪽.
54 「글쓰기와 차이」, 190쪽. 그리고 하이데거의 현상학적 존재론에 대해서는 "존재론적 폭력"이라는 용어를 사용한다.

제I부 이론 철학

치이지 않겠는가? 자기의 의식은 자기가 아닌 것, 말하자면 타인 없이는 불가능한 것이다. "자아 현전은 차이가 나는 다른 세계에 대한 현전이다."[55] 의식이 자기 자신만이 접근 가능한 창 없는 단자라면, 의식은 자기의식일 수 없고 자기의식일 필요도 없다. 의식이 홀로 주체성이라면 의식이 자기의식이라는 것은 굳이 말할 필요도 없는 것이고 아무런 의미도 없을 것이다. 의식이 자기의식이라는 것이 의미를 가지기 위해서 타인의 의식은 존재하지 않으면 안 된다. 문제는 어떻게 이 자명한 논리를 선험적 폭력의 방법을 통하지 않고 구체적으로 보증할 것인가 하는 것이다.

타인은 우리를 초월해 있다. 그러나 동시에 타인에 대한 나의 지각이 나로 하여금 그 초월성을 인지하도록 만든다. 바꾸어 말해서, 나의 지각이 없었더라면, 타인의 초월성이라는 것은 인식 또는 존재할 수 없을 것이라는 점이다. 그렇다면, 혹여 지각 자체 속에 타인의 초월성이 담보되는 씨앗이 담겨 있다면 어떻게 되는가? 타인의 초월성을 지각 자체로부터 자증하는 것이 어떻게 가능한가? 이것은 의외로 단순하다. 즉 지각을 분석하면, 개인의 의식은 상호주체적 존재라는 것이 나온다. 지각이 메를로-퐁티의 현상학적 철학에서 특전적 지위를 차지하고 있다는 점은 주지의 사실이다. 모든 의식은 그 기초가 지각적 의식이고 지각에는 시각적, 촉각적, 청각적, 미각적, 후각적 지각이 모두 포함된다. 여기서 지각은 선반성적·선객관적·선술어적·선자아론적 차원에서 기능하는 타자성에로의 개방성을 말한

---

55 『보이는 것과 보이지 않는 것』, 279쪽. 원문 245쪽. 영문 191쪽. 개인적 번역이다.

다. 개인의 사적 지각 세계를 말하는 것이 아니다. 이러한 의미의

> … 시각과 … 감각에서 출발하면, 우리는 완전하게 새로운 주체성의
> 관념을 얻거니와, 말하자면 더 이상 종합은 없고 존재의 변조와 부
> 조를 통한 존재와의 접촉이 있다. 타인은 더 이상 … 주체에 대립하
> 는 주체가 아니라 우리가 그렇듯이 자신을 세계로 연결하는 회로 안
> 에 들어서 있고 이로써 자신을 우리에게 연결하는 회로 안에도 들어
> 서 있다. 그리고 이 세계는 우리에게 공통적인 세계이고 상호 세계이
> 다. … 타인은 나처럼 부조이고 절대적 수직적 존재가 아니다.[56]

　　요컨대 개인은 상호주체적 존재라는 것이다. 나의 의식이든 너의
의식이든 인간의 의식은 타인에게 열린 개방성이라는 것이다. 여기
서 지각이 열어 주는 공통 세계·상호 세계에서 "타아의 문제는 전혀
없다. 왜냐하면 보는 자는 내가 아니고 그가 아니기 때문이고 익명적
가시성, 즉 일반적 시각이 우리 두 사람 모두에게 정주하기 때문이며
이것은 지금 여기에 현존하면서 도처에 영구히 방사하는 살의 원초
적 특성, 개체이면서 차원으로 그리고 보편자로 존재하는 살의 원초
적 특성 덕분이기 때문이다."[57]
　　지각하는 '신체-주체'는 '가시적인 것-보는 자', '촉각적인 것-만지
는 자', '청각적인 것-듣는 자'라고 말한 바 있다. 이러한 가역성은 나
의 신체가 타자와의 접촉과 분리를 미리 형성한다는 것을 의미한다.

---

56 『보이는 것과 보이지 않는 것』 387쪽. 원문 322-323쪽. 영문 269쪽.
57 『보이는 것과 보이지 않는 것』 204-205쪽. 원문 187-188쪽. 영문 142쪽. 개인적 번역이다.

가령, 한 손이 다른 한 손을 잡을 때 주체가 되는 손은 이미 그 자체로서 객체이다. 말하자면, 자기는 전적으로 자기 자신과 일치하는 것이 아니며 이미 자신 안에 타자성을 포함하고 있다. '만짐(touching)-피만짐(touched)', '감각(sensing)-피감각(sensed)'의 가역 구조는 나와 너의 접촉을 이해하는 패러다임이다. 내가 타인과 악수할 때 또는 타인을 껴안거나 보거나 할 때 동일한 가역성이 일어난다. 내가 타인의 손을 잡을 때 나의 잡음과 동시에 나의 잡힘이 느껴진다. 이러한 일반성이 나의 신체에서 발생한다면, 타인의 신체에서만은 발생하지 않을 이유가 없다. 나아가서, 개개의 유기체 내부에서 가능한 이 일반성이 서로 다른 유기체들 사이에서는 존재하지 않을 것이라고 말할 이유가 없다.[58] 그러므로 타인이 감지하는 색, 촉각적 특징들은 나로서는 결코 도달할 수 없는 것이라고 말해서는 안 된다. 내가 보는 광경, 나에게 속하는 초원의 녹색은 나의 시각을 떠나지 않지만, 그 풍경에 대해 내 속에서 자신을 사유하는 그것,[59] 내 속에서 지각하는 사람들,[60] 즉 익명적 일반성으로서의 우리들과 말을 나누는 것으로써 나의 녹색 가운데서 나의 녹색이 아닌 그의 녹색을 알아본다. 내가 지각하는 주체가 아니라 나 이전에 무엇인가가 녹색에 관해서 이미 자신을 지각하고 사유하고 있는 주체가 있다. 이것이 호텔 종업원이 생면부지의 유명 인사의 외모를 간단하게 브리핑 받았을 뿐이지만 행사장 입구에서 그를 단번에 알아볼 수 있는 이유이다.

58 『보이는 것과 보이지 않는 것』, 204-205쪽. 원문 187-188쪽. 영문 142쪽.
59 『지각의 현상학』, 328쪽.
60 『지각의 현상학』, 329쪽.

내가 나의 '신체-주체'에서 출발하는 것으로부터 타인의 신체와 존재를 이해할 수 있는 것은, 나의 신체가 언제나 그 흔적이 되는 익명적 존재가 지금부터 바로 그 두 신체에 동시에 거주하기 때문이고[61] 궁극적으로 '나는 할 수 있다'와 '타인은 존재한다'가 지금 여기서 동일 세계에 속하기 때문이며 나의 '신체-주체'가 타인의 예고장이기 때문이다.[62] 따라서 우리가 우리 자신의 신체 안에서 가역적 구조상의 타자성을 발견한다면, 타인의 타자성은 더 이상 선험적 구성물로 환원할 필요가 없다. 우리는 선험적 폭력을 가하지 않고 타자의 타자성을 보증할 수 있다.

이러한 논의로부터 가역성으로서의 살은 타자성으로서의 살로 풀이될 수 있다. 왜냐하면 살은 동일자 속에 타자가 현존하는 것을 의미하는 것에 다름 아니기 때문이다. 살은 타자의 흔적이고 타자가 주체 자신의 자기성에 새겨지는 것이다. 마침내, 살이 의미하는 바는 주체는 그 자체로서 타자라는 것이 된다. 타자성이란 무엇인가? 그것은 바로 그것이 없으면 육화된 주체가 주체일 수 없게 되어버리는 것이다. 이러한 타자성이야말로 주체성을 상호주체성이게 하는 것이다. 나는 이미 나 자신으로서 타자인 것이다. 타인은 나의 살의 구성적 차원이고 습곡이다. 타인은 살의 "근원적인 현전"(Urpräsenz)[63]이다. 타인은 자기의식이라는 거울의 이면에 붙어 있는 얇은 주석판과 같은 것이다. "인간은 인간에 대한 거울이다."[64]

---

61 『지각의 현상학』, 529쪽.
62 Merleau-Ponty, *Signes* (Paris: Gallimard, 1960), p. 221. 영문 175쪽.
63 Merleau-Ponty, *Signes*, p. 217. 영문 172쪽.

메를로-퐁티는 세계의 살에서 나타나는 타인을 다음과 같이 기술하고 있다.

사람들은 내가 타인들을 인식하지 못했고 그들에 대하여 자아에 현전하고 있다는 어떤 신호를 해독하지 못했다면 타인들은 나에 대해서 결코 존재하지 않을 것이라고 말한다. 그러나 나의 사고가 나의 지낸 시절과 경험 그리고 나의 능동적, 수동적 존재의 이면이라고 할지라도, 내가 나를 파악하고자 할 때 오는 것은 감각적 세계의 모든 직물이며 이 속에서 잡히는 것은 타인들이다. 타인들은 나의 가능 조건에 구속 받거나 구속 받을 수 있기 전에 또는 나의 이미지에 따라 재형성되기 전에, 내가 참여하고 있는 단일한 시각의 부조, 간격, 변형으로서 거기에 존재해야 한다. 왜냐하면 그들은 나의 불모지를 채우고 있는 허구물, 즉 나의 정신의 소산물이나 영구히 현실화되지 않은 가능성이 아니라 나의 쌍둥이이거나 나의 살의 살이기 때문이다. 확실히, 나는 그들의 삶을 사는 것은 아니다. 분명히, 그들은 나에게 그리고 나는 그들에게 부재한다. 그러나 이러한 거리는 기묘한 근접인데, 왜냐하면 정확히, 감각적인 것은 움직이지 않고도 많은 신체에 출현할 수 있는 것이라서 우리가 감각적인 것의 존재[살]를 찾아내자마자 그렇게 되기 때문이다. 나에게 눈길을 주며 나의 눈을 만지는 이 탁자, 바로 이 탁자를 어느 누구도 볼 수 없을 것이라는 것은 사실이다. 바꾸어 말하면, 그 누구는 나이지 않으면 안 된다. 그렇지만 그

64 Merleau-Ponty, *L'Oeil et l'Esprit* (Paris: Gallimard, 1964), p. 34.

와 동시에 나는 정확히 동일한 방식으로 그 탁자가 모든 눈에게 눈길을 주고 있다는 것을 안다.[65]

이러한 자아와 타아의 공현전(comprésence) 사건은 우리의 일상적 체험에서 흔히 일어나는 일이다. 우리가 일상에서 만나는 타인은 우리가 분노나 사랑으로 대할 때와 같은 그런 존재로 존재하지, 처음부터 정신이나 심리 현상으로 존재하는 존재가 아니다. 타자는 이미 거기에 존재하고 우리가 타인을 만나는 방식은 사고가 개입할 틈을 줄 새도 없이 우리 쪽에서 반응해야 하는 얼굴, 몸짓, 말들로서 존재하는 타인을 만나는 것으로 이루어진다. 이때 우리 각자는 자신의 신체 속에 타자를 품고 있고, 아니, 품고 있는 자기 자신보다 더 확실하게 존재하는 존재로 만난다. 왜냐하면 우리는 타인이 한 말이 우리에게 미처 당도하기도 전에, 벌써 알아듣고 대꾸하는 경험을 한 적이 한두 번이 아니기 때문이다.[66] 이러한 순간에 우리는 타인의 존재가 우리 자신의 존재보다 더 확실하다고 확신한다. 우리가 타인에게 반응을 보이는 방식은 나 자신보다 더 확실한 존재가 타인이라는, 앎 아닌 앎 없이는 불가능한 것이다. 이러한 타자 지식은 선험적 폭력의 구성 행위 이전에 일어나고, 선험적 자아의 지향적 분석에 선행하는 바, "앎 이전의 앎, 의미 이전의 의미, 침묵의 앎"이다.[67] 거듭 말하거니와, 이미 "나는 타자이다."[68]

65 *Singes*, pp. 22-23. 영문 15쪽.
66 *Signes*, p. 228. 영문 181쪽.
67 「보이는 것과 보이지 않는 것」, 261쪽. 원문 232쪽. 영문 178쪽.

5. 나가는 말

     이러한 종류의 앎을 기술하는 것이 살의 존재론이 하는 일이다. 메를로-퐁티는 초기에『지각의 현상학』에서 이러한 기술에 종사했으나, 스스로 고백하듯이 의식-객관의 구별에서 출발했기 때문에『지각의 현상학』에서 제기된 문제들은 해결이 불가능하다고[69] 평가하고, 초기 연구의 "성과들에 존재론적 해명을 가할 필요"[70]가 있다고 술회한다. 그 이유는 육화된 의식이 반성적 의식과는 또 다른 의식이기에 따라서 서로 대립하고 있다고 해석되기 때문이다. 또 '신체-주체'가 진정한 지각 주체로서 발견되었다고 하더라도 의식적인 한 여전히 주체, 의식, 자기의식, 마음과 같은 개념들의 지배를 받고 있고 사고하는 존재 또는 정립하는 사고 존재를 포함하고 있는 것으로 간주되기 때문이다.[71] 아울러, '신체-주체'는 아직도 한편으로는 현상(학)적 신체, 다른 한편으로는 객관적 신체라는 한 쌍의 대립 속에서 기술되기 때문이다. 그리하여『지각의 현상학』의 연구 성과들은 반성철학, 의식 철학 등에서 채택된 고전적 범주로 이해되거나 해석되기에는 부적절한 것이었음에도 여전히 그 틀에 머물러 있음을 각성하고 이로부터 벗어나고자 의식 철학을 지배하고 있는 존재론적 입장과 편견에 눈을 돌리게 된다. 메를로-퐁티가 후기에『보이는 것과 보

---

68 도미니크 부르댕 외,『철학, 쉽게 명쾌하게』, 이세진·이충민 역(서울: 모티브북, 2007), 30쪽. 19
    세기 프랑스 시인 랭보가 자기 친구 폴 데메니에게 보내는 서신에서 표현한 유명한 문구이다.
69 『보이는 것과 보이지 않는 것』, 268, 290쪽. 원문 237, 253쪽. 영문 183, 200쪽.
70 『보이는 것과 보이지 않는 것』, 267쪽. 원문 237쪽. 영문 183쪽.
71 『보이는 것과 보이지 않는 것』, 111쪽. 원문 104쪽. 영문 74쪽.

이지 않는 것』에서 존재론으로 복귀하는 것은 그러한 사정 때문이다. 그리고 이것은 곧 『지각의 현상학』을 완성하기 위한 것 이외 별다른 것이 아니다.

이러한 의도에서 메를로-퐁티는 대상적 존재론, 직접적 존재론을 할 수 없었고 간접적 방법으로만 존재론을 해야 한다는 입장을 취하게 된다. 소위 메를로-퐁티의 간접적 존재론은 부정 신학에 빗대어 부정 철학이라고도 부른다. 대상적 존재론은 고전적 이분법의 구조적 한계에서 벗어날 수 없기 때문에 메를로-퐁티는 새로운 종류의 존재론을 필요로 했다. 이것이 메를로-퐁티가 "직접적 존재론은 이루기가 불가능하다"[72]고 말한 이유이다. 직접적 존재론은 세계와 대상의 존재론적 본성을 사유와 존재의 이분법적 구도에서 밝히는 것이고, 간접적 존재론은 살, 즉 야생적 존재층과 그 질서에 속하는 사건을 표현하고 표기하는 방법으로 지각을 비롯한 사물, 세계, 인간의 존재론적 본성을 밝히는 것이다. 메를로-퐁티는 후기에 와서 간접적 존재론으로서 살의 존재론을 설계하고 건축하고자 했으나, 아쉽게도 예기치 않은 죽음으로 미완성으로 끝났다. 우리는 이 글에서 다만 살의 존재론적 건축술의 일부를 세계와 타자를 중심으로 살의 가역성에서 살펴보았으며 철학의 숙제인 타자의 문제를 해결할 수 있는 대안으로 제시했다.*

---

72 『보이는 것과 보이지 않는 것』. 262쪽. 원문 233쪽. 영문 179쪽.
* 이 글의 출전은 다음과 같다. 「살과 타자의 만남」. 『철학연구』 105집(2008). 대한철학회. 193-214쪽.

제4장

메를로-퐁티와 신

1. 들어가는 말

      메를로-퐁티는 1908년 가톨릭 집안에서 태어나 어린 시절에는 종교적인 분위기에서 자라났고 가톨릭교도로서 청년에 이르기까지 교회에 잘 출석 했다고 한다. 그러다가 1930년대에 이르러 교회와 멀어지기 시작하는데, 이것은 주로 사회적·정치적·역사적 문제에 대한 가톨릭교의 보수적 입장을 감지하고 추후에 제1·2차 세계대전을 거치는 가운데 많이 보았기 때문인 것으로 짐작된다. 그가 가톨릭교 또는 개신교, 말하자면 기독교를 언급할 때 그것은 주로 기독교를 하나의 휴머니즘적 시각에서 바라보면서 그 역사적·사회적 모습에 주목하고 또한 철학적으로 접근한다.

    그렇게 해서 20대 초에 기독교와 결별하면서 그의 철학은 점차 무신론적이게 되고 40대 초에 어느 학술 토론에서 무신론자인가라는 질문에 그렇다고 대답하게 된다. 아마도 현실 사회에서 보여 주는 기독교의 사회적 취약성으로 인하여 그는 기독교에 대하여 비교적 비판적인 태도를 취했고 때로는 신랄하기도 했던 것으로 생각된다. 그가 『지각의 현상학』에서 세계와 인간의 삶을 실존적·현상학적으로 해명할수록 그 점은 더해 갔던 것으로 보인다. 그는 이렇게 말한다. "나에게 철학은 신이라는 그 이름으로 오랫동안 결정체를 이루었던 것에다 다른 이름을 부여하는 것에서 성립하는 것이었다."[1] 또한 그의 유고인 『보이는 것과 보이지 않는 것』에는 그 이전의 저서[2]와는 달리 기독교의 신에 관한 언급이나 흔적이 전혀 없다. 따라서 메를로-퐁티의 현상학적 철학을 전체적으로 보아 무신론적 철학이라고 규정해도 무리는 없을 것이다.

메를로-퐁티의 철학적 무신론은 그 이론적 배경을 보면 후설, 하이데거, 사르트르의 철학 체계에 연유한다고 말할 수 있다.[3] 메를로-퐁티는 후설의 현상학적 기술 방법을 후설 현상학의 인식론적 문제의식에 억압되지 않고 자유롭게 실천하고자 했으며 후기 후설의 생활 세계의 개념을 후설보다도 철저하게 창의적으로 기술했고 하이데거로부터 세계-내-존재(Sein-In-Der-Welt) 개념을 기묘하게 육화의 개념을 통해 세계-에로-존재(être-au-monde)로 변형시켰으며 사르트

1 Albert Rabil JR., *Merleau-Ponty: Existentialist of the Social World* (New York: Columbia University Press, 1967), p. 215.
2 『의미와 무의미*Sens et non-sens*』, 『기호*Signes*』, 『철학예찬*Éloge de la philosophie*』 등.
3 메를로-퐁티가 후설, 하이데거의 철학에 의해 방향 잡혀 있음은 그의 『지각의 현상학』 서문을 보면 잘 나타나 있다. 그리고 사르트르와의 관계는 같은 책, 3부 3장 자유를 보면 알 수 있다.

르로부터 실존 또는 실존적 자유를 이어받았다. 이 세 사람의 철학에 영향을 받은 메를로-퐁티의 현상학적 철학은 철저하게 인간 존재를 현실의 땅에 발을 딛고 있는 지극히 구체적인 현실성으로 심화시켜 놓았으며 기독교의 초월적 신을 받아들일 여지를 봉쇄해 놓았다.

비록 저 세 사람으로부터 많은 영향을 받았을지라도 메를로-퐁티의 철학의 주요 초석은 관념론적인 주지주의적 인간 이해와 객관주의적 경험론적 인간 해석의 이원성을 극복하는 것이다. 이것이 그의 철학의 근본 기획이다. 메를로-퐁티는 저 세 사람의 철학이 아직도 이원론적 구도에서 벗어나지 못한 것으로 본 것이다. 그의 철학적 사유는 관념론과 실재론의 이원론적 입장, 주관과 객관의 대립, 정신과 신체의 이분법, 자아와 타자의 구별을 넘어서고자 하는 데서 애매성을 띠게 되고 알키에(Alquié)와 발렌스(Waelhens)에 의해 '애매성의 철학'이라고 특징지어지고 기독교의 신의 초월적 실재성을 더더욱 받아들일 수 없게 된다.

이러한 관점에서 메를로-퐁티의 철학적 무신론의 이론적 논거를 그의 철학적 주요 개념을 중심으로 조사함으로써 정리하고 비판적으로 검토 내지는 평가하면서 그 한계를 지적하는 것이 이 장의 목적이다. 그렇다면 메를로-퐁티의 철학적 무신론의 철학적 이유 또는 근거에 대해 저러한 각종 이원론을 극복하는 이론적 절차를 살핌으로써 논의를 시작해 보자.

2. 철학의 개념

_____『지각의 현상학』에서 메를로-퐁티가 수행하는 연구는 오직, 오로지 인간이 체험한 세계를 현상학적으로 기술하고 반성하며 분석하는 것이다. 그것은 인간에 의해 객관적으로 구성된 세계와는 근본적으로 구별된다. 현상학에서 일반적으로 말하는 이 '체험된 세계'를 극도로 전력을 다해서 파헤쳐 해명한 현상학자로는 메를로-퐁티를 능가할 사람이 없다고 해도 과언은 아니다. 이 점에서 타의 추종을 불허하는 메를로-퐁티의 고유한 작업은 이 체험된 세계와의 접촉이 신체-주체를 통해서 이루어진다는 것으로 점철되어 있다. 『지각의 현상학』은 신체와 세계와의 원래적이고 근원적인 접촉에 대한 선반성적 분석과 기술로 가득 차 있다.

　『지각의 현상학』 서문에서 "실재는 기술해야 하는 것이지 구성하거나 구축해야 하는 것이 아니다"[4]라고 말할 때 그 의미는 저러한 접촉이 현상학적 기술 이외의 방법으로는 해명될 수 없다는 것이다. 따라서 실재는 서구 철학사의 양대 전통, 말하자면 경험주의와 주지주의에 의해서 적절하게 다루어질 수 없는 것이 된다. 메를로-퐁티에게 경험주의는 주로 철학적 원자론이나 심리학적 행동주의 계열의 입장을 의미하고 주지주의는 철학적 관념론이나 심리학적 내성주의를 의미한다. 특히 철학적 관념론은 의식을 보편적 구성 주체로 보고 세계가 의식에 대해서만 존재한다고 보는 식의 이론적 태도를 말한

4　메를로-퐁티 지음, 『지각의 현상학』, 류의근 옮김(서울: 문학과 지성사, 2002), 18쪽. 『지각의 현상학』으로 이하에 표기함.

다. 철학적이든 심리학적이든 그러한 전통들은 우리가 체험하는 세계를 정당하게 평가할 수 없다는 것이 메를로-퐁티의 시종일관하는 입장이다. 세계는 경험주의가 믿는 대로 감각의 연합일 수 없으며, 주지주의가 제안하는 대로 오성 또는 반성에 주어질 수 없음은 사실일 것이다.

메를로-퐁티가 그 유명한 '지각의 우위성'을 주장한 것은 이러한 맥락에서 이해되어야 한다. 지각이야말로 우리가 체험하는 세계를 기술할 수 있는 통로로서 다른 어떤 통로보다 제일의적인 것이기 때문이다. 또한 지각의 문제를 신체의 문제로 풀어 나가는 데서 그의 현상학적 지각 이론의 탁월성이 두드러지게 나타난다. 지각 이론은 이미 신체 이론인 것이다.[5]

흔히들 신체는 아는 것이 아니라 행동하는 것이라고 한다. 신체는 자신을 둘러싸고 있는 주위와 함께하면서 자신에게 주어진 여건 또는 환경을 자신의 행동으로 종합하면서 조직화한다. 따라서 신체의 행동은 이미 주어진 세계와 곧 생겨날 세계와의 접점인 셈이다. 그러한 것으로서 신체의 행동은 우리가 세계에 존재하는 방식을 어느 때이고 드러낼 것이다. 바로 여기서 신체는 세계에 속하는 것으로서 실존적 존재일 수 있음이 드러난다. 신체는 가령 물리적 세계와 그 세계에 대한 심적 표상의 접점이기 때문에 우리가 세계에 따라 행동하고 세계에 작용하는 수단이 되고 우리 자신의 신체 경험은 우리에게 우리 자신의 존재 가능성 또는 방식을 드러내게 되어 있다. 그렇다면

---

5 '신체론은 이미 지각론이다'는 『지각의 현상학』 제2부 지각된 세계의 서론 제목이다.

신체는 세계에 관여되어 그 속에 살아가는 삶을 통하지 않고서는 결코 알려질 수 없게 되는 셈이다. 신체가 사회적 현실성을 발현하고 육화하는 통로가 되는 것은 말할 나위도 없겠다.

신체와 세계와의 이러한 실존적 관계로 말미암아 양자 사이의 동시 발현적·동시 구현적 관계가 성립되고 어느 하나가 주체이고 다른 하나가 객체로서 절대적으로 구별되는 것이 아니라 어느 쪽이 주체이고 객체인지가 구분되지 않는 상호 섞임의 관계가 성립된다. 신체는 그 자체로 자기의 중심을 가지고 있지만 그 자신으로부터 대상을 향하여 외부로 기투하고 세계는 그 자체로 존재하지만 동시적으로 그것을 겨냥하여 지각하는 신체에 대하여 존재하는 그것이 된다. 세계는 객체로서 주체에 대하여 존재를 가지지만 신체-주체 역시 세계에 대하여 존재를 가진다. 신체는 주체와 객체에 동시에 속해 있는 것으로 간주되고 모든 지각 경험은 주관적 요소와 객관적 요소가 구별 없이 상호 범벅되어 있다.

신체를 통한 세계의 지각의 이러한 실존적 구조를 기술하는 것이 바로 철학의 본분이다. 메를로-퐁티에게 철학은 이러한 실존적 구조를 반성하고 분석하는 것 이외에는 달리 존재하지 않는다. 이것은 "비반성적인 것"(irréfléchi)이라서 철학적 반성은 따라서 비반성적인 것에 대한 반성이 된다. 메를로-퐁티는 이를 "초반성"(surréflexion)이라고 부른다. 초반성은 이를테면, 반성이 세계에 뿌리를 내리고 있는 초월의 방식을 사고함, 바로 그것이다. 철학의 본질은 이러한 비반성적인 것 또는 그 가능성을 발견하는 데서 성립한다. 바꾸어 표현하면 철학 자신의 가능성을 반성하는 데 있다. 이러한 종류의 반성은 기왕의 반성과 다른 것이며, "어떤 앎이 아니다. 그것은 우리로 하여금 모든 앎의 원천을 망각하지 않게 하는 경성이다."[6] 그것은 무엇보다도 우리가 현실 세계에 뿌리를 박고 있다는 보다 날카로운 각성이다.[7] 메를로-퐁티가 보기에, 철학의 권위 또는 근거는 철학이 이렇게 각성이고 깨우침이며 체험이라는 데서 나온다. 철학 자신의 권위는 그 자체에서 나오지 기왕의 다른 어떤 것에 의존하지 않는다. 철학의 초반성성 그 자체가 철학의 근거요 권위이다. 따라서 메를로-퐁티의 경우 철학의 본질은 그 스스로 비철학과 구별되고 또 스스로 아니라는 것을 확증하는 데서 찾아져야 하고 다른 데서 찾으면 안 된다. 결국 철학은 자기 충족적이지 않으면 안 된다.

메를로-퐁티의 철학 개념에 따르면, 철학은 언제나 신체와 세계와 지각의 실존적 응집을 반성해야 한다. 철학에게 문제되는 것은 이러한 구체적인 실존적인 것이지 신, 종말론적 역사, 그리스도 예수의 재림과 같은 신학적인 절대들이 아니다. "철학은 세계의 존재와 우리의 존재가 그 자체로 문제가 되고 있다는 그 사실을 일깨운다."[8] 세계 내 존재이면서 세계를 향해 세계 속에서 초월하는 존재 방식, 즉 세계-에로-존재의 추구가 철학의 본질 과제이다. 자연스럽게 메를로-퐁티의 실존적 현상학은 신 없는 철학, 즉 무신론적 철학이 된다. 철학은 자신의 근거를 자신의 반성에서 마련해야 하는 점에서 세계 외부의 초월적인 절대적 주체, 즉 신은 거부된다.

---

6 Renaud Barbaras, *Merleau-Ponty* (Paris: Ellipses, 1997), p. 110에서 재인용.
7 *Merleau-Ponty*, p. 11.
8 Merleau-Ponty, *Éloge de la philosophie* (Paris: Gallimard, 1953), p. 48.

3. 육화된 의식

_____메를로-퐁티가 초반성적으로 기술하는 것이 어떤 반성적 앎이 아닌 것은 그것이 선험적 체험이기 때문이다. 그렇다고 그것이 비합리적이어서는 안 될 것이다. 오히려 그것은 근원적 의미의 합리성 자체이며 객관적 합리성의 가능성을 밝혀 주는 원천이기 때문이다. 문제는 그것이 이성적 또는 합리적 사고의 동의를 얻어낼 수 있는가 하는 의문이다. 그것은 여전히 일종의 사고이고 반성이지 않을 수 없기 때문이다. 그렇다면 그 사고 또는 반성의 특별한 권위는 어디로부터 오는 것인가?

의식으로부터 그 대답을 구할 수는 없다. 의식은 의식이기 위해서 자신이 살고 있는 세계를 필요로 하고 자신이 스스로 구성했는지 아니 했는지를 알지 못하는 세계가 이미 자신 앞에 구성되어 주어져 있음을 발견하기 때문이다. 이 점에서 의식은 자기 근거를 완전히는 아닐지라도 부분적으로, 또는 최소한 자기 이외의 것에서 구하지 않으면 안 된다. 이것은 세계가 완전하게 절대적으로 순수의식에 의해서 구성될 수 없다는 후설의 생활 세계 현상학의 기본 가르침이다. 말하자면, 어떤 세계가 의식에 선행하고 어떤 세계가 주어져 있다는 조건 아래에서 의식은 일어난다. 따라서 순수의식이 자기 발생의 원인이라는 것은 추측과 짐작, 즉 추정인 것이다.

의식이 세계와 교섭하려면 우리는 이미 세계 내부에 육화되어 있어야 한다. 후설은 『유럽학문의 위기와 선험적 현상학』에서 의식이 육화된 것임을 발견하고 주목했으며 메를로-퐁티는 그 발견을 처음

제1부 이론 철학

부터 출발점으로 삼으면서 신체를 의식적인 것으로 바꾸어 놓았다. 이러한 발상의 전환을 통하여 메를로-퐁티는 신체가 의식의 삶을 어떻게 일으키는가, 선험적 주체성의 구성적 삶이 어떻게 일어나는가 하는 문제에 더 많은 관심을 보였던 것이다. 이러한 착상을 메를로-퐁티는 다음과 같이 설명한다. "지각하는 의식은 육화된 의식이다. 무엇보다도, 나는 의식의 자율성을 고집하는 독단에 맞서고 지각을 외적 사물이 우리의 신체에 작용한 단순한 결과로 취급하는 것에 저항하여 의식이 그 신체와 세계에 뿌리를 내리고 있는 것을 재확립하고자 애썼다. 저러한 철학들은 순수 외부 또는 순수 내부를 선호하여 의식이 신체성에 들어와 있다는 것을 으레 잊고 있다."[9]

이러한 관점에서 메를로-퐁티는 『지각의 현상학』에서 후설의 선험적 주체성이 순수의식 이상의 것이라는 것, 순수의식이 육화된 의식이라는 것을 자세히 밝힌다. 이에 관해서는 우리의 논의 목적에 필요한 만큼 언급한다. 기본적으로 의식은 신체를 통하여 경험하지 않는다. 오히려 의식은 신체 자신의 경험에서 탄생한다. 그것은 신체가 자신을 스스로 체험하는 차원으로서 일어난다. 그것은 신체가 세계에 관여하고 개입되어 있어 일어나는 지향적 행위라고 하는 점에서 내가 나의 신체를 느끼는 방식, 내가 나의 신체를 사는 방식으로 풀이될 수 있다. 이러한 방식으로서의 의식은 주객의 개념적·실재적 분리 또는 이분법에 앞선다. 그것은 주객 대립의 인지적 차원의 것이 아니라 주객 대립이 없는 전반성적 수준에서 일어나는 것이다. 이

---

9 Merleau-Ponty, *The Primacy of Perception*, translated by James Edie (Evanston: Northwestern University Press, 1964), pp. 3-4.

러한 육화된 의식은 의식이 어떻게 세계와 관련되어 있는가를 설명하는 것이 아니라 그 관계를 이미 주어진 것으로서 기술한다. 육화를 현상학적으로 기술하는 것, 이것이야말로 사태 그 자체에로 육박하는 것이며, 사태 그 자체는 의식은 신체(성)를 예기한다는 것이다.

그러므로 대상 그 자체와 순수의식으로서의 주체 사이의 대립은 세계와 주체의 응집으로 대체된다. 이 응집은 곧 육화이고 주체는 육화된 주체이며 사물은 육화된 주체에 대한 사물이다. 사물에 대한 인식은 육화된 앎이다. 육화에서만이 세계는 의식 안에 있고 의식은 세계 안에 있다. 육화에서만이 우리는 우리 자신을 세계 초연적 정관자일 수 없고 세계 참여자로서, 육화적인 행동자로서 이해할 수 있다. 우리의 정신적 인지와 신체적 행동 또한 고립된 의식적 실체가 아니라 신체와 통합된 육화된 의식에 의해 가능하다. 정신적 지각 활동이 세계로부터 나오게 되는 것도, 신체적 활동이 의식으로부터 나오게 되는 것도 육화가 있기 때문이다. 우리가 하나의 경험적 소여 또는 가능성에서 다른 경험적 소여 또는 가능성으로 이행하는 것은 육화로 말미암음이다. 우리가 세계에 관여·개입되어 있다는 것도 육화요 우리가 세계에 관여·개입한다는 것도 육화이다. 절대적 내부인 의식이 자신에게 세계에 구속되어 있기를 거부하는 것도 역시 육화 때문이다.

또한 의식이 자기 자신과 일체 또는 일치할 수 없는 것도 육화 때문이다. 따라서 세상살이에서 애매성은 불가피하다. 그것이 무엇에 관한 것이든 애매성이 없는 것이 이상하다. 의견의 불일치가 없는 세상은 인간 세계가 아닐 것이다. 이제 육화는 우리 존재와 세계의 공

제I부 이론 철학

통 구조, 메를로-퐁티의 표현을 빌리면 "살"이다. 사물이 우리에게 의미로 다가오고 세계가 여러 스펙트럼을 가지는 것은 살로서의 육화 때문이다. 인간과 세계 사이에 있는 들숨과 날숨이 있음도 그 때문이다. 육화가 존재에 자신의 존재 양식을 가져오는 원리, 즉 존재의 일반적 본성이요 "모든 존재의 존재"[10]요 "존재의 원소"[11]이다. 결국 그리하여 신체가 세계의 분지법(ramification)이요 세계가 신체의 분지법이다. 세계와 신체가 그 의미 체계에 따라 상호 조율된다. 다양성 속에 통일성이 있고 통일성 속에 다양성이 있다. 일치 속의 불일치요 불일치 속의 일치가 있다.

나는 살의 것이고 살에 속해 있으며 그런즉 세계에 발을 담그고 있다. 나는 나의 몸을 세계에서 뺄 수 없다. 나는 세계에 거주하고 세계는 나에 거주한다. 세계는 육화 없이 나에 대하여 없고 나는 육화 없이 세계에로 현존함이 없다. 나는 세계 앞에서 세계를 만나고 세계에로 현존한다. 즉 세계를 가진다. 세계가 나를 가지는 것이 아니라 내가 세계를 향해 초출한다. 나는 세계에 얽혀 있다. 세계에 관련되어 있지 않고 사귐과 공감이 없는데 세계 속에서 운동하고 방향 잡고 위치 정하고 행동하는 것이 가능하겠는가? 따라서 세계는 모든 사유와 합리성의 토대인 셈이다. 그렇다면 "세계는 더 이상 구성적 사고의 가시적 전개도 부분들의 우연적 수집도 무차별적 질료에 대한 지도적인 사고 활동도 물론 아니고, 모든 합리성의 고향이다."[12] 마침내

10 Merleau-Ponty, *Le Visible et l'invisible* (Paris: Gallimard, 1964), p. 168.

11 *Le Visible et l'invisible*, p. 184.

12 『지각의 현상학』, 642쪽.

세계는 나의 고향이다.

메를로-퐁티는 인간과 세계의 상호 공속성을 전기와 후기 사상에 걸쳐서 철저하게 지켰다. 이러한 일관된 입장에서 메를로-퐁티가 "세계 없는 신의 관점"[13]을 거부하는 것은 당연할 것이다. 그러한 신은 인간의 역사와 그 과정을 초월해 있는 절대자로서 "우리의 관념 배후에서 우리의 사유와 경험을 지속시키는 익명적 힘"과 같다. 메를로-퐁티의 육화의 현상학에 있어서는 인간은 세계가 기획하는 인간인 한에 있어서 인간이기에, 세계를 무에서 창조하는 절대적인 객관적 의식으로서의 신은 거부될 수밖에 없다. 설령 있다 해도 신은 세계에 대한 인간, "삶의 체험의 일부"로 환원된다. 메를로-퐁티는 우리가 그러한 존재에 대한 절대적 인식, "모든 사유의 절대적 원리"에 합류할 수 있는 것을 의심스럽게 생각하고 자신이 그런 입장일 수 없음을 분명히 말하고 있다.[14] 인간이 세계-인간일 뿐이라면, 만유의 주재자로서의 신이라는 개념은 인간의 본질을 훼손하고 위협하는 것이다.

4. 의미와 자유

인간이 세계 거주자이고 세계가 인간 거주지라면, 세계는 인간에게 "의미의 요람"[15]일 수 있겠다. 메를로-퐁티의 유명한 말대로,

---

13 메를로-퐁티 지음, 『의미와 무의미』, 권혁면 옮김(서울: 서광사, 1985), 138쪽.
14 『의미와 무의미』, 138쪽.
15 『지각의 현상학』, 642쪽.

제I부 이론 철학

인간은 **의미에 선고되어 있다.**[16] 의미는 세계 없이 발생할 수 없고 오직 세계 내에서 발생한다. 그와 동시에 자각하는 주체성 없는 의미도 역시 없을 것이다. 이러한 의미는 세계의 근원적, 선반성적 경험을 각성하는 현상학적 반성에 의해서 규명된다. 말하자면 그것은 그러한 의미가 형성되기 시작하는 소위 선술어적 경험을 가리킨다. 메를로-퐁티가 역사 또는 세계의 의미를 추구한다고 할 때, 그 의미는 바로 이와 같은 의미를 말하는 것이다. 또한 인간은 그러한 의미를 자각하는 주체로서, 그리고 동시에 그러한 자각 속에서 주체로 드러난다. 따라서 의미는 주체로서의 인간 속에서 발견된다.

이러한 주체, 이러한 인간은 물리적 본성, 결정론을 넘어선다는 점에서 설명될 수 없는 것이 된다. 우리가 그러한 존재를 설명할 때 이미 의미는 있어야 하고 이 의미는 인간을 주체로서 전제하지 않으면 불가능하기 때문이다. 그러므로 주체는 모든 설명을 전제하는 것으로서 이미 거기에 존재하고 있어야 하고 따라서 자신은 설명될 수 없다. 어떠한 과정도, 힘도, 작용과 반작용도 그를 결정할 수 없고 설명할 수 없다.

결국, 인간은 우연적 존재이고, 즉 자유 존재이다. 이러한 우연적 자유 때문에 인간은 필연성의 감옥에 갇혀 있을 수 없다. 인간의 존재 가능성은 이러한 우연성에서 나오고, 진리와 가치와 역사도 이 우연성을 자신의 필연적 환경으로 삼는다는 조건 아래에서 발생하고 발전한다. 역사의 창조자는 자유로운 우연 존재, 즉 인간이다. 인간

---

16 「지각의 현상학」, 31쪽. 강조는 원문 그대로임.

은 자신의 자유로운, 우연적인 결단을 통해서 역사를 형성하고 또 자신을 형성하며 자신으로 된다. 또한 이러한 결단이 의미와 타인과 세계를 창조한다. 그러므로 자유로운 우연적 존재로서의 인간이 모든 의미의 원천이다. 인간은 의미를 창조하도록 부름받았고 자유에 선고되어 있다. 인간은 '의미와 자유의 신'인 것이다.

이러한 인간에 의해서 창조된 역사에서 의미가 나오고 이러한 인간에 의해서 의미는 인간의 진리 또는 가치로 특징지어진다. 진리와 가치, 참과 거짓, 선과 악, 이 모든 것은 인간의 것이요, 인간에 의한 것이며 인간을 위한 것이다. 만약 인간이 절대적 즉자 존재가 되거나 절대적 대자 존재가 되면, 인간의 진리와 가치 등은 불가능하게 된다. 인간의 자유도 무의미하게 된다. 따라서 절대적 대자-즉자 존재를 추구하고 발견하고자 하는 것은 인간의 삶의 불가능성과 종말을 의미한다. 인간의 의식은 그것이 어떤 의식이든 간에, 절대자와 접하자마자 의식이기를 그치고, 말하자면 의식은 사망한다.

인간의 우연성과 자유에 대한 메를로-퐁티의 강조는[17] 그가 진정으로 실존주의자, 실존철학자임을 입증한다. 그런데 만일 우연성을 우리가 어떤 순간에는 인간을 주체로서 현생하게 하고 어떤 순간에는 사라지게 하는 원인성으로 유비할 수 있다면, 우연성으로부터 인간 또는 세계를 초월하는 어떠한 실재를 지시하는 것은 불가능하다. 왜냐하면 우연성이 인간이나 세계의 원인 또는 근거이기 때문이다.

---

17 인간을 자유로 보는 점에서 사르트르와 메를로-퐁티는 의견을 같이하나 전자는 자유의 절대성을 후자는 자유의 제한성을 주장한다는 점에서 다르다. 자유에 관한 그들의 근본적 차이점에 관해서는 『지각의 현상학』 3부 3장 13절 참조.

바꾸어 말하면 우연적 존재인 인간은 어떤 방식으로도 인간을 초월하는 실재, 예컨대 신과 같은 존재가 있다는 것을 의미하지 않는다. 또 달리 표현한다면 인간 존재를 벗어나서는, 인간 존재를 넘어서는, 어떠한 것도 존재하지 않는다. 인간은 인간 자신이 자기 근거이지 않으면 안 되는, 또 바로 이러한 의미에서 그 자체가 형이상학적 존재인 것이다. 따라서 인간 존재의 유한성은 절대적 존재자가 존재한다는 사실에 연결될 필요가 없다. 인간은 자신의 유한성 때문에 그 유한성을 위해서 별도의 안전장치를 추구할 필요가 없다. 안전에 관한 한, 인간은 전방위적으로 노출되어 있다. 인간은 원래가 상대적일 수밖에 없고 확실하지 않고 안정적이지 않으며 그날그날 변하는 변덕스러운 존재이다. 그런즉 절대성에 의지하는 것은 인간을 헛되이 하는 것과 같은 것이다. 결론적으로, 인간을 의미와 자유의 신으로 규정하는 것은 절대자의 거부로 귀결한다.

5. 비판적 고찰

(1) 철학의 개념에 대하여

우리의 모든 생활과 경험이 우연성뿐이라면, 그리고 이것이 인간과 세계의 사실성이라면, 신은 필요 없다. 메를로-퐁티는 다음과 같이 진술한다. "신이 존재한다면, 완전성은 세계 밖에서 이미 실현되며 따라서 완전성은 증가될 수 없고 문자 그대로 아무런 할 일도 없다."[18] 이 세상에서 우리가 무엇을 하더라도 그것은 신의 완전성에 무엇을 더할 수 없고 아무런 가치와 의미를 가지고 있지 않다. 사실 신의 의지와 필연성은 인간의 삶에 아무런 관계나 의미도 없다. 왜냐하면 우리가 사는 모든 삶은 우연적인 것으로 판명되었기 때문이다. 우연성의 형이상학은 세계의 절대적 사고자의 정립과 일치할 수 없다.[19]

과연 인간의 우연성과 신의 필연성은 화해할 수 없는가? 메를로-퐁티에게는 우연성에서 자유로운 어떤 실재도 없다. 영원한 유한성이 모든 실재에 봉인되어 있다. 어떤 실재라도 필연적 존재로서 정체가 확인되는 것은 배제된다. 그는 세계의 우연적 조건을 필연적 존재로 환원하는 것을 허락하지 않는다. 메를로-퐁티는 필연적 존재 대신에 시간에 매달린다. "우리가 시간을 주체 아래에서 재발견하고, 우리가 시간의 역설에 신체의 역설, 세계의 역설, 사물과 타인의 역설을 연결시킨다면, 우리는 이것을 넘어 이해해야 할 것은 아무것도 없다는 것을 이해하게 될 것이다."[20] 시간이 우연성의 중핵에 놓여 있고 이 시간을 이해하는 것이 우연성을 설명하는 것이다. 그래서 철학은 신을 문제로서 다루지 않아도 되는 것이다.

그러므로 현재 있다는 것은 의식하는 신체 내부에서 자신을 시간화하는 존재 또는 존재의 현전을 가리키고 우연성의 본질은 과거에서 미래 속으로 지금 순간에 흐르고 있는 시간화 과정인 것이다. 우연성은 "시간의 이행 자체에 의한 시간의 응집"이며 "구성하는 시

---

18 『의미와 무의미』, 240쪽. 원문과 대조하여 다시 번역했음.
19 『의미와 무의미』, 138쪽.
20 『지각의 현상학』, 548쪽.

제I부 이론 철학

간"[21] 그 자체이고, 다시 말하면 시간이 주체로서 구성하는 그것이다. 주체로서의 시간의 이러한 모습은 "자기 자신에 의한 자기 촉발"[22]로서 기술되고 후기 철학에서 어느 누구에 의해서 조작 조정되지 않고 인간적 규정을 넘어 길들여지지 않은 채 비인간적으로 또는 인간 이상의 것으로서 스스로 움직이고 활동한다는 의미에서 메를로-퐁티가 (야생적) **존재** 또는 **로고스**라고 부르는 것이다. 메를로-퐁티가 진정으로 의도했던 것은 이렇게 우연 존재 대 필연 존재로서의 신의 구도가 아니라 우연 존재 대 야생 존재로서의 시간성의 구도가 문제였던 것이다.

메를로-퐁티가 인간 또는 인간의 우연성에 대한 존재의 우위를 의식하는 방향으로 넘어가면서 세계는 시간으로 정체가 확인될 수 있고 시간은 존재와 동일시될 수 있게 된다. 우연적 실재 세계는 이러한 존재가 이미 언제나 거기서 움직이고 작용하는 생성이 된다. 우연의 현실성은 존재의 특수화 과정 또는 분절화 과정이고 존재는 그 잠재력의 저장고로부터 자신을 드러내면서 시간적 응집으로서 나타난다. 존재는 신체-주체에 의해 기투되어 성극됨으로써 현실화한다. 즉 어떤 것이 존재하게 된다. 어떤 것이 존재하게 되는 이러한 '사이' 또는 '현전'이야말로 메를로-퐁티가 밝히는 우연성의 출생 비밀이지만 바로 여기에 또 다른 비밀이 놓여 있다는 것을 메를로-퐁티는 예상할 수 없었다.

이렇게 물어보자. 어떤 유한한 우연적 존재가 존재하게 됨은 우연

---

21 『지각의 현상학』, 625-634쪽.
22 『지각의 현상학』, 625-634쪽.

적일 것이다. 그렇다고 존재하게 하는 것, 즉 시간의 구성도 우연적인 것인가? 간단하게 말해서, 시간도 우연적인가? 우연적 존재가 우연한 것처럼 시간이 동일한 방식으로 우연한 것은 아닐 것이다. 즉 다른 종류의 우연성이어야 할 것이다. 그것은 어떤 우연적 존재를 바로 그것이게 하고 다른 어떤 것이게 하지 않는 어떤 작용이어야 할 것이다. 그렇지 않으면 예의 그 우연적 존재는 없는 것이나 마찬가지일 것이다. 또한 만일 그 작용이 우연이라면, 예의 그 우연적 존재는 자기 동일성을 잃을 것이다. 따라서 그 우연성은 우연적인 것이어서는 안 되는 셈이다. 즉 그것은 필연적인 작용이다. 그것이 필연적일 수밖에 없다는 점은 누구라도 어떤 것이 존재한다는 것과 존재하지 않는다는 것이 서로 다르지 않으면 안 된다는 점을 잘 알고 있다는 사실로부터 분명할 것이다.

이것이 인정된다면 마찬가지로, 하나의 우연적 존재가 존재하게 되는 작용이 다른 하나의 우연적 존재가 존재하게 되는 작용에서 저절로 나올 수 없고 하나의 우연적 존재가 존재하게 되는 작용이 무로부터 나올 수 없다는 것도 분명할 것이다. 따라서 어떤 우연적 존재라도 그 존재의 원인의 결과인 셈이다. 다시 말하면 그 존재의 원인은 시간성, 존재, 시간적 응집, 시간의 구성 등으로 표현되건 말건, 그 존재를 존재하게 하는 작용의 결과인 것이다. 바로 여기에 필연적 존재인 신을 우연적 존재의 원인으로, 존재를 존재하게 하는 작용으로 해석할 수 있는 가능성이 암시되고 있다. 우연적 존재의 원인인 시간성이 "열린 무한정성"23이라면, 유비적으로 우연적 존재는 한계 없는 존재, 즉 무한 존재로서의 신의 결과일 수 있다. 무한 존재가 존재함

　　　　　　　　　　　　　　제1부 이론 철학

으로써 우연적 존재의 근거나 원인도 제공된다. 이러한 방식으로, 우리는 우연 존재가 그 원인으로서 무한 존재를 필요로 한다는 것을 인지하기에 이른다. 메를로-퐁티는 우연성의 신비를 "존재의 열개"[24]로 풀어내면서 여전히 우연적 사실 세계 내에 머물렀지만, 우리도 물론 우연성에서부터 시작하고 또 그러한 존재 경험의 차원에 여전히 머무르고 있었지만, 거기서 멈추지 않고 필연적 존재인 신이 존재한다는 것을 긍정할 수 있는 가능성을 열어 놓았다. 이렇듯 인간이 전적으로 우연적이라고 해서 반드시 신의 필연성을 애초부터 거부하고 들어가야 하는 것은 아니다.

메를로-퐁티가 이해하고 있는 우연성이란 무엇인가? 그것은 인간 존재의 본질 구조이고 인간 특유의 본질적 존재 방식을 일컫는다. 그것은 힘과 과정의 필연적 산물이 아니라는 것을 의미한다. 즉 우연적이라 함은 자유롭다는 것이다. 이는 더 이상의 물음과 사고가 허용되지 않는 궁극적이고 최종적인 것이라는 것을 의미한다. 다시 말하면, 인간의 우연성과 자유는 더 이상 설명될 수 없는 것이라는 뜻이다. 오직 궁극적으로 환원 불가한 것은 인간 존재의 우연적 사실성과 그 속에 들어 있는 의미와 자유의 역사뿐이다. 따라서 신의 개입은 불필요하다.

그러나 왜 아무것도 없지 않고 도리어 무엇이 있는가라고 묻듯이, 왜 그것이 우연적인가라고 물으면 안 되는가. 그 우연적 존재의 근거나 이유 또는 원인을 물어서는 안 되는가. 왜 거기서 모든 생각은 중

---

23 『지각의 현상학』, 632쪽.
24 한국현상학회 편, 『예술과 현상학』(서울: 철학과 현실사, 2001), 161쪽.

지되어야 하는가. 만일 그렇게 할 수 없다면 세계는 무근거하고 이유가 없을 것이고 따라서 아무것도 없는 것과도 같을 것이다. 따라서 그 우연적 존재 그리고 그 존재에 대한 긍정[25]에는 어떤 이유가 있어야 할 것이다. 그리고 그것은 그 우연적 존재로부터 올 수 없을 것이다. 왜냐하면 그 존재 역시 동일한 질문을 초래할 것이기 때문이다. 따라서 모든 실재는 그 존재 자체에서 자신의 충분한 근거를 가질 수 없는 셈이다.

그렇다면 우연적 존재는 그 우연성에도 불구하고 왜 존재하는가? 우연적 존재가 존재하는 이유는 무엇인가? 이렇게 묻고 추구한다는 것 자체가 이미 우연적 존재 및 그 긍정을 초월하는 행위이다. 메를로-퐁티나 나나 우리 모두가 이러한 초월을 체험한다. 이러한 초월을 체험하고 긍정하는 인간 존재로서 우리의 내부에는 우연성이 사라지고 끝나기를 바라는 어떤 기대가 있는 것 같다. 이러한 초월 행위는 인간 존재가 그 자체로 충족한 존재가 아니라서 하는 활동일 것이고 우연적 존재만으로는 충분하지 않다는 함축일 것이며 자기 근거와 완성을 위해 우연적 존재가 아닌 다른 어떤 존재를 필요로 한다는 증거이고 그러한 존재 이외의 존재를 암암리에 희구한다는 발현이라고 해석될 수 있다. 인간은 이러한 초월을 긍정하고 좋아한다는 점에서 우연성이 끝내는 극복되었으면 하는 바람을 가지고 있는 것 같다. 인간은 우연적 세계를 오로지 긍정만 하고 충실히 하는 것만이 아니라 우연성을 제거하고 치유하는 것도 희망한다. 바로 여기서 인

---

25 메를로-퐁티는 자주 이 긍정을 경이 또는 신비로 표현하곤 한다.

제I부 이론 철학

간의 우연성에 대한 해결로서 신이 필요한 점이 정당화될 수 있다. 메를로-퐁티가 우연적 사실 세계의 내부에만 갇혀서 필연적 존재의 세계를 보지 못하고 인간 의식의 내재성을 능가하는 초월적 세계를 향하는 인간 본성의 형이상학적 차원 또는 종교적 요구나 필요를 면밀히 배려하지 못한 것은 매우 아쉬운 점이라고 평가할 수 있겠다.

(2) 육화된 의식에 대하여

주지하듯 메를로-퐁티의 지각의 현상학은 기본적으로, 인간과 세계의 육화된 의미를 줄기차게 조사하고 천착하는 것에 주안점을 두기 때문에 인간 내면의 형이상학적 또는 종교적 심층을 정면으로 다룰 수 없었다. 메를로-퐁티는 신체-주체에 너무 몰두해 있었기 때문에 세계와 그 우연성을 달리 긍정하고 시인하는 인간의 또 다른 존재 가능성을 충분히 공정하게 고려할 수 없었던 것이다. 일례로, 그가 합리성에 대해 말할 때 그는 그것이 신체-주체에 그 뿌리를 두고 있다고 말한다. 그가 인간의 합리성을 신체-주체에 의해서 기술하는 것은 정당화될 수 있지만, 그것이 본래적 합리성의 전부라고 하거나 합리성의 유일한 본성이라고 말할 수는 없는 것이다. 마찬가지로, 인간을 신으로부터 말해 보거나 신에 의해서 긍정하는 일도 역시 그가 소홀히 했던 가능성이다. 인간은 의미와 자유에 선고되어 있는 존재이지만 의미와 자유의 역사 속에서 신의 부름을 받는 존재라고도 볼 수 있다. 이러한 관점에서 인간을 신체-주체에 국한하는 것은 일방적이거나 편중된 인간 탐구라고 볼 수 있다.

메를로-퐁티에 의하면, 인간은 육화된 의식으로서의 세계 기투,

풀이하면 세계를 보거나 또는 세계를 형성하고 세계가 형성하는 것이외 별다른 존재가 아니다. "나는 내가 세계를 보는 것 모두이다."[26] 메를로-퐁티는 인간과 세계의 이러한 상호 연관과 만남을 기술함으로써 인간과 인간의 상호 연관의 기술로 나아간다. 그러나 이러한 기술은 개인과 개인의 인격 관계 또는 특수 관계를 구체적으로 기술하는 데는 한계가 있다. 개인 대 개인의 모든 상호 인격적 관계가 인간을 세계 기투로 기술하는 것으로 어느 정도는 해명되겠지만 그렇다고 그것으로써 완전하게 밝혀지지는 않을 것이다. 하물며 역사적으로 보고되고 전승되어 왔던 개인과 신과의 개별적인 인격 관계 또는 신비적 신앙이 세계 기투로 전적으로 환원되지는 않을 것이다.

메를로-퐁티가 말하는 육화된 의식은 인간의 지각적 경험의 배후에 인간 존재의 중핵으로 자리 잡고 있는 선반성적, 선의식적, 선술어적 인간 활동의 장을 가리킨다. 그것은 세계에 기항하면서 세계와 살아 있는 유대를 형성하는 의식하는 신체를 말한다. 그것은 의식적 경험의 베일을 벗겨냄으로써 비로소 계시되는 신체-주체를 말한다. 신체는 육화된 나이고 의식적 신체이다. 이것은 선반성적 선술어적 의미에서 수행되는 지각적 의식이라고도 말해진다. 신체를 이렇게 기술하고 규정하는 메를로-퐁티의 신체현상학의 가장 큰 공헌은 신체를 기계적 신체 또는 신체적 기계로만 남을 위험으로부터 건져 냈다는 점에 있을 것이다. 메를로-퐁티는 신체를 살아 있는 신체로 이해했다. 메를로-퐁티는 "20세기는 살의 개념, 즉 산 신체를 복원했고 심

---

26 『지각의 현상학』, 674쪽. 그리고 604, 607쪽.

화했다"[27]고 평했다.

그러나 사실을 말하자면, 2000년 동안 인간이 스스로 나는 나의 신체라는 것을 조금도 몰랐을 리는 없었을 것이다. 우리는 직관적으로 나는 나의 신체라는 것을 알고 있었지만 자기인 신체, 자기가 가지고 있는 신체를 조사할 줄은 조금도 몰랐던 것이다. 메를로-퐁티의 조사에 의하면, 신체는 세 가지 차원에서 접근되어야 한다. 기계적 신체를 말하는 객관적 신체가 있고, 현상학적으로 기술되는 체험된 신체로서 의식적 신체가 있으며, 살로서의 신체를 말하는 존재론적 신체가 있다. 마지막 두 차원의 신체는 서로 겹쳐지고 갈라지는 애매모호한 데가 있지만 다만 여기서는 살은 메를로-퐁티가 후기 철학에서 존재의 원리로서 전개하고자 했던 것이라는 점만 상기하도록 하자.

의식적 신체는 의식의 삶과 통합된 신체이면서 동시에 그 의식이 전혀 모르고 있는 생각들을 사고하고 표현하는 신체이다. 이러한 신체는 "자기 대상들의 충분한 규정을 소유하지 않은 의식, 자기 자신을 설명하지 않는 **체험된 논리**"[28]로서 후기 철학에서 존재론화되면서 살로 불리어진다. 눈은 처음에는 신체적 기계 또는 기관이었지만 이런저런 문화적 영향과 사회화 과정에서 주위를 읽어 내고 조직화하는 능력 존재가 되고 마침내 "세계의 상징체계"[29]가 된다. 눈은 볼 뿐만 아니라 듣기도 하고 알아먹기도 하고 생각도 한다. 또한 자기도 모르게 사고하고 있고 해석을 수행한다. 눈은 관계 형성의 주체가 되

---

27 Merleau-Ponty, *Signes* (Paris: Gallimard, 1960), p. 287.
28 『지각의 현상학』, 102쪽. 강조는 원문 그대로임.
29 『지각의 현상학』, 358쪽.

고 관계적 신체가 된다. 눈은 세계를 달리 지각하는 주체적 신체이다. 신체적 눈과 상징적 체계인 눈은 서로 영향을 미치고 상호 피드백 현상이 일어난다. 이 두 차원의 신체 사이에는 본디 아무런 예정된 인연도 조화도 없지만 교차와 연결이 일어난다. 이러한 차원과 깊이, 통일성이 바로 살이 의미하는 것이다. 이러한 살은 다시 우리의 의지와 감정과 지성을 횡단하고 채우고 뒤집고 조절한다. 살은 그 자신의 삶을 살고 있고 인간은 살로 구성되고 세계는 살로 가득하다. 이러한 살의 삶에 의해서 인간의 통일성과 세계의 통일성이 설명되게 된다.

이리하여 살은 인간의 존재론적 본성을 구성하는 근본 원소, 즉 아르케(arche)가 된다. 즉 살은 인간을 통일적으로 설명하는 원리이다. 어쩌다가 살아 있는 한 마디의 말(parole)[30]이 불편한 신체를 정상으로 회복시키는 것은 이러한 살의 원리에 의한 것이며 신의 말씀이 육신이 되는 것[31]을 이해할 수 있는 것도 역설적이지만 바로 이러한 살의 개념에 의해서이다. 신의 말씀은 예수의 인성 그 자체로서 이미 그 사람의 살(flesh)인 것이다. 이 살(flesh)은 신성의 모든 충만이 거하는 육신(flesh)으로서, 여전히 사람의 신체이지만 뼈, 손, 발, 머리와 같은 신체 기관들과 구분이 되지 않는 신체, 즉 완성된 신체인 것이다. 그래서 예수가 명령하는 치유의 말은 아픈 병자의 육체에 신성을 던져 주는 말이라서 회복이 일어나는 것이다. 성경은 사람의 신체가 이

---

30 『지각의 현상학』, 276-287쪽 참조.
31 "The Word was made flesh, 그 말씀은 육신이 되어"(요한복음 1:14, 새번역본).

제I부 이론 철학

러한 신체가 되는 것을 소망한다고 말한다.[32] 제자들에게 나타났다고 하는 부활한 후의 형질 변경된 예수의 신체[33]도 그런 경우라고 할 수 있다. 따라서 "말씀이 육신이 되는 것"은 살의 개념에 의해서 사고 가능하고 이해 가능하다.[34] 이와 같이 우리가 저 육신(flesh)을 신의 언어와 사고와 뜻, 말하자면 신의 진리가 자기화된 신체, 즉 살(flesh)로 해석할 수 있다면, 메를로-퐁티의 살은 신을 긍정적으로 이해할 수 있는 개념적 도구가 될 수 있다.

(3) 의미와 자유에 대하여

메를로-퐁티에 따르면, 철학적 세계는 주관과 객관, 자아와 세계 대립 이전의 원초적 통일성의 세계이고, 이 통일성은 "반성 이전에 세계가 언제나 이미 거기에 양도할 수 없는 현전으로서"[35] 존재하는 것이며, 이러한 "세계와의 소박한 접촉을 회복하고"[36] "세계의 의미를 발생 상태에서 인식하려고 하는 사유 노력"[37]이 바로 철학이다. 이러한 철학은 언제나 세계와의 의사소통 속에 있기 때문에 세계와 구

---

32 "마지막 나팔이 울릴 때에, 눈 깜박할 사이에, 홀연히 그렇게 될 것입니다. 나팔소리가 나면, 죽은 사람은 썩어 없어지지 않을 몸으로 살아나고, 우리는 변화할 것입니다. 썩을 몸이 썩지 않을 것을 입어야 하고, 죽을 몸이 죽지 않을 것을 입어야 합니다. 썩을 이 몸이 썩지 않을 것을 입고, 죽을 이 몸이 죽지 않을 것을 입을 그때에, 이렇게 기록한 성경 말씀이 이루어질 것입니다. '죽음을 삼키고서, 승리를 얻었다.'"(고린도전 15:52-54)

33 기독교적 관점에서 보면, 썩음에서 벗어날 수 없는 인간 육체는 부활 후에 생전의 자기 동일성을 유지하면서도 새로운 권능을 부여받은 신체, 즉 부활체(復活體) 또는 영체(靈體)로 거듭남으로써 완성된다.

34 기독교계에서 자주 보고되는 손바닥과 발바닥에 피가 나오는 성흔 발현 현상도 이러한 관점에서 해석될 수 있을 것이다.

35 「지각의 현상학」, 13쪽.

36 「지각의 현상학」, 13쪽.

성된 이성을 사용하고 따라서 원칙적으로 자신의 원천을 스스로 금하는 셈이다.[38] 즉 철학은 "철저한 반성"[39]으로서 "그 자신에 근거하고 그 자신을 정초한다."[40] 이리하여 철학은 절대화된다. 이와 동시에 철학은 절대적 의식에서 자신의 자리를 찾지 않고 그것을 문제로 보고 철학의 근본 문제로 인지함으로써 철저한 반성이 된다.[41] 그러므로 철학적 의식은 절대적인 것에 닿자마자 죽는다.[42]

그러나 메를로-퐁티의 이러한 철학적 신념이나 확신만큼이나 신의 존재에 대한 철학적 입장을 하나의 철학적 확신이나 확실성으로 허락하는 것은 불가능한 것인가? 신의 존재에 대한 긍정을 철학에 대한 메를로-퐁티의 확신 또는 확실성만큼 동등한 등급을 부여하는 것은 정당화될 수 없는가? 신의 존재를 긍정적으로 이해할 수 있는 능력이 메를로-퐁티의 철학에는 없지만 다른 철학에는 있을 수 있지 않겠는가?

이 문제에 관한 두 개의 대립하는 입장이 있다고 하자. 서로 절충하거나 수정하지 않는 한, 그 두 입장은 평행을 달릴 것이다. 그 상태를 계속하는 것은 어느 쪽이나 자신을 절대화하는 것이 된다. 그런데 자기를 절대화하는 것은 대립하는 타자의 입장 때문에 불가능하다. 따라서 자기를 절대화하지 않는 한, 어느 쪽이나 자신의 입장은 절대

---

37 「지각의 현상학」, 33쪽.
38 「지각의 현상학」, 33쪽.
39 「지각의 현상학」, 33쪽.
40 「지각의 현상학」, 33쪽.
41 「지각의 현상학」, 119쪽.
42 「의미와 무의미」, 137쪽.

적 인식이나 확실성은 최소한도 아닌 셈이다. 다시 말하면, 철학적·이론적 정립과 반정립은 그 어느 쪽도 절대화될 수 없다. 따라서 그 대립은 상대적 대립이고 바로 그 점에서 그 대립의 종합과 통일이 가능하다. 이것을 이론적 변증법이라고 부르자. 따라서 메를로-퐁티의 철학적 신념이나 입장은 수정될 수 있고 수정되어야 한다.

다른 한편, 그 대립이 절대화된다면 그 어느 쪽도 성격상 이미 출발부터 이론적 의미 차원을 넘어서는 것이 될 것이다. 이러한 경우, 이론적 대립은 절대화되면서 그 대립은 서로 화해할 수 없는 대립이 된다. 왜냐하면 절대화된 대립은 절대적 특성을 취하면서 그 두 대립을 종합할 수 있는 출발점을 서로에게 허락하지 않기 때문이다. 따라서 각자에게 자신의 입장은 부득이 절대적 종교의 지위를 점하게 된다. 이것을 종교적 변증법이라고 부르자.[43]

먼저 이론적 변증법의 논리에 따라 화해의 가능성을 모색해 보자. 메를로-퐁티는 절대자에 대한 인식이 확실하다면 그것은 현상학의 지론에 따라, 나의 경험이요 나의 이해이며 나의 체험이고 나에 대한 세계의 현전인 한에서의 절대자라고 말할 것이다. 그래서 절대적 인식은 없는 셈이다. 그러나 절대적 인식이 없다고 해서 그 인식 속에 절대적인 것이 없는 것은 아닐 것이다. 그 인식이 의미가 있기 위해서는 그 인식에 의미를 주는 어떤 무엇이 있어야 하고 그것이 무엇이든지 간에 그것은 절대적인 것이다. **인식**이 절대적인가 하는 것은 인

43 헤르만 도예베르트, 『서양 문화의 뿌리』, 문석호 옮김(서울: 크리스챤 다이제스트, 1994), 25-27
    쪽; 헤르만 도예베르트, 『이론적 사유의 신비판 서론』, 김기찬 옮김(서울: 크리스챤 다이제스트,
    1995), 101-102쪽.

식론적 주관성의 문제에 속하고, 인식 속에 있는, 또는 인식될 수 있는 절대적인 것이 **존재**하는가 하는 것은 형이상학적 객관성의 문제에 속한다. 이 두 문제가 구별되는 한, 신에 대한 절대적 인식은 불가능해도 인식 속에 있는 절대적인 것은 가능하다. 따라서 메를로-퐁티의 철학적·이론적 정립과 이에 대한 철학적·이론적 반정립 사이의 대립은 절대적이 아니고 상대적인 것이다.

　그뿐만이 아니다. 만일 그 절대적인 것이 여전히 나의 경험이요 이해라면, 문제는 왜 그 무엇이 그런 것으로만 되어야 하고 달리 될 수 없는가 하는 점이다. 인식 속에 있다는 그 절대적인 것이 의미하는 바가 언제나 그런 것이어야 하는 이유가 무엇인가? 그 절대적인 것이 달리 의미하는 바가 있을 수 있지 않은가? 인식 속에 언제나 있어야 하는 그 절대적인 것이 왜 반드시 절대적인 것으로 있어야 하는가? 인식 속에 절대적인 것이 나타나는 이유는 무엇인가? 이러한 물음으로부터 신의 존재를 긍정하거나 시인하는 데로 나아가는 것은 메를로-퐁티가 보기에, 인간과 철학에 대한 위협일 것이다. 왜냐하면 인간은 우연성 속에서 자유만을 살 뿐인 실존적 "영웅"[44]이기 때문이다. 그러나 자신의 철학적 정립에 의거해서 절대적인 것을 인정하지 않고자 하는 것 자체가 그 성격상, 철학적·이론적 상대성을 넘어서는 것이며 철학적·이론적으로 증명될 수 없는 것이다.

　이러한 절대화 과정에는 인간 실존의 자립적인·자율적인·자유로운 탈자(存)성에 대한 신뢰와 믿음이 놓여 있다. 이러한 인간 실존

---

44 『의미와 무의미』, 255-256쪽.

　　　　　　　　　　　　　제I부 이론 철학

의 탈자성 및 긍정은 "모든 의미의 … **참된** 절대 기원이나 **가짜** 절대 기원을 향하는 인간 자아의 내적 충동"[45]을 충족시킨다. 이것은 종교적인 현상이요 행위이다. 이리하여 종교는 철학의 안정성을 보장하고 심지어는 그 진원지가 되기도 한다. 철학자들이 자신의 입장과 반정립적으로 대립하고 있는 입장을 하나로 포괄할 수 있는 고도의 지점을 발견하거나 제시하거나 하지 못함에도 불구하고, 자신의 입장을 절대적 출발점으로 삼는 것은 본질적으로 종교적 유인을 통해서 그렇게 되는 것이다. 그러나 참된 자기 인식이 결여되어 있기 때문에 그들은 이와 같은 그들 자신의 종교적 동인을 분명하게 인식하지 못하는 것이다.[46] 철학이 서로 원수가 되는 것은 대립하는 적대적인 종교적 주요 동기들을 종합할 수 있는 근거가 없으므로 그 가운데 어느 하나를 우월하게 보거나 종교적으로 앞서는 것으로 선취하거나 함으로써[47] 자신을 절대화하기 때문으로 설명될 수 있다.

6. 결론적 평가

‾‾‾‾‾ 앞에서 인용했듯이, 메를로-퐁티의 고백으로는, "나에게 철학은 신이라는 그 이름으로 오랫동안 결정체를 이루었던 것에다 다른

---

45 『이론적 사유의 신비판 서론』, 94쪽. 강조는 원문 그대로임.
46 『서양 문화의 뿌리』, 27쪽.
47 『이론적 사유의 신비판 서론』, 102쪽.

이름을 부여하는 것에서 성립하는 것이었다."[48] 말하자면, 신을 통하지 않고 인간과 세계를 이해하고 설명하는 길을 찾아서 이를 철학의 이름으로 행하고자 했다는 것이다. 따라서 신의 역할을 철학이 대신한다. 메를로-퐁티의 실존적 현상학은 그 궤적이라고 볼 수 있다. 이제 결론적 평가를 대신하여, 메를로-퐁티의 실존적 현상학이 기독교의 신을 거부하는 무신론적 입장이 된 배경을 몇 가지 살펴보고자 한다.

2차 세계대전을 전후해서 메를로-퐁티가 처한 사회적·정치적 현실 상황에서 그는 교회가 인간보다는 그 자체의 제도적 구조를 유지하는 일에 더 많은 관심을 가지고 있음을 관찰했다. 그는 기독교가 제도적 교회의 틀 내에서는 혁명적이지도 않고 기존의 권력에 헌신하는 것도 아니라고 생각한다. 기독교는 사회의 경계선에서 사회와 거리를 두고 있다는 것이다. 이렇게 사회에 대한 제도 교회의 도덕적 보수성의 문제점이 메를로-퐁티를 기독교의 신으로부터 멀어지게 하였다.[49]

기독교는 사회와의 관계 속에서 그 참된 의미와 가치를 제도적인 형태로 실현할 수 있는 방법이나 수단을 제공할 수 없도록 되어 있다. 왜냐하면 현실적으로 기독교인은 세계로부터 전적으로 배제된 초월적 외적 하나님, 아니면 세상을 사랑하여 성육신한 내적 하나님, 이 둘 중의 하나를 그때그때 필요에 따라 선택하여 살기 때문이다.

---

48 알버트 라빌 주니어, 『메를로-뽕띠: 사회철학과 예술철학』, 김성동 옮김(서울: 철학과 현실사, 1996), 309쪽.

49 『메를로-뽕띠: 사회철학과 예술철학』, 319-320쪽. 그리고 기독교의 이러한 상황은 오늘날에도 여전히 변함이 없다.

이로 인해서 기독교 신자들은 보수적이 되기 쉽고 기회주의적이 되기 일쑤이다. 그래서 하나님과 나와의 이중 관계는 기독교와 정치적 질서와의 관계에서도 재현되고 이중성과 모호성을 현저하게 드러낸다. 이것이 결국은 메를로-퐁티로 하여금 기독교의 초월적 하나님을 거부하게 만들었다. 왜냐하면 그러한 하나님은 인간 실존을 현실 도피적이고 세계 배척적이며 비본래적이게 하고 타인과 이웃으로부터 유리시켜 놓기 때문이다.

내적 신과 외적 신을 긍정하는 기독교의 초월적 하나님의 개념은 그러한 하나님을 근대 합리주의적(주지주의적)으로 이해하는 데서 기인하고 또한 이러한 신 이해를 메를로-퐁티가 관행적으로 답습함으로써 기독교의 신은 거부당하는 데까지 이르렀다. 신에 대한 합리주의적 이해나 진술에 따르면, 신은 외부에서 인간 역사에 개입하는 신으로서 '세계를 정립하는 신', '세계의 절대적 사고자', '우리의 관념을 넘어서서 우리의 모든 사유와 경험을 보유하는 익명적인 힘' 등으로 특징지어지는 것이 관례이다.

경험주의는 시공간적 사건의 총체성으로서의 세계에 대한 절대적 신념에 머무르고, 의식을 이 세계의 구역으로 취급한다. 반성적 분석은 … 이 구성하는 의식은 … 우리의 실제적 인식에 의해 예시되는 모든 인식을 완전하게 성취된 것으로 소유하는 주체이다. 이것은 우리에게 의도로서만 존재하는 것을 어느 곳에서 실현된 것으로 가정하는 것이 된다. 말하자면, 그것은 모든 현상을 정리할 수 있는 능력을 지닌 전적으로 참된 사유 체계이고 모든 조망들의 이유를 설명하

는 실측도이며 모든 주관성이 열려 있는 순수 대상이다. … 이 절대
적 대상과 이 신적 주관 이외에는 아무것도 필요하지 않다.[50]

이와 같이 메를로-퐁티는 신을 근대 합리주의적으로 표상하기 때
문에 기독교의 합리주의적 신 개념, 즉 모든 것을 알고 있고 인류의
전 역사를 전지 작가의 관점에서 제일 원인으로 통치하는 무한한 절
대자를 거부한다. 그러한 신이 존재한다는 것을 유한한 우리 인간이
어떻게 알 수 있겠는가. 왜냐하면 그러한 존재에 대해서 나는 어떠
한 경험도 할 수 없기 때문이다. 따라서 우리에 대해서가 아니고 자
기 자신에 대해서만 존재하는 신은 나 또는 그로서는 알 수 없는 것이
다.[51] 그리하여 메를로-퐁티에게, 하나님은 오직 인간 실존의 존재 방
식으로만 발견되는 것이다. 말하자면, 하나님은 '세계-에로-존재'하
는 '인간이 체험하는 삶의 일부'로 존재하는 것이다.
　　근대 합리주의식대로 신을 무한한 지성으로 표상하는 접근 방법
을 취한다면, 메를로-퐁티의 논리대로 그러한 존재는 없다는 결론이
나올 수 있을지도 모른다. 그러나 인간의 유한한 사고와 경험을 합리
적으로 투영시켜 신을 무한한 사고와 경험을 가진 지성으로 파악하
는 이러한 표상 방식을 우리가 버린다면, 혹시나 그때서야 진정으로
우리는 신의 실재성을 긍정할 수 있는 길을 마련할 수 있을지 모르고
죽은 문자로만 남아 있는 이러한 신의 개념을 살아 있는 신으로 바꾸
어 놓을 수 있을지 모른다. 바꾸어 표현하면, 우리는 그러한 신을 버

50　『지각의 현상학』, 89-90쪽.
51　『지각의 현상학』, 610쪽.

릴 때 우리 자신에 대해서뿐만 아니라 자기 자신에 대해서도 존재하는 신을 만난다.

잘 아는 바와 같이, 성경에 기록되어 있는 신은 인간의 유한한 지성이 많은 경험을 겪으면서 주조해 낸 신이 아니다. 그것은 단적으로 말해 우상 신이다. 신은 한계 없는 인간 존재가 아니다. 신이 죽은 문자나 개념이 아니라 살아 있는 신으로서 우리에게 우리 자신에 대해서도 존재하는 신이려면, 우리의 지성이나 체험으로부터 그가 스스로 존재하는 신이라고 드러나는 것이 아니라 스스로 존재하는 신 (I am who I am)이 스스로 존재하는 대로 존재한다는 것을 우리에게 계시할 때이다.[52] 살아 있는 신에 대한 긍정은 우리 측이 아니라 스스로 존재하는 신 측에서 주어진다. 이 점을 믿고 수락할 수 있었을 때 메를로-퐁티는 인간과 세계 사이의 유대를 현상학적으로 기술하면서 초월적 신에 대한 긍정으로 이끌릴 수 있었을 것이다. 인간과 세계 사이의 상호 결속과 유대를 기술하는 메를로-퐁티의 현상학적 실증주의가 인간과 신에 대한 관계를 실증하는 방법으로까지 발전하지 못한 것은 그가 신을 아는 가장 기초적인 원리에 둔감했기 때문이다. 이 원리를 붙잡을 때 메를로-퐁티의 현상학적 실증주의는 신의 존재를 하나의 현상학적 명증성으로 실현할 수 있는 새 옷을 입을 수 있을 것이다.*

---

52 "모세가 하나님께 아뢰었다. 제가 이스라엘 자손에게 가서 '너희 조상의 하나님께서 나를 너희에게 보내셨다' 하고 말하면, 그들이 저에게 '그의 이름이 무엇이냐?' 하고 물을 터인데, 제가 그들에게 무엇이라고 대답해야 합니까? 하나님이 모세에게 대답하셨다. '나는 곧 나다[나는 스스로 있는 자다]. 너는 이스라엘 자손에게 이르기를, '나'라고 하는 분이 너를 그들에게 보냈다고 하여라.'"(출 3:13-14)

* 이 글의 출전은 다음과 같다. 「메를로-퐁티와 신」, 『철학연구』 88집(2003), 대한철학회, 97-121쪽.

제II부　실천 철학

제5장

살의 윤리

1. 문제 제기

     전통 윤리학은 도덕적 행위의 주체를 개인이라고 믿었고 이 주체를 주객의 이분법적 구도에서 바라본다. 도덕 이론에 대한 전통적 접근은 개인을 합리적 존재 또는 이기적 동물 등과 같은 인간 본성론에 기초해서 수행한다. 도덕적 행위자의 도덕적 선택과 가치 결정은 개인의 관점에서 이루어진다. 도덕의 보편성 또는 객관성은 칸트처럼 개인의 내면적 선의지와 같은 것에서 추구된다. 절대 명법과 같은 보편적 도덕적 의무도 개인에게 초점이 맞추어져 있다. 전통 윤리학은 개인 윤리학으로서 개인이 지켜야 하는 가치·의무 체계를 수립하는 것이다. 이러한 도덕 체계의 정초는 경험적 관찰과 조사, 합리적 반성과 직관, 선험적 방법 등의 절차를 통해서 시도되었다. 또한 윤리학자가 어떤 존재론 또는 형이상학을 취하는가에 따라서 윤리학의 체계도 달라진다. 전통 윤리학에서 존재론은 윤리학과 불가분리의 관계를 맺고 있다. 다시 말해서 전통 윤리학은 도덕을 형이상학적으로 정초하는 기획에 사로 잡혀 있다.

이러한 개인 중심, 형이상학 중심의 전통 윤리학은 도덕의 형이상학적 정초 불가능성으로 끝나는 영미 계통의 메타 윤리학 시대를 거치면서 이제는 도리어 아리스토텔레스적 전통의 덕 윤리학으로 복위되는 듯한 양상을 보이고 있다. 철학의 오랜 진리가 종말을 고하는 탈근대 시대라면 윤리학도 예외일 수 없을 것이라는 유추가 성립한다. 대문자로 표기되곤 했던 진리의 종말을 넘어서서, 이제는 미국의 저명한 원로 철학자 아서 단토(Arthur Danto)처럼 예술의 종말이 선언되고 있는 실정이라면, 윤리학인들 사정은 그다지 다를 것 같지 않다. 차이성과 다양성과 복수성의 가치를 기치로 내세우는 탈근대의 다원주의적·다문화주의적 정신적 풍토에서 전통 윤리학에서 말하는 보편적·객관적 도덕성과 가치 체계를 발견하고 수립하는 것은 실현 불가능한 거대 담론의 범례로 기각될 것이다.

탈근대 시대에 윤리학의 근거나 원리를 형이상학적으로 정초하려는 기획이 있는가? 이 시대에 개인적으로 강제되는 도덕성을 제공하는 도덕 철학이나 윤리 이론을 세우려는 철학자가 있는가? 도덕성은 대화요, 합의요, 동의요, 일치라는 주장이 대세로 되어 가는 지금, 절대적 윤리성을 고수할 수 있는 길이 있는가? 전통적 의미의 절대적 윤리설도 상대적 윤리설도 윤리 이론으로서는 이미 설득력을 상실했다고 보는 것이 정직한 자세일 수는 없는가? 그것은 도덕성으로라기보다는 도덕성에 관한 담론의 일부로서 처리되고 있는 것은 아닌가? 실제로 도덕의 가능 조건이나 토대를 찾는 것을 우습게 여기는 회의주의적 정신이 우세를 점해 가고 있는 것은 회의할 수 없는 분명한 추세나 동향이 아닌가?

게다가 전통 윤리학이 처해 있었던 사회적 역사적 맥락과 매우 다르게, 현대 사회는 시대적으로 환경 윤리와 생명 윤리를 생물종 다양성 보전과 지구 존속의 과제 차원에서 새로운 현안으로 당면하고 있다. 환경 윤리 현상과 생명 윤리 현상은 전통적인 근대의 개인 윤리학의 차원에서 접근되기보다는 새로운 패러다임이 요구되는 도덕적 상황으로 평가하는 것이 유력한 소견이지 싶다. 쿤이 말하는 정상 과학과 비정상 과학 사이의 지각 변동이 요구되는 시점이라고도 관측된다. 다시 말해서, 문제가 되는 도덕적 상황에 적합할 수 있는 참신한 패러다임의 개발이 시급한 과제가 아닌가 싶다. 조금 더 구체적으로 말해서, 동물과 인간의 연속성과 불연속성의 문제, 자연과 동물과 인간과 문화 사이의 관계 문제[1]에 관한 새로운 성찰이 필요하지 않겠는가 하는 물음이다.

이러한 윤리학의 현대적 문제 상황에서 주객의 이분법을 전제하지 않고 개인을 이해할 수 있는 길이 있다면? 전통 윤리학의 접근 방법 —윤리적 상대주의이든 절대적 상대주의이든, 의무론적 윤리 이

---

1 자연, 동물, 인간, 문화에 대한 메를로-퐁티의 글에 대해서는 다음을 참조. Merleau-Ponty, *Résumés de cours Collège de France 1952-1960* (Paris: Gallimard, 1968); *In Praise of Philosophy and Other Essays*, translated by John Wild, James Edie and John O'Neill (Evanston: Northwestern University Press, 1970); *La nature: notes, cours du Collège de France* (Paris: Seuil, 1995); *Nature: Course Notes from the Collège de France*, translated by Robert Vallier (Evanston: Northwestern University Press, 2003).

론이든— 과는 다르게, 도덕적 행위자를 해석할 수 있다면? 개인의 도덕적 행동과 현상을 이성이나 경험으로 접근하지 않을 수 있는 길이 있다면? 전통 윤리학은 개인을 육화된 주체로, 이성과 경험을 육화된 살로 접근하지 않았다. 칸트가 시도한 도덕성의 근거에 대한 형이상학적 정초마저도 개인은 순수 이성이었을 뿐이다. 과연 윤리를 위한 근거 또는 형이상학적 근거는 없을 것인가?

메를로-퐁티는 다음과 같은 단서를 제공한다.

> 우리는 도덕을 찾아내려면 부도덕한 경험을 당하면서 겪는 갈등을 거쳐야만 한다. 시몬 드 보부아르의 소설『초대받은 여인L'Invitée』이 보여 주는 것처럼, 이것은 각자가 타인의 눈에 비추어 자신을 정당화할 수 있는 행동 규칙이란 것이 각자에게 있는 것인지를, 이와는 반대로 각자는 서로의 입장 때문에 용서될 수 없는 자가 아니라고 하는 것인지를, 그리고 이러한 상황에서 도덕적 원리들은 우리를 문제에서 구원하고 해결해 주기는커녕 오히려 문제를 확인하는 방식도 해소하는 방식도 아닌 것은 아닌지를 알아 가는 문제이다.[2]

그러므로 다음과 같은 결론이 나온다.

---

2 메를로-퐁티, 『의미와 무의미』, 권혁면 옮김(서울: 서광사, 1985), 10-11쪽; Merleau-Ponty, *Sens et non-sens* (Paris: Nagel, 1948), p. 9; *Sense and Non-Sense*, translated by Herbert L. Dreyfus and Patricia Allen Dreyfus (Evanston: Northwestern University Press, 1964), p. 4. 원문 번역은 역자의 역본을 존중하되, 역본대로가 아닌 경우는 필요에 따라 원문 대조 후에 부분적으로 수정한 것임을 밝힌다.

[도덕이] 절대적 근거에 의존하는 것은 그것이 무용한 것이 아닐 때에 도 그것이 정초해야 하는 바로 그것을 파괴해 버린다.[3] 도덕적 의식 은 절대자와 만나면 소멸한다. 왜냐하면 그것은 관습적 또는 휴지적 의식의 비활성적 세계를 넘어서, 그 자체가 나와 나 자신, 그리고 나 와 타인 사이의 살아 있는 관계이기 때문이다.[4] 따라서 도덕의 경우, 미리 자신이 어디로 향해 나아가고 있는지를 확신할 수 있기를 원하 는 사람이나 매 순간 정의롭고 그 자체로 절대적이기를 원하는 사람 에게는 아무런 해결책도 주어지지 않는다.[5]

이것은 메를로-퐁티가 도덕이나 가치의 기초를 절대적인 것 또 는 객관적인 것에 두고자 하는 윤리적 전통에 대한 현상학적 가치 평 가의 일례라고 볼 수 있다. 물론 이러한 평가는 실존적 현상학의 관 점에서 주어진 것이다. 따라서 메를로-퐁티는 도덕적 의식과 행동에 대해 다른 접근 방법을 취해야만 한다. 메를로-퐁티에 의하면, 도덕 또는 가치는 "타인 앞에서 그리고 주어진 앎과 행동이라는 상황 속에 서 세계와 접촉하는 증거 혹은 평가의 결과 이외 다른 것으로 존재할 수 없다."[6] "우리가 의지할 수 있는 것은 행이든 불행이든 이기심이든 관용이든 그 속에서 그렇게 타인들과 관계를 맺어 주는 자발적인 운 동 밖에 없다."[7] 이 자발적인 운동은 "진행 중인 체험"[8]으로 이해될 수

3 『의미와 무의미』. 36쪽. 원문 167쪽, 영문 95쪽.
4 『의미와 무의미』. 137쪽. 원문 167쪽, 영문 95쪽.
5 『의미와 무의미』. 11쪽. 원문 9쪽, 영문 4쪽.
6 『의미와 무의미』. 137쪽. 원문 167쪽, 영문 95쪽.

있고 후기에 와서 삶의 근본 특성으로서 "자발성"으로 심화되고 따라서 도덕의 기초는 체험이나 삶 이외에 둘 수 없다.

이러한 맥락에서 도덕적 의식이나 행동에 대한 현상학적 접근도 지각에 대한 현상학적 연구의 일부를 구성한다. 바꾸어 말하면 지각에 대한 현상학적 연구가 도덕 현상학으로 발전하거나 심화된다는 뜻이다. 주지하듯, 메를로-퐁티의 철학 체계에서 지각에 대한 연구, 즉 『지각의 현상학』은 후기에 와서 지각적 체험을 삶로 심화하였고 따라서 도덕의 기초는 삶에서 찾아질 것이라고 예상할 수 있다. 메를로-퐁티는 지각에 대한 연구를 끝내고 후속 연구를 구상하는 가운데 자신의 과거 연구 및 미래 연구에 대해서 다음과 같이 피력하고 있다.

> 지각에 대한 연구는 우리에게 "나쁜 애매성", 즉 유한성과 보편성의 혼합, 내부성과 외부성의 혼합을 가르쳐 줄 수 있었다. 그렇지만 표현의 현상에 "좋은 애매성"이 있다. 즉 우리가 분리된 요소들을 관찰할 때 불가능하게 보이던 것을 성취하는 자발성, 말하자면 복수의 모나드들, 그리고 과거와 현재, 자연과 문화를 하나의 전체로 결합하는 자발성이 있다. 이 경이를 확립하는 것이 형이상학 자체일 것이고 이와 동시에 윤리학의 원리를 줄 것이다.[9]

---

7 『의미와 무의미』, 11쪽. 원문 9쪽, 영문 4쪽.
8 『의미와 무의미』, 137쪽. 원문 167쪽, 영문 95쪽.
9 Merleau-Ponty, *The Primacy of Perception and Other Essays on Phenomenological Psychology, the Philosophy of Art, History and Politics*, translated by James M. Edie (Evanston: Northwestern University Press, 1964), p. 11.

2. 지각에서 살로

      살의 윤리학에 대한 탐구를 착수할 때 제일 먼저 우리가 주의 해야 할 것은 메를로-퐁티가 말하는 지각의 개념이 우리가 일반적으로 의미하거나 이해하는 것과는 매우 다르다는 점이다.[10] 메를로-퐁티가 말하는 지각은 주관과 객관, 신체와 의식, 내부와 외부의 구분이 없어지는 선반성적·선객관적 영역에서 이루어지는 선술어적 지향적 초월 운동을 말한다. 이러한 지각적 행위의 근본 특성은 감각적 사물과의 만남에서 끊임없이 열림과 닫힘, 긍정성과 부정성, 능동성과 수동성, 현실성과 가능성, 한정성과 무한정성, 전체성과 부분성, 결정성과 미결정성, 완전성과 미완성, 개체성과 일반성, 상대성과 절대성, 애매성과 확실성, 파지성(retention)과 예지성(protention), 동시성과 순차성, 동일성과 차이성, 가시성과 비가시성 사이를 오고 가는 가역성을 생명으로 삼는다.

      이 가역성은 이 쌍들이 서로 얽혀 있고 서로 편입하며 서로 분리할 수 없고 서로 소속해 있는 관계를 함의한다. 신체가 사물과 만날 때, 눈에 보이는 것과 눈으로 보는 자는 분리될 수 없다. 기이하게도, 보이는 것과 보는 자 사이에는 이상한 유착[11] 또는 예정된 조화[12] 또

---

10 이하에서 전개되는 이 소절의 논의 일부는 나의 다음 논문 내용 중 일부를 부분적으로 재활용한 것이다. 류의근, 「살과 타자의 만남」, 『철학연구』 105집(2008.2), 대한철학회.

11 메를로-퐁티, 『보이는 것과 보이지 않는 것』, 남수인·최의영 옮김(서울: 동문선, 2004), 199쪽. 원문 183쪽, 영문 139쪽.

12 『보이는 것과 보이지 않는 것』, 191쪽. 원문 175쪽, 영문 133쪽.

는 밀접한 교제[13]가 존재한다. 우리의 시선은 사물을 알기도 전에 마치 알고 있었던 듯 눈에 보이는 사물을 감싸고 촉지한다. 동시에 그리고 역으로, 사물은 보는 자에게 제공되는 것으로 그치고 마는 사물만은 아니어서 자신이 원하는 것을 보는 자에게 강요하듯 청원한다. 다시 말해서, "보이는 것은 시선의 끄트머리에 걸려 있으면서도 나의 시각의 상관자 이상이게 하는"[14] 어떤 힘을 가지고 있다. 요컨대, 보이는 것은 나의 시선에 즉자적으로 오롯이 제공되는 존재가 아니라 시선이 자기 실존의 연속인 것으로 만드는 마력(talisman)을 가지고 있는 감각하는 감각적인 것, 즉 "대자적 감각적인 것"(sensible pour soi)[15]이다. 이렇게 해서, 보이는 것은 자기가 바라는 것을 보는 자에게 이루어 낸다.

그러나 동시에 그리고 역으로, 보이는 것이 이렇게 자기의 베일을 벗는 것을 이루기 위해서 나의 시선은 보이는 것 속에 들어가 있거나 편입되어 있어야 한다. 따라서 우리는 신체가 사물을 지각할 때 우리를 지휘하는 것이 시선인지 사물인지를 말할 수 없다.[16] 왜냐하면, "보는 자가 보이는 것을 소유할 수 있는 것은 단지 자신이 보이는것에 의해 소유될 때에만, 자신이 보이는 것에 속할 때에만" 그렇게 되기 때문이고, "원칙적으로는 시선과 사물의 연접에 의해 지시된 바에 따

---

13 『보이는 것과 보이지 않는 것』, 188쪽. 원문과 대조하여 자구를 부분 수정했다. 원문 173쪽, 영문 130쪽.

14 『보이는 것과 보이지 않는 것』, 188쪽. 원문 173쪽, 영문 131쪽.

15 『보이는 것과 보이지 않는 것』, 194쪽. 이렇게 되면 사르트르의 즉자와 대자의 엄격한 이분법은 성립될 수 없다. 메를로-퐁티의 존재론적 사유가 사르트르의 존재론과 갈라서는 지점이 어딘가를 여기서 알 수 있다.

16 『보이는 것과 보이지 않는 것』, 191쪽. 원문 175쪽, 영문 133쪽.

라 자신이 그러한 보이는 것들 가운데 하나일 때에만 그러면서 그 보이는 것들을 기이한 역전에 의해 볼 수 있고 또 자신이 그 보이는 것들 가운데 하나라는 것을 볼 수 있을 때에만"[17] 그렇게 되기 때문이다. 이와 같이 보는 자와 보이는 것, 이 양자 사이에는 상호 삽입과 얽힘과 잠식이 있고, 마침내 보는 자(voyant)는 보이는 것(visible)으로 전치된다.

가역성에서 보면, 보는 자와 보이는 것은 서로 역전하여 누가 보는지 누가 보이는지 알 수 없게 되므로, 신체와 세계의 통일성이 성립한다. 따라서 전통적인 주관과 객관의 분리는 유지될 수 없다. "몸은 감각되는 것 전체를 자신에게 합체하고 합체하는 바로 그 동작에서 자기 자신을 감각되는 것 자체에 합체시킨다."[18] 그렇게 함으로써 몸은 사물의 색깔과 표면의 총체성으로 변환되고 시각이 사물의 모든 것을 감각하는 데 필요한 수단을 제공한다. 즉 몸은 세계의 몸이고 세계는 몸의 세계이다. 나의 몸은 자신의 모든 부분들이 전체적이면서도 부분인 그런 방식으로 세계에 연결된 몸이다. 어떤 보이는 것은 이 보이는 것을 자신의 일부로 하는 보이는 것 전체를 반조(se retourner sur)할 때 또는 그 양자 사이에서 상호 교류를 통해 가시성 자체가 형성될 때, 보이게 된다.[19] 바로 이와 같은 가시성이 "근원적 현전 가능성, 즉 살이다."[20]

---

17 『보이는 것과 보이지 않는 것』, 193쪽. 원문과 대조하여 부분적으로 수정했다. 원문 177-178쪽. 영문 134-135쪽.
18 『보이는 것과 보이지 않는 것』, 198쪽. 원문 182쪽. 영문 138쪽.
19 『보이는 것과 보이지 않는 것』, 199쪽. 원문 183쪽. 영문 139쪽.
20 『보이는 것과 보이지 않는 것』, 193쪽 각주 참조. 원문 178쪽. 영문 135쪽.

가역성은 감각하는 자와 감각되는 자가 하나의 동일한 운동에서 서로를 동시적으로 품는바, 대립하는 자가 수렴하는 경험을 표시한다.[21] 각자는 자신을 역전하고 서로를 엮고 대립자로 얽히면서 타자가 된다. 보는 자는 자신을 보고 그렇게 해서 보이는 것이 되고, 그와 동시에 보는 자는 자신을 역전하는 순간 보이는 것이 자신을 역전함으로써 보는 자로 된다. 이러한 가역성을 통해서 우리는 감각적인 것이 감각하는 자(ce qui sent)이면서 동시에 사람들이 감각하는 것(ce qu'on sent)이라는 이중적 의미로 읽혀져야 한다는 사실을 이해할 수 있다.[22] 이러한 의미에서 감각적인 것은 스스로를 드러내고 동시에 스스로를 숨긴다. 이러한 은폐와 비은폐의 교차와 얽힘 속에서 가시성, 즉 존재로의 열림이 가능하다. 이러한 교차 구조는 감각적인 것에 항상 준비 또는 구비되어 있다는 의미에서 일반적인 것이고 다시 말해서 "감각적인 것 자체의 일반성"[23]이라고 말할 수 있다. 이러한 가시성, 일반성이 바로 살이다.

그렇다고 살이 보이는 것과 전혀 상관없는 절대적으로 보이지 않는 것으로 생각되어서는 안 된다. 그것은 이 세계의 보이지 않는 것이고, 이 세계에 정주하고 있는 보이지 않는 것이며, 이 세계를 떠받쳐 주는 보이지 않는 것이고, 이 세계를 보이는 것으로 만드는 보이지 않는 것이며, 이 세계의 내적인 고유한 가능성이다.[24] 살은 한 편

---

21 가역성의 원리가 가장 훌륭하게 적용되는 사례가 악수이다. 메를로-퐁티, 『지각의 현상학』, 류의근 옮김(서울: 문학과 지성사, 2002), 158-159쪽 참조; 『보이는 것과 보이지 않는 것』, 25, 190-192, 202-205쪽. 원문 24, 175-177, 185-188쪽, 영문 9, 133-134, 140-143쪽.
22 『보이는 것과 보이지 않는 것』, 374쪽. 원문 313쪽, 영문 259쪽.
23 『보이는 것과 보이지 않는 것』, 200쪽. 원문 183쪽, 영문 139쪽.

으로는 가역성을 통해서 자기 미분 또는 자기 분화하는 가시성이고, 다른 한 편으로는 "나라고 하는 이 감각적 존재와 내 안에서 감각되는 나머지 모든 것과의 분리 불가능성"이므로, 언제 어디서나 "세계의 살"[25] "사물의 살"[26] "존재의 살"일 수밖에 없다. "세계는 살이기 때문에"[27] 살은 존재를 이루는 구성 요소가 된다. 왜냐하면 살은 존재의 편린이 조금이라도 있는 곳이라면 어디든지 간에 거기에 존재 방식을 입히는 일종의 육화된 원리라는 의미의 일반적인 것을 가리키는 말이기 때문이다.[28] 즉 살은 만물의 아르케이다. 고대 그리스 철학때부터 추구했던 존재의 본성 내지 원리이다.

이러한 살은 존재의 궁극적 범주이고 일반적 원리이다. 이러한 "살은 물질도 정신도 실체도 아니다."[29] 그것이 물질이 아닌 이유는 존재를 만들기 위해 서로 보태거나 이어 가는 존재의 미립자일 수 없고 또 눈에 보이는 사물이 물질적 사실 또는 물질적 사실의 합도 더 이상은 아니기 때문이다. 그것이 정신이 아닌 이유는 눈에 보이는 사물이 역시 정신적 사실 또는 정신적 사실의 합이 아니고 마음에 대한 표상도 아니기 때문이다. 아주 오랜 옛날부터 정신, 즉 보는 자는 자신에게 본질적인 분리 불가능성 다시 말해서 보이는 것과 결속되어 있다는 의미의 분리 불가능성을 인정하지 않아 왔던 터이다. 그리고

24 「보이는 것과 보이지 않는 것」, 216쪽. 원문 198쪽, 영문 151쪽.
25 「보이는 것과 보이지 않는 것」, 368, 390쪽. 원문 309, 324쪽, 영문 255, 271쪽.
26 「보이는 것과 보이지 않는 것」, 129쪽. 원문 121쪽, 영문 88쪽.
27 「보이는 것과 보이지 않는 것」, 198쪽. 원문 182쪽, 영문 138쪽.
28 「보이는 것과 보이지 않는 것」, 200쪽. 원문 184쪽, 영문 139쪽.
29 「보이는 것과 보이지 않는 것」, 200쪽. 원문 184쪽, 영문 139쪽.

그것이 실체가 아닌 이유는 두 개의 실체가 통합한 것 또는 복합된 것일 수 없고 속성의 집합도 다발도 아니며 자동차, 개 등과 같은 개별화된 속성을 가진 구체적 특수자도 아니기 때문이다. 요약하면, 살은 물질로도 정신으로도 실체로도 파악할 수 없고 붙잡을 수 없는 "새로운 존재 유형"[30]이고 "주체와 객체를 형성시키는 환경"[31]이다.

우리는 살의 근본적인 특성을 살펴보는 가운데 가역성 속에 교차성(chiasm/crisscrossing/intertwining)이 포함되어 있음을 알 수 있었다. 메를로-퐁티는 왼손이 오른손을 잡을 때 일어나는 교차적 살의 경험을 언급하곤 한다.[32] 내가 왼손으로 오른손을 잡을 때 갑자기 내가 건드리고 있는 왼손을 오른손으로 잡으려고 해보자. 그러면 무슨 일이 일어나는가? 신비하게도 나는 바로 그 순간에 나의 왼손을 나의 내부로부터 느낀다. 이것은 감각적인 대자의 현상이라고 하겠다. 그렇지만 건드리고 있는 왼손에 갑자기 오른손이 닿자마자 나의 지각적 의식과 반성은 오른손에 의해서 제공된 가역적 세계로 넘어가 버리고 만다. 즉 놀랍게도 나는 왼손이 대자 존재였다가 불활성 물체처럼 전환되는 경험을 그 순간에 겪는다. 이와 같은 일은 왼손에 대해서 그렇듯 오른손에 대해서도 마찬가지이다. 다시 말해서, 내가 오른손을 왼손으로 갑자기 잡으려고 함으로써 내부에 잠재된 가역적 촉각적 체계가 곧바로 활성화되는 일이 일어난다.

나의 두 손이 보여 주는 이러한 교차적 경험은 무엇을 말하는가?

---

30 『보이는 것과 보이지 않는 것』, 212쪽. 원문 195쪽. 영문 148쪽.
31 『보이는 것과 보이지 않는 것』, 211쪽. 원문 193쪽. 영문 147쪽.
32 『보이는 것과 보이지 않는 것』, 193쪽 각주 참조. 원문 178쪽. 영문 135쪽.

그것은 이러한 경험을 통해서 우리의 지각이 일어나는 육화가 있다는 것, 이러한 육화의 지각 능력을 통해서 외부 대상, 즉 왼손 혹은 오른손과 같은 대상을 만난다는 것, 그리고 육화의 장과 외부 세계가 상호 접점(interface)을 만들어 낸다는 것을 알게 된다는 점이다. 두 손은 각자 자신의 내밀한 살에 의해서 자신을 외부 대상으로서 해석되거나 만나질 수 있도록 자신의 신체에다 열어 준다. 물질도 정신도 실체도 아닌 우리의 살이 외부 세계와의 만남과 접촉을 가능하게 한다. 과학자의 과학적 인식도 인식 대상 이전의 이러한 인식 없이 불가능하다. 모든 "인식이 언제나 말해 주는, 인식 이전의 세계",[33] 즉 살의 세계가 있다. 이 점에서 살은 무상(無上)의 "궁극적 진리"[34]이다.

이와 같이 우리 각자의 손에 내재하는 고유한 선반성적 살의 직물 구조, 자율적이고 자발적인 선객관화된 육화된 내부 구조가 있다. 오른손이 왼손을 잡으려 할 때 나는 바로 그 순간에 왼손을 나의 내부로부터 느낀다고 했다. 그렇다면 동일한 방식과 논리로부터, 나의 신체가 너의 신체를 열어 주지 못할 이유도 없고 너의 신체가 나의 신체를 열어 주지 못할 이유도 없다고 말할 수 있겠다. "공조 작용(synergie)이 개개의 유기체 내부에서 가능하다면 여러 다른 유기체들 사이에서 존재하지 못할 이유가 있는가?"[35] "왜 나는 타인의 손을 만지고 있으면서 이 타인의 손에서 내가 나 자신의 손으로 만진 사물들에 들어맞는 동일한 능력을 만지지 못할 것인가?"[36] 그러므로 나의 손이나 나

---

33 『지각의 현상학』, 16쪽.
34 『보이는 것과 보이지 않는 것』, 222쪽. 원문 204쪽. 영문 155쪽.
35 『보이는 것과 보이지 않는 것』, 204쪽. 원문 187쪽. 영문 142쪽.

의 신체나, 너의 손이나 너의 신체는 각자 자기 자신의 살의 원리로부터 나오는 유사 내지 동일 능력을 소유하고 있다고 말하지 않을 수 없다. 이렇게 "상호신체성"(intercorporéité)[37]의 장이 열리고 타자는 상호신체성으로서 정립된다.

내가 나의 '신체-주체'에서 출발하는 것으로부터 타인의 신체와 존재를 이해할 수 있는 것은, 나의 신체가 언제나 그 흔적이 되는 살이 바로 그 두 신체에 동시에 거주하기 때문이고[38] 궁극적으로 '나는 할 수 있다'와 '타인은 존재한다'가 지금 여기서 동일 세계에 속하기 때문이며 나의 '신체-주체'가 타인의 예고장이기 때문이다.[39] 이렇게 우리는 우리 자신의 신체 안에서 가역성으로서의 살의 원리에 따라 타인을 발견한다.

이러한 논의로부터 가역성으로서의 살은 상호주체성, 즉 타자성으로서의 살로 풀이될 수 있다. 왜냐하면 살은 동일자 속에 타자가 현존하는 것을 의미하는 것과 다름없기 때문이다. 살은 타자의 흔적이고 타자가 주체 자신의 자기성에 새겨지는 것이다. 마침내 살은, 주체는 그 자체로서 타자라는 것을 뜻하게 된다. 타자성이란 무엇인가? 그것은 바로 그것이 없으면 육화된 주체가 주체일 수 없게 되어 버리는 것이다. 이러한 타자성이야말로 주체성을 상호주체성이게 하는 것이다. 나는 이미 나 자신으로서 타자인 것이다. 타인

---

36 『보이는 것과 보이지 않는 것』, 202쪽. 원문 185쪽. 영문 141쪽.

37 『보이는 것과 보이지 않는 것』, 202쪽. 원문 185쪽. 영문 141쪽.

38 『지각의 현상학』, 529쪽.

39 Merleau-Ponty, *Signes* (Paris: Gallimard, 1960), p. 221. 영문 175쪽.

은 나의 살의 구성적 차원이고 습곡이다. 타인은 살의 "근원적인 현전"(Urpräsenz)[40]이다. 타인은 "나의 쌍둥이", "나의 살의 살"[41]이다.

이러한 자아와 타아의 공현전(comprésence) 사건은 우리의 일상적 체험에서 흔히 일어나는 일이다. 우리가 일상에서 만나는 타인은 우리가 분노나 사랑으로 대할 때와 같은 그런 존재로 존재하지, 처음부터 정신이나 심리 현상으로 존재하는 존재가 아니다. 타자는 이미 거기에 존재하고 우리가 타인을 만나는 방식은 사고가 개입할 틈을 줄새도 없이 우리 쪽에서 반응해야 하는 얼굴, 몸짓, 말들로서 존재하는 타인을 만나는 것이다. 이때 우리 각자는 자신의 신체 속에 타자를 품고 있고, 아니, 품고 있는 자기 자신보다 더 확실하게 존재하는 존재로 만난다. 왜냐하면 우리는 타인이 한 말이 우리에게 미처 당도하기도 전에, 벌써 알아듣고 대꾸하는 경험을 한 적이 한두 번이 아니기 때문이다.[42] 이러한 순간에 우리는 타인의 존재가 우리 자신의 존재보다 더 확실하다고 인지한다. 아니 더 정확히 말해서 굳이 인지함이 없이도 그렇게 하고 또 그렇게 살고 있다. 우리가 타인에게 반응을 보이는 방식은 나 자신보다 더 확실한 존재가 타인이라는 사실을 증거한다.

---

40 *Signes*, p. 217. 영문 172쪽.
41 *Signes*, p. 22. 영문 15쪽. "나는 타자이다." 이것은 19세기 프랑스의 시인 랭보가 자기 친구 폴데메니에게 보내는 서신에서 표현한 유명한 경구이다. "나는 나일 때 나는 너이다." 이것은 유태계 독일인 파울 첼란(Paul Celan)의 시구로서 레비나스가 『존재와 다르게』 제4장 대속을 상징하는 고백으로서 인용한 문구이다. "뼈도 나의 뼈, 살도 나의 살." 이것은 아담이 자신의 신체의 일부로 창조된 이브를 보고 놀라서 고백한 말이다. 각자 개념적 체계상의 뉘앙스 차이는 있겠지만 나와 너의 분리될 수 없는 상호주체성을 가리키는 표현으로 이해할 수 있을 것이다.
42 *Signes*, p. 228. 영문 181쪽.

3. 살과 윤리

⎯⎯⎯⎯메를로-퐁티는 자신의 최후의 미완성 유고 저술『보이는 것과 보이지 않는 것』연구 노트에서 "존재론으로의 회귀의 필연성"[43]을 언급하면서 상호주체성의 문제를 다룰 것이라고 말한다. 물론 이 존재론은 살의 존재론으로서 주관-객관의 분리를 뿌리 뽑는 것을 겨냥한다. 살의 개념에 힘입어서 주체성을 상호주체성으로 밝혀 드러내는 작업이 살의 존재론이다. 살의 존재론에서 살의 육화성에 의거한 상호신체성을 통해서 "선험적 주관성은 상호주관성이다"[44]라는 진술을 확증한다. 상호주체성으로서의 살이 과연 우리 각자에게 타당한 가치와 도덕을 제공할 수 있을 것인가? 메를로-퐁티의 살의 원리는 형이상학의 역사가 종결되고 서양의 역사와 철학사에서 지배적 도덕 이념이었던 절대자, 도덕 법칙, 이성, 진보, 최대 다수의 최대 행복, 사회 계약 등이 대단원의 막을 내리고 있는 이 시점에서 도덕적 규범과 가치의 발견에 기여할 수 있을 것인가?

살의 원리가 상호신체성을 포함하고 상호신체성이 상호주체성에 이를 수 있다면, 대체 불가능한 개체성의 자기실현은 보편화 가능성의 원리에 부합할 수 있다. 왜냐하면 상호신체성이 다른 개인에게 귀속되어야 마땅한 가치감을 보장하기 때문이다. 인종, 종교, 계층, 연령, 지위, 성별이 달라도 육화된 주체성은 살의 원리에 의해서 다른 주체성과 동등한 존재로서 정립되기 때문이다. 이것이 도덕의 원리

---

43 『보이는 것과 보이지 않는 것』, 243쪽. 원문 219쪽. 영문 165쪽.
44 메를로-퐁티, 『현상학과 예술』, 오병남 옮김(서울: 서광사, 1987), 104-105쪽.

를 위한 토대로서 기능할 수 있다. 이것이 인간에게 강제되는 보편적 의무의 원리를 위한 기초로서 작용할 수 있다. 인간은 육화된 주체성으로서, 상호신체성으로서의 살에 의거해서 그 자체로서 보편적 존재가 된다. 물론 여기서 말하는 보편성은 전통적 형이상학 또는 토대주의의 방식으로 해석되는 근대적 의미의 보편성은 아니다. 이 보편성은 그런 방식과는 다르게 개념화되는 보편성이다. 즉 그것은 타인에 대한 우리의 체험이 근원을 알 수 없는 운동에 의해 우리를 던져 넣는 대화 속에 형성되는 그런 보편성이다.[45] 그것은 인간이 존재한다는 사실 자체에 의해서 긍정되는 또는 함축되는 보편성이고[46] 우리는 이러한 보편성을 메를로-퐁티의 용어를 변용해서 "추정적"(présomptif) 보편성, "횡단적"(transversal)[47] 보편성이라고 부를 수 있다. 이러한 의미에서 "우리의 삶은 본질적으로 보편적이다."[48]

우리가 타인을 도구로가 아니라 목적으로 정위할 수 있는 것은 순수 이성이나 물질적 존재나 감각적 욕구나 본능을 가진 자연적 존재에 의해서가 아니라 살의 상호주체성에 의해서이다. 그렇다고 앞서 본 대로, 우리는 감각적, 물리적, 신체적 존재이기를 그칠 필요도 없다. 왜냐하면 살의 육화성 내지 상호신체성 덕분으로 우리는 도덕성에서 감각적인 요소를 제할 필요가 없기 때문이다. 가시성과 감각성

---

45 『의미와 무의미』, 134쪽. Sens et non-sens, p. 163. Sense and Non-Sense, p. 93.

46 『의미와 무의미』, 104쪽. 원문 121쪽. 영문 70쪽.

47 『보이는 것과 보이지 않는 것』, 389쪽. 원문 324쪽. 영문 270쪽. 횡단성의 개념에 대한 자세한 설명과 논의에 대해서는 다음 책을 참조. 정화열, 『몸의 정치』, 박현모 옮김(서울: 민음사, 1999), 203-235쪽.

48 The Primacy of Perception and Other Essays on Phenomenological Psychology, the Philosophy of Art, History and Politics, p. 10.

은 모두 살의 원리적 요소들이고 살의 상호주체성은 생리학적, 감각적, 사회적, 경제적, 윤리적 차이를 여전히 내재적으로 소지하고 있기 때문이다. 사정이 이러하기에 자비와 정의의 전통 윤리나 덕 윤리학도 환경 윤리도 생명 윤리도 살의 육화의 원리에 의해서 보증될 수 있다. 주어진 여건 속에서 저마다 살아가는 개인이 직접 소유하고 있는 살의 수준과 차원을 그런 형태로 정위할 수 있기 때문이다.

그러나 살의 육화성이 도덕의 일반적 원리에 관하여 이롭게만 기여하는 것은 아니다. 이를테면, 저마다 도덕이 다르고 도덕적 지각의 차이가 다양하다면 좋은 방향으로만 윤리적으로 정위되라고 하는 법은 없다. 서로 다른 도덕적 지각 사이에서 이동할 수 있는 능력이 우리에게 있지만 그렇다고 살의 가역 구조가 우리의 희망대로 되라는 법은 없기 때문이다. 우리가 살의 원리에 의해서 세계와 접촉하면서 우리 자신의 실존을 긍정하고 타인을 확증하는 것은 말할 나위가 없지만 어떤 주체는 자신의 개인적 필요를 채워 주는 외적 관계만을 타인에 대한 의무로 지각할 수도 있다. 또 우리 각자는 어떤 주체성을, 중심을 잡지 못한 채로 다양한 본능적인 욕구의 주위를 맴돌면서 갈등하는 선택 상황을 오로지 이성으로만 통제하려는 경험으로 지각할 수 있다. 당연히 도덕적 행동은 주체성을 갈등하는 상황에 대한 탈신체화된 이성으로만 지각할 것이다. 물론 우리의 도덕적 행동은 가역적 살에 따라 달리 정해질 수 있다. 그러나 어떤 살이 어떤 가변적 채널을 통해 그 갈등 상황을 가치 있는 가역적 경험으로 변환할 수 있는가 하는 문제는 살의 원리가 대답할 수 없다. 살이 그러한 경험의 주체일 수 있다면 살이 어떻게 그러한 도덕성을 창조할 수 있는가를 밝혀야 한다.

바로 이 지점에 살의 능동성과 수동성 사이의 애매성이 놓여 있다. 이 애매성이 도덕을 무가치하게 만들어 버릴 수 있다. 이 애매성 때문에 우리는 살의 가역적 원리에 따르는 자신의 선택에 대해서 책임을 질 수도 있고 지지 않을 수도 있다.[49] 살의 윤리학의 과제는 살의 제도(institution) 문제라고 간주된다. 여기서 제도는 "경험이 경험 자신에게 영속적 차원을 부여하는 경험의 사건"[50]을 말하거니와, "일련의 다른 경험 전체가 이 경험의 사건과 관계를 맺게 되어 의미를 획득하게 되는 그런 사건"[51]을 의미한다. 이러한 의미에서 제도는 명사가 아니고 동사이다. 그 의미는 다시 말하면 경험을 새롭게 열어 주고 설립하고 개시하고 제정하고 창시하는 정도로 이해된다. 이러한 동사적 의미에서 제도를 다시 개념화하면, "일련의 다른 경험 전체가 저 경험의 사건과 관계를 맺게 되어 사고될 수 있는 연속물이나 역사를 형성하게 되는 그런 일"[52]을 말한다. 거듭 말하면, 제도는 "내 속에 의미를 다만 잔존과 잉여로서만이 아니라 후속물의 호소와 미래의 요구로서 배치하는 사건"[53]이다. 따라서 살의 제도화는 살의 목적과

---

49 살의 애매성의 윤리적 또는 정치적 위험성에 대해서는 다음 논문을 참조. Phillips E. Young, "The Ineradicable Danger of Ambiguity at Ch[i]asm's Edge", in *Merleau-Ponty's Later Works and Their Practical Implications: The Dehiscence of Responsibility*, edited by Duane H. Davis (Amherst, N.Y.: Humanity Books, 2001), pp. 101-137.

50 *Résumés de cours collège de france 1952-1960*, p. 61; *In Praise of Philosophy and Other Essays*, p. 108.

51 *Résumés de cours collège de france 1952-1960*, p. 61; *In Praise of Philosophy and Other Essays*, p. 108.

52 *Résumés de cours collège de france 1952-1960*, p. 61; *In Praise of Philosophy and Other Essays*, p. 108.

53 *Résumés de cours collège de france 1952-1960*, p. 61; *In Praise of Philosophy and Other*

이념의 문제를 함의한다. 이렇게 되면 역사의 목적론을 도입한 후설처럼 메를로-퐁티도 살의 목적론을 도입하는 셈이다.

살의 목적론이 무엇일 수 있는가에 대해서는 살이 어떤 윤리를 지향하는가 하는 문제로 바꿀 수 있을 것이다. 주체성이 상호주체성으로 확인되는 살은 긍정적 의미에서 좋은 살인 반면, 우리의 살은 항상 그 상태를 지속하는 것은 아니므로 상호주체성으로서의 살을 이상적으로 유지할 수 있는 제도는 어떤 제도인가 하는 문제가 제기된다. 좋은 애매성이 있듯 좋은 살이 있고, 나쁜 애매성이 있듯 나쁜 살이 있을 수 있다. 윤리적 관계와 도덕적 작인(agency)의 차원에서 살의 좋고 나쁨의 문제가 제기될 수 있는 것 같다. 이 살은 저 살보다 더 좋은가 더 나쁜가? 살은 어떤 가치를 규범으로 줄 수 있는가? 등등. 다르게 표현하면 살이 해방을 원할 수도 있다는 말이다. 그렇다면 살은 어떤 해방을 원하는가? 살이 원하는 해방이라는 것이 있는가? 과연 살이 해방될 수 있는가, 해방될 수 있다면 어떤 해방인가? 살이 해방력을 가질 수 있는가?

어떤 의미에서 살의 가역성 또는 교차성은 수동성에 의존한다. 건드리고 있는 왼손이 대자성에서 피촉체(被觸體; the touched)로 변환되는 것은 일종의 수동성의 지위나 대열에 놓이게 된다는 뜻이다. 순식간에 주체성이었던 왼손에 수동성이 가득 차는 일이 발생한다. 살이 상호주체성을 증거하는 것도 어떤 순간에 살이 타자에 의해 사로잡히거나 소유되는 수동성에 의해서 일어나는 일이다. 이렇게 보면,

Essays, p. 108.

살은 세계를 자기의 것으로 열어 주는 것이 아니라 세계에 의해 침탈되는 것으로 해석될 수 있다. 세계가 살을 가져가서 자기화하는 것이다.

그래서 메를로-퐁티의 살의 가역성에는 어떤 틈(hiatus)이 있고 이 틈 사이로 살의 운동이 언제나 전개된다. 살의 운동은 항상 과정 중에 있고 따라서 영구적 동일성, 영구적 일치, 영구적 의미는 없다. 그것들은 항상 닫혔다가 열렸다가 하면서 순환한다. 살은 항상 갈리고(diverge) 유목한다(nomadize). 살의 상호주체성도 완전한 동등한 일치, 닫힌 절대적 동일시가 아니라 정확하게 말하면 언제든지 이렇게 저렇게 될 수 있는 일치이다. 그 일치에는 거리가 숨겨져 있고 그런 의미에서 근접일 뿐이다. 다만 거리가 잠시 사라졌던 것뿐이다.

이러한 틈과 사이가 상호주체성 속에 내재하고 있기 때문에 살의 견지에서 우리는 무엇에 대해서, 누구에 대해서 도덕적 책임을 질 수 있는가 하는 문제는 좋게 말하면 대답이 열려 있는 문제이지만 나쁘게 말하면 아무래도 좋다는 식이 되어 버린다. 상호주체성으로서의 살은 도덕적 행위자에게 책임의 문제를 물을 수도 있지만 묻지 않을 수도 있는 근거를 제공하는 딜레마를 가지고 있다. 그것은 그 내적 본질 구조에서 폭력과 살인으로 가는 길도 허용하고 환대와 관용으로 가는 길도 허락한다. 따라서 살의 가역적 원리에 따라 윤리의 기초를 모색하는 기획은 불가능한 일로 보인다. 이러한 귀결 때문에 메를로-퐁티의 살의 윤리학은 탈근대적 성격을 띠고 있는 측면도 있다.

이러한 살의 역설적 귀결을 피하고 윤리적 사회적 정치적 법적 등의 결정 과정에서 나와 너의 상호주체성에 대한 책임을 질 수 있기 위해 살은 자기 자신에 대해 어떤 설명과 해명을 더 해야 하는 곤궁한 처지에 있는 셈이다. 물론 이것은 살의 제도화와 해방의 문제 일부를 구성한다. 살의 제도와 해방의 문제는 살이 육화된 주체성에게 상호주체성을 책임지는 "어떤 세계의 능력"[54]을 줄 수 있는가 하는 문제이다. 그것은 살이 수동적, 즉 순응적인 것만은 아니고 상호주체성을 유지하고 존속할 수 있는 적극적인 신체 능력을 주는가 하는 문제이다. 과연 살에게 그런 변형 능력이 있는가? 살에게 그런 공급 능력이 있는가? 살이 그런 공급원인 것은 어째서인가? 살이 규범적 가치를 제공할 수 있는가? 그렇다면 우리는 살이 공급하는 어떠한 종류의 규범적 가치를 수용해야 하는가?

살은 어떻게 도덕적 행위자에게 상호주체성에 대한 책임을 질 수 있게끔 구조화될 수 있는가라는 실천적 문제로 집약되는 이러한 여러 가지 물음들은 육화된 도덕적 실천 또는 사회적 실천을 탐구하는 과제로 인도될 수밖에 없다. 예를 들어, 살이 원초적이고 본연적이고 발원적이며 궁극적인 것이라고 하더라도 사회적 구체제에 의해 조건지어진 것이라면 살은 일단 이차적인 것이 되고 따라서 살의 사회적, 역사적 구성 과정에 대한 해명 없이는 살의 해방 능력은 드러나지 않을 것이기 때문이다. 그 점을 십분 인정한다고 하더라도 구체제의 억압이 심대하면 할수록 살의 해방력과 저항력[55]은 그 가능성이 현저

54 『지각의 현상학』, 177쪽.
55 신체의 해방 능력과 저항 능력에 관한 논의에 대해서는 다음을 참조. David Couzens Hoy, "Critical Resistance: Foucault and Bourdieu", in Gail Weiss and Honi Fern Haber, eds., *Perspectives on Embodiment: The Intersections of Nature and Culture* (New York & London: Routledge, 1999), pp. 3-21.

제II부 실천 철학

하게 낮아질 것이다. 물론 그 반대의 일이 도덕적으로 또는 역사적으로 일어날 수 있다. 그러나 아무도 감히 살을 형성하는 사회적 지층이 없다고 말할 수 없다. 대학교수의 지성과 도덕성을 유순하게 길들이는 지식·자본·정치권력이 분명히 있으며 여자의 몸을 여성화하는 남성 중심의 사회적 제도가 강력히 존재하고 네티즌의 남다른 손놀림과 신체 습관을 제도화하는 인터넷 사이버 공간이 도처에 존재한다.

그러므로 살을 구성하는 깊은 침전이 없다는 주장은 유지될 수 없다. 그것은 살의 철학자 메를로-퐁티의 철학과 정신에도 어긋나는 것이다. 살에 대한 그러한 신념은 형이상학의 폭력처럼, 현상학의 폭력처럼 살의 폭력일 것이다. 차라리 우리는 살의 윤리학을 위해서 살의 사회학, 살의 역사학, 살의 계보학을 요청하는 것이 살에 충실한 정직한 자세일 것이다. 서두에서 인용된 것처럼, "좋은 애매성", "자발성"의 "경이"를 확립하는 것이 윤리학의 원리를 줄 것이라는 메를로-퐁티의 기대는 바로 이러한 비판적 시각의 문제의식에서 주해될 수 있는 것이 아닌가 싶다. 어쨌든, 여기서 던진 물음에 대한 답을 주지 못하고 살의 윤리학이 다루어야 하는 문제들을 구체적으로 적시하고 비판적으로 제시했다는 사실로 그치는 것이 또한 이 글의 한계라고 말해 두어야 한다.

4. 나가는 말

　　　프랑스 실존주의 철학자들 중에서 육화에서 새로운 윤리학에 대한 필요를 추구한 철학자로는 장 폴 사르트르, 시몬 드 보부아르[56] 등을 위시해서 여러 인물들이 있지만, 메를로-퐁티가 단연 독보적인 존재일 것이다. 도덕성, 도덕적 경험, 도덕적 행동, 도덕적 태도와 판단에 대해서 육화, 상호신체성, 상호주체성의 견지에서 새롭게 이해하는 메를로-퐁티의 시도는 체계적인 윤리 이론을 제시하지는 못했지만, 아리스토텔레스류의 덕 윤리학이나 칸트류의 의무론적 도덕 이론 등과 같은 이전의 모든 시도와 달리, 육화된 주체성을 윤리학의 원리를 추구하는 아르키메데스적 일점으로 삼는다는 점에서 매우 창의적이며 매력적이라고 말할 수 있다.

　　메를로-퐁티의 상호주체성으로서의 살의 원리는 칸트의 정언 명령, 공자의 군자의 도, 예수의 황금률을 새롭게 이해하고 정초할 수 있는 가능성을 열어 준다. 그 도덕률은 타인을 자기로 여기지 않고는 성립될 수도 실천될 수도 없는 도덕적 원리를 내포하고 있기 때문이다. 도덕의 이념과 정신이 기본적으로 타자를 위한 이타성이라고 한다면, 이것은 처음부터 상호주체성에서 시작하지 않으면 불가능한 일이다. 살의 상호주체성은 지금까지의 개인 주체 중심의 윤리학에서 벗어나 상호 주체 중심의 윤리학으로 이행해 가야 한다는 것을 가르쳐 주었다. 윤리학의 축을 자아 중심에서 타자 중심으로 이동시켜

56　보부아르의 육화의 윤리학에 대해서는 다음을 참조. Gail Weiss, *Body Images: Embodiment as Intercorporeality* (New York and London: Routledge, 1999), pp. 146-157.

야 한다는 것은 윤리학의 역사에서 혁신적인 안목이며 윤리학의 획기적인 변형이라고 생각할 수 있다. 이러한 윤리학의 원리를 "타자 명법"(Other Imperative)이라고 부르고 싶다.[57]

도덕적 주체에 대한 이해 방식이 윤리 이론에 필수적이고 또 윤리 이론을 일정하게 구속하는 것이라면, 메를로-퐁티의 살의 윤리학은 도덕적 주체 혹은 행동에 대해 이해하는 방식을 바꾸어야 한다는 것을 말해 준다. 살의 윤리학은 상호주체성에서 출발하는 도덕 현상학이고 상호주체성은 상호신체성에서 나오기 때문에 도덕적 주체의 행동은 육화에 대한 이해 없이는 참되게 이해할 수 없는 셈이다. 따라서 새로운 윤리학의 원리는 도덕적 선택과 추리 과정, 곧 도덕적 의사 결정 과정에서 일어나는 지각적 경험 속에 들어 있는 어떤 육화된 습관적 태도, 행동 스타일[58]을 연구하지 않을 수 없고 사실과 상황을 해석하는 신체 주체의 세계 능력에 관심을 기울이지 않을 수 없다.[59] 도덕적 주체의 외적 공개적 행위에 대한 실증적 관찰과 예측보다 놓인 상황을 기술하고 바라보며 교섭하는 신체의 살의 차이성에 주목하는 것이 더욱 필수적이다.

도덕적 주체가 육화되는 능력 또는 육화하는 능력이 어떻게 실현

---

57 타자 명법의 윤리학의 가장 철저한 보기로서 레비나스의 윤리학을 들 수 있다. 레비나스에 의하면, 주체인 "나"(Je/I)는 타자를 위한 섬김, 즉 당신을 위한 복종(subject)을 의미하고 "여기에 있는 나"(me voici/Here am I)라는 뜻이다. 마치 피조물인 인간이 신 앞에 부복하듯이. 이것은 진실로 혁명적이고 충격적인 도덕적 진리요 경험이 아닐 수 없다.

58 메를로-퐁티가 말하는 "스타일"은 세계를 해석하는 방식을 보이는 휘장, 존재와의 어떤 관계를 보여 주는 휘장이라는 의미를 가지고 있다.

59 이 점에서 의사소통적 합리성의 이상적 선천적 조건을 규명한 하버마스의 담론 윤리학이 담론 주체의 지각적 경험 속에 육화되어 있는 상호주체성의 요소를 놓친 것은 매우 아쉽다고 말할 수 있다.

되고 발전되며 성취되는가 하는 문제는 도덕적 경험의 실재와 본성을 파악하는 살의 윤리학의 본질 과제일 것이다. 동물에게도 제도화하는 능력이 있거늘[60] 하물며 인간에 대해서는 말할 나위도 없다. 따라서 이러한 육화 능력이 동물적 생물학적 수준에서 발전하는 것을 넘어서 도덕적 윤리적 차원으로 발전하는 살의 구조를 밝히는 것은 살의 윤리학이 좋은 살을 이 사회에 제도화하기 위한 노력일 것이고 또한 이 사회의 도덕적 수정과 개선과 진보를 위한 책임일 것이다.[61]

끝으로, 살의 윤리학은 환경 윤리와 생명 윤리에도 기여할 수 있다. 먼저 환경 윤리의 경우, 이것은 살의 원리를 인간 아닌 존재, 즉 동물이나 자연 존재에 도덕적으로 적용하는 문제이다. 지각의 상호작용적 가역성과 타자와의 근본적인 교차성이 자연 보호나 동물 보호의 윤리에 어떻게 관계하는가? 우리의 신체는 세계 이해의 일반적 도구나 매체로서, 타인과 상호작용 없이 세계를 이해하고 교섭할 수 없고 사회, 문화에 앞서 선재함으로써 지각할 수 없다. 이러한 상호성 없이 선재하는 신체는 없기 때문에 우리 자신에 대한 이해는 타인 및 동물 환경, 자연 환경 없이, 또는 그에 대한 이해 없이 일어날 수 없다. 상호신체성으로서의 살이 동물 보호 윤리와 자연 보호 윤리에 대해 가지는 가치와 함의는 바로 이러한 측면에 있다.

생명 윤리 분야의 경우, 지금까지 신체는 주로 기계적, 객관적 기

---

60 *Résumés de cours collège de france 1952-1960*, p. 61; *In Praise of Philosophy and Other Essays*, p. 109.

61 살의 해방 관점에서 볼 때 하나님의 현존을 육화한 예수의 삶이나 상호주체성이 절절히 육화되어 있는 성인의 삶은 좋은 살을 제도화하기 위한 방향을 가리키는 연구 대상일 수 있다. Edith Wyschogrod, "Exemplary Individuals: Towards a Phenomenological Ethics", *Philosophy & Theology* (Fall 1986), vol.1, pp. 9-31.

관으로 연구되어 왔다. 의료 생명학계에서 신체를 인식 주체로서, 살아 있는 신체의 자기 체험으로 이해하는 것은 매우 드문 일이고 또 어려운 일로 보인다. 그러나 우리의 신체가 세계와의 육화된 가역성으로 이해되는 일이 기본적으로라도 수용된다면, 의료윤리, 생명 윤리 의식은 달라질 것이다. 인간 생명 존재를 육화된 주체로서 상호주체성의 존재로 본다면, 안락사, 존엄사의 문제, 신체의 소유권의 문제는 다르게 접근될 수 있을 것이다. 여자를 강간하고 신체를 훔치고 장기를 사고팔며 나의 신체를 내 것이라고 내 마음대로 하는 일은 신체를 하나의 도덕적 잣대나 척도로 심각하게 간주할 때 재고될 수 있을 것이다.*

---

* 이 글의 출전은 다음과 같다. 「살의 윤리」, 『철학논총』 69집 2권(2012), 새한철학회, 119~140쪽.

1. 메를로-퐁티의 정치적 상황

     작금 많은 국민들이 정치에 몰입하고 있다. 2012년 4월 11일의 19대 총선을 보내고 12월 19일의 18대 대선을 맞이하는 정치 일정 속에서 일반 국민들은 등원한 국회의원과 여야 대선 후보들의 행보에 많은 관심을 가지고 정세를 살펴보고 있다. MB 정권의 역주행 사익 정치와 여권의 동조와 협력에 따라 한국의 민주정치의 질과 수준이 퇴보했다는 여론이 전반적인 평가이다. 민주 사회체제에서 국가경영의 최고 책임자를 누구로 뽑을 것인가에 대한 유권자의 정치적 판단과 선택의 행위가 국민에게 중대한 결과를 가져온다는 것을 현 정권은 범례적으로 잘 보여 주고 있다고 사료된다. 현 정권은 국민의 예상과 기대치와는 달라도 너무 달랐던 정권으로 기록될 것으로 보인다. 여기서 선거권자로 우리 각자는 4년 전 그 당시에 가졌던 정치적 판단과 선택 그리고 그 책임의 문제를 어떻게 생각해야 하는가 하고 반성할 수 있다. 이것은 자연스럽게 정치 또는 정치적인 것이란 무엇인가라는 물음을 필연적으로 함축한다.

정치와는 아무런 상관도 없는 한 개인 안철수라는 사람이 한국의 정치와 정당을 좌지우지하고 있다. 이러한 정치적 현상 또는 실제를 어떻게 이해해야 하는가? 이러한 현상은 한국 정당의 몰락과 정치의 죽음을 예기하는 것인지도 모른다. 정치 컨설턴트 박성민[1]은 한국에서 지금 정치가 몰락하고 있다고 말한다. 산업혁명의 정치 패러다임은 그 시효를 다하고 지식 정보 혁명 또는 디지털 혁명 시대에 호응하는 새로운 정치 패러다임이 요구된다고 주장한다. 안철수 현상에 대한 일반 국민의 정치적 경험은 87년 체제 이후 노태우-김영삼-김대중-노무현-이명박 식의 정치 패러다임으로는 설명되기 어려운 새로운 정치적 현실이다. 한국 사회가 한 시대를 마감하고 새로운 정치체제 또는 질서의 탄생을 기다리는 변곡점 아니면 분수령에 와 있는 것으로 풀이할 수 있다. 예측컨대 대선 이후의 정국은 대통령 후보의 경제 민주화 공약 실천 과제와 맞물려 자유 민주주의 체제로 갈지 사회 민주주의 체제로 기울어질지 아니면 다른 체제를 선택하고 지속해 갈지를 갈라놓는 논의의 시발점이 될 수도 있다. 즉 정치 스펙트럼에서 중도 좌파 쪽으로 조금 더 클릭할 수 있을지의 여부이다. 이것이 한국 사회 미래의 정치 형태와 지형을 조성할 것이다.[2]

---

1 박성민·강양구 지음, 『정치의 몰락』(서울: 민음사, 2012) 참조.
2 이 글은 2013년도에 발표된 것이지만 당시의 흐름에 대한 나름대로의 시각을 담고 있기에 시제

제II부 실천 철학

이러한 정치적 변화와 기대와 경험은 정치의 이론과 실제에 대한 새로운 탐구를 동기화한다. 다시 말해서 정치적 삶과 현실에 대한 기존의 패러다임의 한계를 연구하고 비판하며 새로운 이해와 해석을 촉발한다.[3] 동일한 논리에서 메를로-퐁티의 정치철학 사상도 자신이 직면한 정치적 상황과 경험에서 이해할 수 있다. 메를로-퐁티는 2차 세계대전 이후 냉전 시대의 정치적 현실 속에서 처음에는 공산주의에 동조했다가[4] 소련식 사회주의 체제의 독재성을 관찰하는 가운데 점차 유보하는 자세를 취했고 마침내 한국전쟁을 기화로 공산주의와 결별했고[5] 그렇다고 자본주의 체제나 자유주의 정치체제를 원하지 않았다. 당시 프랑스의 정치적 상황은[6] 좌파 지식인들이라면 서구 자본주의와 소련 공산주의 체제 중에서 선택해야 하는 가운데 새로운 체제의 출현을 기대하는 시기였다. 메를로-퐁티의 정치적 선택은 미국식 자본주의의 야만적 자유주의도 아니었고 소련식 교조적 공산주의도 아니었다.

를 고치지 않고 그대로 두었다.

3 이러한 맥락에서 현상학적 정치학이 가능한가라는 문제를 제기할 수 있고 이와 관련하여 현상학적 환원 절차를 통해 정치적인 것의 현상학적 의미와 본질을 캐묻는 사례로는 다음을 참조. Natalie Depraz, "Phenomenological Reduction and the Political", *Husserl Studies* (1995), vol.12, no.1, pp. 1-17.

4 Merleau-Ponty, *Humanisme et terreur: Essai sur le problème communiste* (Paris: Gallimard, 1947); 메를로-퐁티, 『휴머니즘과 폭력』, 박현모·유영산·이병택 옮김(서울: 문학과 지성사, 2004). *HT*, 『휴머니즘과 폭력』으로 이하에 각각 표기함.

5 Merleau-Ponty, *Les Aventures de la Dialectique* (Paris: Gallimard, 1955). *AD*로 이하에 표기함.

6 당시에 프랑스 지식인들에게 입장 표명을 요구하는 중대하고 시급한 사회적, 정치적 이슈들은 파시즘, 스탈린주의, 강제수용소, 반유대주의, 냉전 체제, 매카시즘, 식민주의, 한국전쟁, 알제리 식민 문제 등이었다.

오늘날의 정치는 사실상 문제들이 제대로 제기되지 못하거나 아니면 현재의 두 세력 중 누구의 편도 들 수 없게 만들어 버리는 격전장이다. 우리는 둘 중의 하나를 선택하도록 강요당한다. 우리의 의무는 아무것도 하지 않는 것이 아니라 이쪽과 저쪽에 대해서 해명할 것을 요구하고 그 술책들을 밝히며 신화들을 일소하는 데 있다. 우리도 세상 사람들처럼 우리의 명운이 국제정치에 달려 있음을 알고 있다. 우리는 지금 벗어날 수 없는 극도의 혼란 속에 있지도 그렇다고 혼란을 벗어나 있지도 않다. 그러나 우리는 프랑스에 있기에 우리의 미래를 소련이나 미 제국의 미래와 동일시할 수는 없다.[7]

우리는 복잡하게 뒤얽힌 상황에 처해 있다. 자본주의에 대한 마르크스주의의 비판은 아직도 타당하다. 오늘날 반소비에트주의 주변에는 파시즘에서 이미 표출된 바 있는 잔학성, 오만함, 아찔함, 불안감 등이 다시 집결하고 있다는 것도 명백하다. 반면에 혁명은 후퇴하고 있다. 즉 혁명은 독재적인 기구를 유지하고 강화하면서 소비에트와 당에서 프롤레타리아의 혁명적 자유를 포기하고 국가의 인간적 전유를 포기하고 있다. 우리는 반공주의자도 될 수 없고 그렇다고 공산주의자도 될 수 없다.[8]

이러한 정치적 딜레마 속에서 메를로-퐁티는 관망하다가 제3의 길을 사고하는 우회로를 선택한다.

---

7 *HT*, pp. 22-23. 『휴머니즘과 폭력』, 29쪽.
8 *HT*, p. 16. 『휴머니즘과 폭력』, 22쪽.

흔히 메를로-퐁티의 정치적 입장은 서구 마르크시즘 또는 실존 현상학적 휴머니즘 말하자면 사회주의적 이상을 수용하는 실존적 휴머니즘으로 분류된다. 이제 이러한 메를로-퐁티의 정치 사상을 구체적으로 체계적으로 논구하고자 한다. 이 글의 전개는 2절에서 전통 정치의 주체성 이해를 비판적으로 검토하고 3절에서 메를로-퐁티가 대안으로 제시하는 새로운 주체성을 해명하고 4절에서 이를 토대로 정치에 대해 육화 또는 살의 관점에서 접근하며 5절에서 그때나 지금이나 정치의 영원한 주제인 폭력을 규명한 뒤 6절에서 결론적 평가로 마무리한다. 이러한 논의 과정에서 정치 세계를 보는 법을 새롭게 배울 수 있기를 기대한다. 그리고 그것이 진정한 철학의 고유한 임무이다. 왜냐하면 참다운 철학은 세계를 보는 것을 다시 학습하는 것이기 때문이다.[9]

2. 전통 정치의 주체성 이해

(1) 합리주의적 주체성 비판

근대 정치 그리고 그 연속선에 있는 현대 정치는 근대성에 뿌리를 두고 근대성은 이원론적 인간관과 주객 분리의 대립 구조에서 출발한다. 이것은 데카르트적 또는 칸트적 근대 합리주의에서 발원한다.

---

9 Merleau-Ponty, *Phénoménologie de la Perception* (Paris: Gallimard, 1945), p. xvi; 메를로-퐁티, 『지각의 현상학』, 류의근 옮김(서울: 문학과 지성사, 2002), 32쪽. *PdeP*, 『지각의 현상학』으로 이하에 각각 표기함.

이러한 근원은 당연하게도 존재론적 가정을 함의하기 마련이고 따라서 어떤 정치이든 거기에는 인식론적, 존재론적 개념적 장치들을 저마다 가지고 있다. 말하자면 근대성은 신체, 자아, 타자, 권력, 폭력, 책임, 자유, 정치 등의 본성에 관한 어떤 철학적 기초를 가지고 있다. 일례로 데카르트의 합리주의 철학은 정신과 신체를 구분하고 이러한 이원론적 인간 이해에 따라 정치적 삶을 살아간다. 아직도 우리는 여전히 그렇게 세계를 바라보고 살아간다. 일단 정신과 신체를 구분해서 별개의 독립적 존재로 인식하게 되면 사유하는 이성으로서의 정신은 자연과 타자에 대한 동일성의 철학, 즉 자연과 타자를 자기화하려는 철학적 원리를 세우고 인간을 자연의 지배자이자 소유주, 나아가서 자연의 착취자로서 인식한다. 정신은 급기야 자연과 타인에게 폭력을 행사해도 좋은 주체로서 나타나게 된다. 이러한 자아 중심주의적 인간관과 형이상학은 신체를 배제한 덕분이고 이로 말미암아 자연친화적 삶의 방식을 배제하는 결과에 이른다. 이리하여 정신과 신체를 구분하는 데카르트의 합리주의 철학은 자연과 타인을 도구화하고 비인간화하는 비합리성과 폭력성을 용인하는 셈이다.

데카르트의 합리주의 철학이 전제하는 인식론적 내지는 존재론적 가정과 편견에서 나오는 심각한 결과는 다음과 같이 평결될 수 있다.

그것이 사회성의 개념, 즉 한편으로는 인간과 인간 사이의 상호 연관성, 다른 한편으로는 인간과 지구 사이의 상호 연관성을 부정하였다는 점, 그리고 그러한 연관성을 정당화할 능력이 없었다는 점이다.

몸이 배제된 데카르트적 '코기토'는 사회적 현상으로서의 몸을 전혀 보지 못한다. '코기토'의 내향성은 육체적인 것으로부터 그리고 세계의 외향성으로부터 단절되어 있다.[10]

이성적으로 사고하는 합리적 주체가 폭력적 주체로서 인지되는 것은 지난 200년 동안 세계 각국의 정치 현실과 국제정치의 무대에서 보고되고 관찰되는 지나치게 많은 폭력 행위 때문이다. 자율적 존재로서의 인간이 이성의 힘으로 자기를 구성하고 조절하고 개선할 줄 아는 정치적 주체로서 생각되어 왔으나 현대에 와서 그런 존재가 폭력의 정치적 주체로서 이해되고 고백된다. 자율적 이성이 각종 다양한 폭력 행위에 가담하고 공모하고 있음이 드러난 것이다. 인류 사회에서 폭력을 추방할 수 있다고 믿었던 이성이 폭력적이고 비합리적 행위의 주체였다는 점이 공인된 것이다. 이성의 계몽이 이성의 절망으로 낙착된 것이 현대 정치의 비관적 모습이다. 이러한 연유가 무엇이든 간에 근·현대의 인간의 주체성 개념과 그 이해에 심각한 결함이 있다는 것은 분명하고 따라서 인간의 주체성에 대한 어떤 새로운 이해가 요구된다.

이것은 합리성을 신체와 분리된 정신에만 부여하는 사고방식을 탈피하는 데서 추구될 수 있을 것이다. 즉 탈신체화된 이성 대신에 육화된 이성을 내세우는 것이다. 이것은 이성과 주체성에 대한 합리주의적 자기 확신을 버린다는 것, 나아가서 신체를 대상물이 아니라

10 안쏘니 케니, 『데카르트의 철학』, 김성호 옮김(서울: 서광사, 1991), 239쪽; 오생근, 「데카르트, 들뢰즈, 푸코의 육체」, 『사회비평』 17호(1997), 100쪽에서 재인용.

자율적, 능동적 주체로서 인식하는 것을 의미한다. "신체는 무력한 물리적인 객체라기보다 하나의 통합장, 즉 빈틈없고 민감한 현상적 장"이고 "신체는 결코 물질적 사실의 집합도 하나의 실체도 또는 생각이라는 정신의 표현도 아니다."[11] 왜냐하면 "신체는 한 사람의 체험에 대한 자신의 해석뿐만 아니라 타자를 인식하고 이해하기 위해 그리고 궁극적으로 한 사람의 사회적·정치적 관계에서 가장 중요한 장소"[12]이기 때문이다.

(2) 경험주의적 주체성 비판

근대의 영국 경험론은 대륙 합리론과 대립하는 철학으로 알려져 있으나 의미의 스펙트럼을 조금 넓게 잡아 보면 그것 역시 합리주의 계열의 철학임을 이해할 수 있다. 이것은 데카르트가 『방법서설』과 『성찰』의 마지막 장에서 개연적 경험과 실험을 지식을 가져다주는 근거로 수용한 것과 마찬가지로 로크와 흄의 감각적 경험 역시 사고와 상관없이 질서화될 수 없다는 점에서 그들은 합리론자가 될 수밖에 없다. 다만 칸트에 와서 이성적 사고와 감각적 경험의 상관성을 『순수이성비판』의 선험적 분석론에서 체계적으로 종합했다는 것뿐이고 그 이전이나 이후나 이성과 경험은 협동해야만 지식을 산출할 수 있다는 점은 변함이 없었다. 그래서 근대의 영국 경험론은 지식이 신체 기관을 통한 감각적 경험에서 주어진다는 점에서 신체에 제법 일정한 몫을 배정한 듯하나 여전히 실제적으로든 이론적으로든 사실과

---

11 김홍우, 「신체의 현상학과 정치학에 대한 그 함의」, 『사회비평』, 17호(1997), 129쪽에서 재인용.
12 「신체의 현상학과 정치학에 대한 그 함의」, 132쪽에서 재인용.

경험을 조사하고 연구하는 이성을 인식주체로서 인정하지 않으면 안된다. 정신과 세계를 한갓된 경험적 현상 이외의 방식으로밖에 지각할 수 없어도 지각하고 경험하는 주체는 여전히 이성이고 정신이지 않을 수 없다. 이리하여 경험과 실증을 존중한다고 해서 이성과 논리를 소홀히 할 수 없는 노릇이므로 탈신체화된 합리성에 대한 존중은 양측 모두 마찬가지이다. 결과적으로 신체는 여전히 철학적 개념화의 주요 관심사일 수 없다.

이러한 합리성은 현대의 실증주의에서 오로지 객관화가 가능한 인간 행동만을 연구하는 데서 확증된다. 근대의 경험론 철학이 발전하고 심화함에 따라 19-20세기에 와서 현대 자연과학과 사회과학의 대표적인 주류 방법론으로 자리 잡은 실증주의적 정치 과학 방법론, 즉 정치적 행동주의(정치행태론)[13] 또는 행동주의 정치 이론은 모든 인간 행동을 획일적으로 계량화하고 그 생활 세계적 풍성함과 의미층 그리고 가치성을 모조리 추상화한다. 인간 행동 속에 들어 있는 행위자의 보편적, 인간적 가치는 전혀 숙려의 대상이 아니다. 가치는 사실로부터 분리되고 가치중립적인 정치 과학 법칙을 수립하는 것이 정치 탐구의 목적이다. 경험주의적, 실증주의적, 행동주의적 정치 이론에서 과학적 탐구의 주체는 사고하는 정신, 이성임에도 불구하고 망각되며 객관적 사물로 처리될 뿐이다. 하물며 정치적 지식과 실재를 구성하는 주체가 육화된 이성이나 정신이라는 것은 전혀 상상할 수 없다. 우리가 매일 수행하는 정치적 판단과 행동과 책임이 선

---

13 정치행태론(political behavioralism)을 후설 현상학적 관점에서 자세히 비판하는 논의를 위해서는 다음을 참조. 김홍우, 『현상학과 정치철학』(서울: 문학과 지성사, 1999), 51-101쪽.

술어적 경험의 수준에서 구성되는 것임을 전혀 성찰할 수 없다. 우리
의 일상적 정치 생활에는 선반성적·선객관적 차원에서 주체적으로
기능하고 있는 익명적 지향성, 신체적 지향성이 있다는 사실은 비과
학적이고 주관적이라서 무시된다. 우리가 일상적으로 주고받는 정치
비평적 발언 속에 들어 있는 감정적 지향성 또는 가치 정감이나 정동
(affectivitiy)의 창조적 주체성에 아무런 인지적 역할도 중요성도 주어
지지 않는다.

3. 메를로-퐁티의 새로운 주체성

_____그러므로 "우리는 새로운 개념의 이성을 찾아야만 한다."[14] 그
착점은 인간 존재는 육화된 존재라는 통찰이다. 세계도 역시 육화
된 존재이다. 인간 이성 또는 의식도 역시 육화된 존재이다. 지각하
는 주체가 의식이든 이성이든 신체이든 대상의 모든 면을 볼 수 없는
것은 그 때문이다. 또한 지각하는 주체가 무엇이든 자기 자신의 모든
면을 볼 수 없는 것도 그 때문이다. 주체가 세계 안에 거주하고 세계
가 주체 안에 거주하기 때문에 주체성에 대한 합리주의적, 경험주의
적 설명은 우리의 경험을 정확하게 규명하지 못했다. 우리는 일상 경
험에서 대부분 우리 자신을 인식하는 주체로 경험하지 않고서 일상
을 보낸다. 다시 말해서 우리의 일상 경험은 이런저런 일들을 행하는

14 Merleau-Ponty, *Sens et non-sens* (Paris: Nagel, 1948), p. 8; 메를로-퐁티, 「의미와 무의미」,
    권혁면 옮김(서울: 서광사, 1985), 10쪽.

자아가 하는 경험으로서 경험하지 않고서 진행된다. 이것이 우리가 일상에서 수행하는 보통 경험에 대한 경험이다. 이러한 경험에서 주체와 세계는 분리되어 있지 않다. 즉 지각하는 의식과 지각되는 대상은 구분되지 않는다. 주체와 객체의 경계를 명석판명하게 구별하는 것은 불가능하다. 그 경계는 애매모호하다. 따라서 절대적 대상, 즉 물자체는 없다. 역시 세계로부터 자신을 분리시켜 순수하고 흠집 없이 자기 자신을 청정 상태로 보존할 수 없다. 따라서 고고하게 홀로 무제약적으로 존재하는 절대적 주관, 순수 주관은 없다. 이것이 존재의 육화성이 함의하는 결론이다. 이로부터 주관과 객관, 의식과 신체, 개인과 세계를 이분법적으로 나누는 형이상학적 이원론은 거부된다.

'육화되어 있다' 함은 지각하는 의식이 자신이 지각하는 대상과 함께 그 세계의 원자재로서 동시에 소여되어 있다는 것을 뜻한다. 그 역도 성립한다. 이러한 의식과 세계의 체험적 분리 불가능성을 가능하게 하는 원천이자 매개가 바로 신체이다. "지각적 행위는 지각하는 자와 지각되는 것에 관해 모종의 신체적 조정을 필요로 한다. 메를로-퐁티가 말하는 대로 지각한다 함은 신체를 통해서 어떤 자신을 어떤 존재에 현전하게 한다는 것이다."[15] 신체는 미완결된 운동적 통일성으로서, 열린 종합으로서 자신의 환경을 구조화하고 또는 재구조화한다. 그것은 그렇게 해서 더욱 구조화된 방식으로 끊임없이 자기 환경에 대응하기 위해 스스로를 다시 조직하고 이로써 더욱 복잡한

---

15 Gilber G. Germain, *A Discourse on Disenchantment: Reflections on Politics and Technology* (New York: State University of New York, 1993), p. 112.

문제를 제기할 수 있게 되고 계속 적응해 갈 유의미한 환경을 생성시킨다.[16] 신체는 정신적 요소와 물질적 요소를 동시에 결합하는 제3의 능력 존재로서 지각하는 주체이다. 이러한 지각하는 의식으로서의 신체를 객관적 신체, 물질적 신체와 구별하여 지향적 신체, 체험된 신체, 현상(학)적 신체, 살아 있는 신체, 고유한 신체, 주체적 신체, 신체주체 등으로 호명한다. 지각의 주체를 주권적 이성이나 의식으로 보지 않고 신체로 규명하고 정립한 것이 메를로-퐁티 현상학의 획기적인 성과이다.

메를로-퐁티의 저 유명한 살(flesh)은 신체와 세계가 쉴 새 없이 상호 얽혀 있고(intertwining) 상호 교차하고(chiasm) 상호 잠식하고(encroachment) 상호 침전하고(sedimentation) 상호 분리하는(segregation) 개방적 창조적 변증법적 관계를 나타내는 말이다. 세계, 의식, 신체에는 모두 살이 있다. 모든 존재는 살을 가진다. 따라서 메를로-퐁티의 눈에는 모든 존재는 살로 충만해 있는 셈이다. 다시 말해서 살을 만물의 아르케로 보는 것이다. 메를로-퐁티는 살을 고대 희랍의 자연철학자들이 물, 공기, 흙, 불을 말하며 사용했던 의미로, 다시 말해서 만물을 구성하는 궁극적인 원질로 이해한다. 만물의 "원질"[17]로서 살은 개념화되기 이전의 일반성, 즉 선객관적 일반성으로서[18] "시공

---

16 Diana Coole, *Negativity and Politics* (New York: Routledge, 2000), p. 129.

17 Merleau-Ponty, *Le Visible et l'Invisible* (Paris: Gallimard, 1964), p. 184; 메를로-퐁티, 「보이는 것과 보이지 않는 것」, 남수인·최의영 옮김(서울: 동문선, 2004), 200쪽. *VI*, 「보이는 것과 보이지 않는 것」으로 이하에 각각 표기함.

18 Merleau-Ponty, *La Prose du Monde* (Paris: Gallimard, 1969), p. 63 각주 참조. *PM*으로 이하에 표기함.

간적 개체와 관념 사이의 중간에 있는 일반적인 것"[19] 다시 말해서 "존재의 스타일을 가져오는 일종의 육화된 원리"[20]이다. 그리고 세계는 존재의 스타일을 통해서 우리에게 출현한다. 따라서 일종의 육화된 원리로서 일반적인 것인 바 살을 통해 세계의 실재성이 계시된다. 살이 세계를 세계로서 존재하게 하는 근거이다. 이러한 살의 일반성 때문에 살은 물질일 수 없고 정신일 수 없고 실체일 수 없다.[21] 하이데거의 용어를 빌려 표현하면 살은 "존재자의 **존재**이다."[22]

우리가 살이라고 부르는 것은 "객체와 주체를 형성시키는 환경"[23]으로서 "새로운 존재 유형"[24]이다. 비록 철학에서 살을 지칭하기에 적절한 이름이 없어 오래된 용어인 원질을 빌려서 그 의미를 전달하고자 했지만 그것은 살이 "일반성의 존재"[25]라는 점을 담아내기 위해서였고 그 때문에 살은 "일반적인 존재 방식의 구체적 상징처럼 생각해야 한다."[26] 일단 살을 이처럼 제3의 새로운 존재 유형으로 이해하는 것이 납득되면 정신과 물질, 주관과 객관, 자아와 세계, 의식과 자연의 전통적 이분법이 해소되는 길이 열리는 것이다.

---

19 *VI*, p. 184. 『보이는 것과 보이지 않는 것』, 200쪽.
20 *VI*, p. 184. 『보이는 것과 보이지 않는 것』, 200쪽.
21 *VI*, p. 184. 『보이는 것과 보이지 않는 것』, 200쪽.
22 *VI*, p. 198. 『보이는 것과 보이지 않는 것』, 216쪽. 강조는 원저자의 것이다.
23 *VI*, p. 193. 『보이는 것과 보이지 않는 것』, 211쪽.
24 *VI*, p. 195. 『보이는 것과 보이지 않는 것』, 213쪽.
25 *VI*, p. 195. 『보이는 것과 보이지 않는 것』, 213쪽.
26 *VI*, pp. 193-194. 『보이는 것과 보이지 않는 것』, 211쪽.

4. 살의 정치

＿＿＿이러한 살의 존재론적 사유의 시각에서 정치적 현실을 탐구하는 것은 기존의 정치 탐구와는 구분될 것이다. 살의 정치, 몸의 정치, 육화의 정치는 정치적인 것을 당대의 현실 정치가 보는 것과는 다르게 해명할 것이다. 메를로-퐁티가 말하는 육화나 신체나 살은 정치적인 것을 어떻게 이해하는가? 먼저 메를로-퐁티가 정치를 이해하려는 전통적 접근 방법으로 도입하는 두 가지의 정치부터 살펴보자.[27] 하나는 이성의 정치(politique de la raison)이고 다른 하나는 오성의 정치(politique de l'entendement)이다.[28]

이성의 정치는 개별적 사건을 뛰어넘어 모든 역사를 총괄적으로 파악하고 모든 문제를 통합하고 이미 현재 속에 새겨져 있는 미래를 정향하고 모든 문제가 해결될 것이라고 믿는 정치이다. 이를 위해 정략을 구사하고 새로운 인류의 출현을 위해 지금 여기의 현존 관계를 전복하는 과업을 새로운 출발로 요청한다. 필요하면 지금까지 인간이 살아오고 체험해 온 모든 것을 가차 없이 역사 이전의 것으로 처리할 수 있다. 이러한 정치는 단순하게 말해서 도래할 미래를 위해서 현재를 희생시키는 정치라고 말할 수 있다. 교조적 마르크시즘류의 정치가 이 범주에 속할 수 있다.

그러나 사람의 정치가 거대 담론 체계인 보편적 역사철학의 단순

---

27 *AD*, pp. 10-14 참조.
28 넓은 의미에서 이성의 정치는 객관적 정치로, 오성의 정치는 주관적 정치로 표현해도 큰 무리는 없다고 본다. *HT*, pp. 128-129. 「휴머니즘과 폭력」, 147-148쪽.

한 적용일 수 없음은 인류 역사의 교훈으로서 이미 실증되었다. 비록 공산주의 이론이 서구 사회체제의 비판적 지렛대로 여전히 기능하고는 있지만 서구 공산주의 체계의 붕괴는 이성의 정치의 실패를 보여준다고 말해도 좋을 것이다. 또한 우리는 사람의 정치가 전체성 또는 총체성을 직접적으로 파악할 수 없으며 언제나 일정한 시기와 주기에 주어지는 불완전한 미완의 종합을 향해 가는 도상에 있음을 잘 알고 있다. 사람의 정치는 결코 이미 수립된 보편적 역사법칙 또는 과정의 한 장으로 서술될 수 없다. 또한 우리는 역사의 확고 불변한 고정된 의미와 목적이 있는지도 알 수 없다.

오성의 정치는 모든 역사를 품는 일을 자신하지도 않고 그런 일에 우쭐대지도 않는다. 그러한 정치는 오히려 역사의 두께와 밀도를 무시하고 개인 주관의 도덕적 가치와 호의를 중시하고 우선시한다. 오성의 정치는 사람을 볼 때 그가 실제로 행동하면서 존재하는 그대로 본다. 이를테면 사람을 현실을 확신할 수 없어도 행동하는 자로, 문제를 한 번에 하나씩 해결하는 자로, 홀로일 때도 망설이지 않고 그때그때마다 가치를 식별해 실행에 옮기는 자로 본다. 여기서 정치는 개인의 의식 또는 양심과 사건이 서로 만나는 것이다. 여기서 정치는 개인의 순수한 도덕성의 영역에 국한되고 마는 위험을 감수해야 한다. 이러한 정치는 단순하게 말해서 미래를 위해서 현재를 희생시키지 않는 정치 또는 현재를 위해서 미래를 희생시키는 정치라고 말할 수 있다. 여기에는 데카르트주의적, 칸트주의적 합리적 주체성에 기초한 자유주의적 정치체제가 속할 수 있다.

그러나 정치는 매번 맞이하는 사건에 대해서 그때그때마다 판단하는 의식과의 만남으로 해소될 수 없다. 그것은 정치를 개인의 순수 도덕으로 환원하는 결과를 낳는다. 정치가 개인의 판단과 개별 사건의 만남일 뿐이라면 그 판단에 대한 책임은 다만 사건에만 귀속될 수 없다. 그 만남에는 반드시 결과가 따르기 마련이므로 책임을 지는 주체는 사건이 아니라 정치하는 행위자가 되어야 하기 때문이다. 그런데 오성의 정치에 따르면 책임을 지는 방식은 판단하는 또는 결단하는 양심의 주체 이외에는 없다. 따라서 오성의 정치에서 정치적 행동의 책임은 개인의 도덕성에 좌우된다. 오성의 정치가 정치적 책임의 문제와 관련해서 행위자에게 의롭게 보였던 결단을 따라서만 그 순간에 행동했다는 것으로 행위자를 면책할 수 있다고 믿는다면 아무도 오성의 정치를 받아들이지 않을 것이다. 그것은 막스 베버가 구분한 대로 신념 윤리와 부합할지 모르나 책임 윤리에 어긋난다.[29] 오성의 정치에서 오성은 좋든 싫든 만사를 결정하는 최고 행위자인데 그 문책 근거가 개인의 도덕성 이외 따로 없다는 것이 너무 허술하다. 그렇게 되면 개인의 결심은 보수 성향의 것이든 진보 성향의 것이든 아무래도 좋다는 식이 될 것이다. 이것이 오성의 정치가 보수적 성향을 보일 수밖에 없고 좋은 정치가 되기 어려운 이유이다.

개인의 주체성의 자유와 책임을 존중하는 오성의 정치와 역사의 의미와 목적을 견지하는 이성의 정치 사이에서 오성과 이성의 통합 정치, 이성과 오성의 통합 정치를 모색하는 것이 권장될 수 있을지도 모르겠다. 이러한 비판적 이해와 의도의 견지에서 메를로-퐁티는 당

---

29 *HT*, pp. 31-32. 『휴머니즘과 폭력』, 39-40쪽. 한스 노베르트 퓨겐 지음, 『막스 베버: 사회학적 사유의 길』, 박미애 옮김(서울: 서광사, 1994), 162쪽.

대의 철학자가 규정하는 정치에 대한 의문을 품고 다음과 같은 평가적 질문을 던진다.

> 정치가 삶의 실제에서 일어나고 이해를 피해 가고 있는 이때 모든 철학자 아니 거의 모든 철학자가 정치를 가지고 있다고 믿지 않을 수 없는 것은 그야말로 믿을 수 없는 오해가 아닌가? 철학자의 정치, 그것은 아무도 **실천하지** 않는 정치이다. 그렇다면 그것이 정치인가? 그들이 보다 확실하게 말할 수 있는 더 많은 것이 더는 없단 말인가? 그들이 지혜로운 조망을 입안하는데 이에 관해 이해 당사자들이 더 이상 알 필요가 없다고 한다면 그들은 정치가 무엇에 관한 것인지를 전혀 알지 못한다는 것을 전적으로 시인하고 있는 것은 아닌가?[30]

메를로-퐁티의 눈에 그들은 정치가 무엇인지도 모르는 채로 정치를 가지고 있는 철학자로 보였던 것이고 따라서 정치를 이해하는 것과 정치를 행하는 것은 서로 구분되지 않았던 것이고 하물며 정치의 이해와 정치의 실천은 참되게 하나가 될 수 없었던 것이다. 메를로-퐁티에게 철학자의 정치는 소경이 소경을 인도하는 정치로 보였던 것일지도 모른다. 당연하게도 정치는 새로운 프레임에서 연구되어야 했다.

냉전 시대의 철학자들에게 통용되고 있었던 이러한 두 정치를 기각하고 메를로-퐁티가 추구했던 제3의 정치를 살의 정치라고 부

---

30 Merleau-Ponty, *Signes* (Paris: Gallimard, 1960), p. 10.

를 수 있다. 그렇다면 살의 정치에서 정치는 어떻게 보이고 무엇이라고 규정하는가? 살의 정치는 무엇보다도 정치적 행위자 또는 작인(agency)을 육화된 것으로 본다. 그것은 "육화된 행위자는 이성, 폭력, 자유, 권력, 양심, 사건이 분리될 수 없는 상호주관적 영역에 거주한다"[31]는 것을 정치적 공리로 간주한다. 이 때문에 정치적 행위는 반드시 의도한 대로 되지 않고 의도와는 다른 결과를 가져온다. 정치의 합리적 의사 결정이 비합리적 결과를 가져오는 것은 정치적 행위자의 이러한 육화된 본성에서 기인한다.

인간의 삶은 어떤 지평에서만, 어떤 거리 가운데서만 그 모습이 비추어져 나온다. 인간의 삶의 제 각각의 모습이 형체를 갖추고 나타나는 것은 이 거리 없이는 불가능하다. 이 거리는 별것 아닌 것 같아도 결코 아무것도 아닌 어떤 것으로서 "존재를 열어 주는 조망 체계"[32]이다. 그래서 존재는 내 앞에 있는 것이 아니라 내가 본 것들의 교차점에, 내가 본 것들과 타자들이 본 것들의 교차점에, 나의 행동들의 교차점에, 나의 행동들과 타자의 행동들의 교차점에 있는 것이다. 그래서 감각적 세계, 역사적 세계는 상호 세계가 되고 또다시 이들 세계는 우리가 본 것을 넘어서 우리가 본 것을 서로 결속시키고 타자들이 본 것들과 결속시키며 또한 우리가 결재를 받는 심급들이고 우리가 보는 것, 우리가 하는 것이 기입되는 등기부로서 사물·세계·역사가 된다.[33]

---

31 Rosalyn Diprose and Jack Reynolds, ed., *Merleau-Ponty: Key Concepts* (Durham: A cumen Publishing, 2008), p. 87.
32 *VI*, p. 116. 「보이는 것과 보이지 않는 것」, 124쪽.
33 *VI*, p. 116. 「보이는 것과 보이지 않는 것」, 125쪽.

우리의 삶은 감각적 세계, 역사적 세계, 신체적 삶을 사는 익명적 우리, 인간적 삶을 사는 익명적 우리, 현재, 과거로 뒤덮여 있고 이 모든 것 역시 몸들과 정신들이 뒤죽박죽 혼재해 있는 것이고 얼굴들, 말들, 행동들의 복잡한 얽힘과 같은 것이다. 이것들은 모두가 어떤 동일한 것의 극단적 차이요 편차로서 사람들이 거부할 수 없는 연관성이다.[34] 이렇게 얽히고설킨 관련성 때문에 주관과 객관은 상호 분리될 수 없고 주관과 세계의 상호 연속성이 인간의 삶의 본질이다. 단적으로 말해서 "인간은 관계들의 매듭이다."[35]

인간은 이와 같이 육화된 살이기에 정치적 행위자는 선개념적, 선반성적 차원에서 상호신체적으로 상호주체적으로 삶을 영위한다. 이러한 상호 세계성이 이해와 통제의 망을 벗어나는 다소 익명적인 방식으로 정치 행위자를 앞지르고 초과하며 구속하고 한정한다.[36] 이제 정치는 체험된, 상호신체적, 상호주체적 경험의 영역, 즉 살로 보여진다. 살은 정치적 행위자가 존재하고 기동하고 사는 내부요 경로로서 매질(medium)이고 원질(element)이다.

정치적 현실을 살의 견지에서 탐구한다는 것은 체험된 거리, 바꾸어 말해서 깊이를 인정한다는 것이고 깊이에서 정치를 본다는 것이다. 나의 시야에 들어오는 대상을 서로 관련되어 있는 것으로 지각하기 위해서 나는 그 대상 사이의 상호 연관성을 열어 주는바 대상에 대한 체험된 거리를 먼저 가지고 있어야 한다. 다시 말해서 나의 시계

---

34 VI, p. 117. 『보이는 것과 보이지 않는 것』, 125쪽.
35 PM, p. 520. 『지각의 현상학』, 681쪽.
36 Rosalyn Diprose and Jack Reynolds, ed., *Merleau-Ponty: Key Concepts* (Durham: A cumen Publishing, 2008), p. 90.

의 대상들이 서로 연관되어 있다고 보게 되려면 깊이가 사전에 체험 되어야 한다. 깊이를 가졌기에 대상의 상호 연관성을 보게 되는 것이 다.

한 대상이 다른 대상 뒤에 숨어 있다는 것을 우리는 어떻게 지각 하는가? 그 두 대상을 객체적으로 먼저 지각해서가 아니라 그렇게 숨 어 있는 것으로 지각하기 위해서 먼저 깊이가 체험되어야 한다. 동어 반복적으로 들리겠지만 사태 자체가 그러하므로, 대상이 숨어 있다 는 것을 지각하는 것은 한 대상이 다른 대상 뒤에 숨어 있음을 깊이로 서 체험하는 일이 있고 나서이다.

우리는 표면에 드러나는 것에만 눈길을 주는 자연적 사고 태도 때 문에 의식적 경험의 저류에서 무슨 일이 일어나는지를 도무지 알려 고 하지 않는다. 우리는 눈에 보이는 대상 사이에 있는 상호 연관성, 즉 어떤 것이 다른 물건 뒤에 숨어 있다는 발견에만 주의할 뿐 그 사 고의 비사고, 즉 그 사고에서 사고되지 않은 것을 더 이상 사고하지 않는다. 사람들은 깊이 또는 깊이의 체험에서 사물, 세계가 살을 가 진다는 것을 알 수 없게 되고 만다.

나는 타인을 깊이로서 경험하기 때문에 타인과의 동질감과 이질 감을 단번에 지각한다. 사람이 죽이 척척 맞는 것은 서로에게 열리는 실존적 차원이 있기 때문인데 바로 이 차원이 깊이인 것이다. 사람이 어떤 세계에 수월하게 열리는 경험은 어떤 깊이에 의해서 서로에게 공속되기 때문이다. 내가 어떤 사물과 사람을 파편 조각으로 끝나고 말 대상이요 부분에 부분을 잇대고 말 대상으로 처분하지 않고 서로 공속적이게 만들 수 있는 것도 깊이에 의해서이고 깊이가 공통적이기 때문이다. 사물과 사람의 공속 가능성은 그들이 공통적인 깊이에 의해서 서로 연줄(nexus)을 찾았기 때문이다.

보수 논객이나 정당인이 그들끼리 유유상종하는 현상은 그 동안 인간과 사회를 동일하게 이해해 왔기 때문에 상호 공통적인 깊이를 공유하고 있어서 자신의 사상이 어떤 정치나 정당 강령 또는 이익과 친화력을 가지며 깊이가 공통적일 인물이 모여 있는 정당이나 집단 조직에 스스럼없이 쉽게 가입함으로써 나타나는 것이다. 우리를 세계와 타인에게로 열어 주는 이런 깊이를 존중하기 때문에 사람들은 철새 정치인이나 사상적 전향자를 좋게 보지 않고 변절자라고 폄하하는 것이다. 그러한 폄하 현상이 많은 사람들에게 호소력이 있는 현상 역시도 그 점에 관해서 어떤 선개인(prepersonal)적이고도 일반적인 익명의 육화된 공통성을 서로 공유하고 있기 때문이다.

이러한 깊이는 상호주체적일 수밖에 없다. 왜냐하면 타자가 없는데도 주관과 세계를 말하고 그 관계를 말하는 것은 불가능하기 때문이다. 그렇게 할 수 있다면 그것은 깊이를 부인하는 것과 같을 것이다. 이러한 깊이는 상호신체적일 수밖에 없다. 왜냐하면 깊이가 상호신체적 관계를 표현하지 않는다면 신체와 세계 사이의 교섭은 나의 신체와의 유대를 통하지 않고서도 가능하다는 것을 뜻할 터이기에 이것은 불가능하기 때문이다. 이제 깊이가 타자와 같이하는 존재의 차원으로 드러났으므로 이러한 상호주체성으로서의 살의 관점을 정치적 근본 실재인 폭력에 적용해서 탐구하는 문제로 넘어가 보자.

5. 폭력의 살

_____자유주의 또는 자본주의의 시각에서 보면 폭력은 생존과 부 그리고 사회적 지위를 향한 경제적 경쟁이나 투쟁의 결과로 이해될 수 있다. 자본주의 경제체제에서 경쟁은 사회적 삶의 형식이기 때문에 소외 현상, 물신화, 상품화는 필연적이다. 모두가 자신의 생존과 성공을 위해 타인을 도구화한다. 이러한 도구화 역시 그 자체로 하나의 폭력 행위라고 할 것이다. 또한 이러한 경쟁의 상존과 격화로 말미암아 다양한 형태의 폭력이 발생한다. 예컨대 억압, 부정의, 범죄, 처벌, 불평등, 실업, 착취, 정리 해고 등이 그것이다.

국내의 핵 산업과 관련된 고리 1호기 재가동이냐 폐쇄냐 하는 정부와 시민 단체의 사회적 갈등 현상도 역시 폭력 문제로 바라볼 수 있다. 폐로하든 하지 않든 우리의 미래 세대 자녀들에게 수백 년, 수만 년이 걸리는 방사능 폐기물 처리와 관련된 폐해는 치명적이고 영구적일 것이다. 부모 세대가 몇 세대에 걸칠 미래 자녀들에게 오염된 땅과 그 위험을 물려준다는 것은 차세대를 불평등하게 대우하는 것이다. 이러한 맥락에서 산업화나 근대화도 역시 폭력적 형태를 띠는 셈이다. 따라서 바꾸어 말하면 자본주의 사회체제에서 폭력은 삶의 필연이다. 이와 동시에 이성적이든 반이성적이든 폭력에 맞서기 위한 반대 폭력이 필연적으로 발생한다.

국가 체제 또는 국가주의에서 폭력은 국가 질서와 체제 수호의 명분으로 정당화된다. 자유와 평화와 정의의 존중은 너무나 자주 공권력에 의한 용산 재개발 참사, 파업 진압과 같은 폭력 행위로 나타난다. 국가권력이 경비 용역 업체와 유착하여 도시 빈민의 삶과 인권을 유린하고 생존권을 말살하기도 한다. 어떤 내부가 평화롭기 위해 외부, 즉 국가의 폭력적 개입이 필요하다. 국가는 제주 강정 마을에서 구럼비 바위를 폭파하는 해군기지 건설공사를 공권력으로 보위한다.

이런 방식으로 국가는 폭력을 행사함으로써 국민의 안녕과 질서를 보전한다. 또한 국가는 이데올로기 논쟁, 영토 분쟁이나 자원 공유의 이유로 남한 침공, 이라크 침공 같은 전쟁을 감행한다. 세계가 테러와의 전쟁을 수행 중이다. 국가는 개별 국가의 차원뿐만 아니라 세계적인 차원에서 폭력을 행사한다. 이와 동시에 사람들은 국가가 폭력을 자행하는 것을 막기 위해 시위 폭력, 저항 폭력, 무장 폭력으로 대항한다. 가진 자의 편만 드는 부당하고 불의한 국가 폭력은 반드시 깨어있는 시민의 저항 폭력을 동반한다. 국가 폭력이 저항 폭력을 불러일으키는 것은 엄연한 정치적 현실이다. 이렇듯 국가는 "폭력을 허용할 뿐만 아니라 오히려 그것을 요구하고 있다."[37]

이와 같이 개인의 삶이든 국가 기구이든 폭력은 그 본질 구조이다. 인간의 삶은 폭력에 선고받았고 폭력을 피해 갈 수 없다. 폭력은 모든 인간과 체제의 공통된 출발 상황이자 한계 상황이다. 우리는 순수하게 무고하거나 폭력적이거나 둘 중의 어느 하나에 해당하는 것이 아니라 다양한 폭력 중 어느 하나를 택하게 되어 있다.[38] 폭력이 없으면 좋은 세상이지만 세상에 발을 딛고 사는 이상 폭력은 우리의 운명이다.

37 *HT*. p. 9. 「휴머니즘과 폭력」. 14쪽.
38 *HT*. p. 127. 「휴머니즘과 폭력」. 146쪽.

그런데 왜 폭력은 우리의 운명인가? 그것은 우리가 육화된 존재이기 때문이다. "우리가 육화된 존재인 한 폭력은 우리의 운명이다."[39] 이러한 폭력을 보다 근원적으로 이해하기 위해서 사람들은 "그 사회의 기본 구조와 함께 그 사회를 구성하고 있는 인간관계를 꿰뚫고 있어야 한다. 그리고 이 관계는 말할 것도 없이 법적인 관계뿐만 아니라 노동의 형태와 사랑하고 살아가고 또 죽는 방식까지도 포괄하는 것이다."[40] 다시 말해서 이 모든 상호 세계가 침전되어 있는 육화성에 주목해야 한다. 이 침전된 육화성의 렌즈로 폭력을 규명하는 것이 폭력에 대한 메를로-퐁티의 철학적 탁견이다.

육화는 신체가 세계를 열어 주는 통로라는 고백이다. 우리가 순수의식이기만 하고 신체 존재가 아니라면 우리는 순수의식에 어떠한 폭력도 가할 수 없다. 순수의식은 육화되어 있지 않으면 폭력이 자기에게 가해지거나 가해지지 않거나 차이가 없다. 순수의식은 상황과 "세계에 원초적으로 참여하고 있는 의식"[41]이 되는 한에서만 어떻게 할 수 있는 것이다. 내가 타인 의식을 이렇게 또는 저렇게 마음대로 할 수 있는 것은 최소한 신체를 말미암아 신체 안에서, 신체에 의해서이다. 이 때문에 의식과 정신에 주는 고문과 폭력은 신체에 주는 고통을 통해서 이루어지는 것이다. 이렇게 의식은 오로지 육화되어 있는 한에서만 폭력이 가해질 수 있다.

하나의 의식이 다른 의식을 희생시키면서 자신을 확증하려는 상

---

39 HT, p. 127. 『휴머니즘과 폭력』, 146쪽.
40 HT, p. 10. 『휴머니즘과 폭력』, 15쪽.
41 HT, p. 127. 『휴머니즘과 폭력』, 146쪽.

호 인정의 욕구와 투쟁도 역시 육화된 의식을 통해서 수행된다. 순수 의식 간의 상호 인정과 갈등은 존재할 수 없다. "의식은 자신의 신체 없이는 아무것도 할 수 없다. 의식이 다소간 다른 의식에 영향을 끼칠 수 있는 방법은 그들의 신체에 영향을 미치는 것뿐이다."[42] 인간들이 상호 인정하거나 공존하는 것, 타자를 부인하고 자기를 확증하는 것, 자기를 노예로 만들면서 타자를 인정하는 것은 모두 육화된 의식과 그 체계 안에서 가능하다.[43] 자본의 폭력이든 국가의 폭력이든 그 근저에는 장단기적으로 형성된 이와 같은 육화된 의식이 기능하고 간섭하고 있다.

중앙 정치의 힘과 환경으로 정치적 문제의 해결을 꾀하는 현실 정치주의는 그러한 자신의 신념이 자신을 포함하는 거의 모든 사회 구성원들에게 자연스럽고 불가피한 것이라고 확신한다. 그 대신에 그 확신의 근저에 참으로 무엇이 실재하는가 하는 문제를 인식론적으로 동기화할 수 없다 ―현재의 정치적 현실에 급급하고 몰입하고 있으므로. 그리고 우리가 신체를 가지고 태어난다는 존재론적 사실이 정치적 폭력의 문제를 해결하는 데 어떤 의미와 함의를 가지는가 하는 문제를 탐구할 수 없다― 폭력의 신체적 불가피성에 대한 성찰이 결여되어 있으므로. 하지만 정치적 삶과 토론과 해결은 그러한 기반 위에 일어나고 벌어진다. 삶이 폭력적이고 따라서 정치도 투쟁이라면 이제 정치의 조화와 부조화, 일치와 불일치, 갈등과 통합의 문제는 육화된 의식의 문제이다. 이 모든 것은 인간이 분리되어 떨어져 나

42 HT, p. 122. 『휴머니즘과 폭력』, 140쪽.
43 HT, p. 122. 『휴머니즘과 폭력』, 140쪽.

올 수 없는 의식이자 동시에 신체라는 근본적 역설 때문에 생기는 일이다.[44]

그런데 "타자가 나의 의식을 직접 대면하지 못하듯이 나도 타자의 의식을 직접 대면하지 못한다. 나는 타자에게, 타자는 나에게 대립적인 순수 실존으로 존재하지 않는다."[45] 즉 나와 너의 만남은 신체성을 매개로 하는 만남이다. 따라서 나의 신체는 상호신체적이다. 나는 나의 의식이기 전에 나의 신체이므로 나와 타자의 관계는 상호신체적으로 만들어진다. 하나의 신체성이 다른 신체성으로 소통하거나 전이하지 않는다면 나의 신체성은 고립무원일 것이고 당연히 타자와의 관계를 트거나 설정할 수 없다. 상호신체성이 나와 너의 만남과 얽힘을 예비한다. 나의 신체성과 너의 신체성이 상호 교차하는 가운데 공동성과 차이성, 동종성과 이종성을 배태한다. 상호신체성을 통해서 우리는 서로에게 사람들과 맺는 특정한 관계 유형에 의해서, 타자를 다루는 특정한 활동과 스타일에 의해서 상황지어지고 규정된 존재들이다.[46] 내가 정치적 활동을 펼치는 동안 만나는 많은 사람들은 나의 의식, 너의 의식 곧 '의식들'로가 아니라 '나의 적', '나의 동료', '타도 대상' 등으로 만나지는 것이다. 이러한 연속되는 정치 생활과 행동들은 우리의 공동 신체적 존재성에서 방산하는 깊이의 간극이고 분화들로서 이해할 수 있다.

이리하여 나는 그들을 정치적 전망과 투쟁 전략 속에서 나의 삶으

44 *HT*. p. 122. 『휴머니즘과 폭력』, 140쪽.
45 *HT*. p. 127. 『휴머니즘과 폭력』, 145쪽.
46 *HT*. p. 127. 『휴머니즘과 폭력』, 145쪽.

로 끌어들이고 그들은 하나의 공통 상황 또는 계획을 구성하고 실현하는 다수의 상황에 참가하게 되고 그 속에서 한정된 지위와 스타일과 자원을 가지고 일정한 역할을 수행한다. 그러면서 나는 그들과 함께 어떤 전체적 행위에 연루되고 엮어져 있으며 각자 홀로 존재하는 주체로서의 다수 주체로서가 아니라 하나의 상호주체성으로 존재하게 된다.[47] 역으로 그들 편에서 자신을 볼 때 그들 역시 하나의 상호주관성으로 존재한다고 말할 수 있다. 다시 말해 상호 합의에 도달하는 합리성, 즉 발생하는 합리성, 형성 중인 합리성을 구현하거나 성취한다. 이러한 합리성, 상호주체성을 새로운 개념의 이성의 사례라고 말해도 좋겠고 정치 행위 속에 침전되고 육화된 깊이에서 나오는 살의 창조라고 풀이해도 좋을 것이다.

방금 말한 살로서의 상호주체성은 관계자들이 모두 승복하는 것으로서, 왜냐하면 그렇지 않으면 이도 저도 아닌 것으로서 정치적 합의는 깨어지고 말 것이기 때문이다. 그래서 한 쪽이 손해를 보든 다른 쪽이 이익을 보든 어떻든 간에 분명한 것은 각자의 손익을 측정하는 하나의 공통 잣대가 있다는 것이고 그 때문에 어느 측도 함부로 할 수 없다는 것이다.[48] 말하자면 어느 정도로 느슨한지는 몰라도 어떤 합리적 보편성이 있는 것이다. 이렇게 수립된 보편성은 상대적이지만 어느 정도는 절대적이다. 이런 경우는 부분적으로 인간들이 상호 공존할 수 있는 데 성공한 사례이다.

그러나 폭력의 살에는 이러한 긍정적 의미의 살만 있는 것이 아

47 *HT*, p. 128. 『휴머니즘과 폭력』, 147쪽.
48 *HT*, p. 128. 『휴머니즘과 폭력』, 147쪽.

니다. 인간들의 상호 공존에 실패한 사례도 있을 수 있다. 이런 경우에는 무질서와 혼란 그리고 폭력을 가져올 수 있다. 4대강 사업을 그렇게 볼 수 있다. 이 사업의 정당성과 타당성에 관한 논쟁이 5년 동안 계속되고 있다. 양 진영이 일치하고 동의할 수 있는 상호주체성을 형성하는 데 실패했기 때문이다. 따라서 아직까지 사실과 가치 면에서 공통 잣대가 존재하지 않는다. 이 때문에 정치적 갈등과 폭력이 여전하고 언제 끝날지도 확실하지 않다. 그 이유는 너무 다종하고 다양한 사실과 가치가 육화되어 헝클어져 있기 때문이다. 이와 같은 경우 폭력의 살들이 질서화되기보다는 무질서하게 되어 있어서 상호주체성의 창조가 극히 어렵다.

그렇다면 갈등을 해소하고 상호주체성에 도달하기 위해 어떻게 할 것인가? 그러기 위해서 폭력의 살들의 날실과 씨실 그리고 격자 구조, 상호신체적 관계의 실존적 차원들, 육화된 의식 체제의 차이성과 동일성, 이종성과 동종성 등을 더욱 캐내고 공유하고 상호작용함으로써 각자가 서로 이미 타자로서의 자기 자신을 더 깊이 인지해야 한다. 어째서 이편 사람은 이 살의 지배를 받고 저편 사람은 저 살의 지배를 받는지를 수사해야 한다. 그렇게 할 때 자신이 믿는 신념과 사실과 가치와 입장과 위치와 손익은 헤게모니에서 벗어나고 권력을 내려놓으며 서로 평등화되고 평준화된다. 이것은 양 진영을 지배하거나 예속하는 여러 유형의 권력의 살을 규명하는 문제이다. 그들의 의식 속에 육화되어 있는 "살의 원역사",[49] 즉 그 기원이나 근원을 파

---

49 VI, p. 312. 『보이는 것과 보이지 않는 것』, 372쪽.

제II부 실천 철학

악해야 한다. 공간이 시간이 되어 버린, 시간이 공간이 되어 버린 그런즉 시간과 공간의 차이가 사라지고 시간과 공간이 일체화되고 동시화되는 것이 언제 어떻게 그들의 의식 속에 자리를 잡았는지에 관한 그리고 그것이 어떻게 역사적 장면을 탄생하게 하는지에 관한 메커니즘을 밝히는 연구에 착수해야 한다. 이러한 연구를 메를로-퐁티는 "선험적 지질학"[50]이라고 부른다. 선험적 지질학은 현재의 "역사가 가지고 있는 두께와 살"[51]의 지리나 지형이나 지질을 답사하고 측량하고 판단하고 성좌를 형성하는(constellate) 연구이다.

6. 살의 정치의 전망

_____메를로-퐁티의 살의 정치는 공산주의는 아니다. 그렇지만 반공산주의도 아니다. 공산주의의 참된 인간적 이념과 휴머니즘 정신을 버리기가 힘들었다는 점에서 그렇다. 물론 다른 면에서 보면 구체적으로 말해서 폭력 면에서 보면 공산주의의 폭력을 떠났기 때문에 반공산주의이다. 이러한 입장을 탈공산주의라고 표현하는 것이 온당할 것 같다. 그러면서 서구 진영의 자유주의 체제를 거부할 수 없는 현실적 어려움이 있었다. 야만적 자유주의와 폭력적 공산주의 사이에서 제3의 길을 찾아 나선 구도자로서의 정치 사상가 메를로-퐁티는 자유주의에 발을 딛고 양 체제의 폭력성을 피해 갈 수 있는 새로운

---

50 VI, p. 312. 『보이는 것과 보이지 않는 것』, 373쪽.
51 VI, p. 312. 『보이는 것과 보이지 않는 것』, 372쪽.

정치 패러다임을 추구했다.

일반적으로 지칭해서 메를로-퐁티의 정치적 사상을 자유주의 좌파, 좌파 자유주의자쯤으로 분류할 수 있을 것이다. 가끔은 새로운 자유주의(new liberalism)라고도 부른다. 물론 최근에 세계적으로 회자되는 금융 중심의 세계 자본주의라는 의미의 신자유주의와는 아무런 상관도 없다. 그것은 메를로-퐁티가 공산주의와 결별했기 때문에, 또 그 과정에서 폭력은 선별되어야 한다고 보았기 때문에, 그러나 폭력은 인간 삶의 불가피성이기 때문에 자유주의 체제에서 거주하는 한 폭력을 줄이거나 최소화할 수 있는 또는 폭력을 인간적인 미래를 위해 정당화하는 정치 지도의 원리를 가리키는 개념으로 보는 것이 원만할 것이다.

메를로-퐁티의 살의 정치는 폭력이 인간의 운명이기 때문에 폭력을 비방하거나 저주하지 않는다. 폭력의 현실은 우리 각자가 직면하는 인간 조건이라는 점에서 평등하다. 다만 사회구조적 폭력이 고강도로 또는 저강도로 행사되는 삶의 처지와 형편이 다르다는 점에서 불평등하다. 그러기에 불평불만하지 말고 폭력을 나의 생활환경으로 긍정하고 폭력이 상호주체적 정당성을 가질 수 있는 길을 찾아야 한다는 것이 메를로-퐁티의 정치철학의 교훈이다.

따라서 폭력을 추방하거나 대항하기 위한 폭력은 허용된다. 그러나 그러한 폭력이 어떤 폭력인가에 대해서는 애매한 것 같다. 아마도 "인간이 인간에 대해 최고의 존재가 되는 미래의 지평을 지향"[52]하는

52 *HT*, p. 13. 「휴머니즘과 폭력」, 19쪽.

폭력 정도가 참조 기준이 되지 않을까 한다.

그러나 이러한 대답에는 여전히 모호한 데가 있다. 다만 한 가지 분명한 것은 살의 정치는 폭력을 추방하기 위해 현실 공산주의가 보여 준 것과 같은 혁명적인 폭력을 사용하지 않기를 바란다는 것이다. 메를로-퐁티의 살의 정치는 이러한 종류의 폭력을 사용하지 않고 폭력을 현상학적 사유로 반성하고 또 새로운 대안을 제시해야 한다는 철학적 책임 의식과 지식인으로서의 의무감에서 나온 것이 아닌가 싶다.

이러한 살의 정치가 한국 정치계의 관심과 주목을 끌기 위해서는 정치적 폭력의 현장에 정치적으로 참여하는 방식의 일환으로 선험적 지질학의 이념과 과제를 구체적으로 실천하는 생산물이 나와야 할 것이다. 메를로-퐁티가 자기 시대의 정치적 상황에서 철학적 반성을 통해서 살의 존재론과 그 정치적 탐구로써 여론을 환기하려고 했듯이, 헤겔도 철학은 자기 시대를 개념 또는 사상으로서 파악하는 노력이라고 말했듯이, 그 적용과 응용이 우리나라 한국의 정치적 현실에 대한 시사점을 가질 수 있을 때 현상학적 정치의 미래와 가치는 입증될 것이다. 한국의 정치적 현재와 현실 속에서 우리 모두를 대상으로 취급하지 않고 주체로 대우하면서 인간들 상호 공존의 길을 추구하는 데 기여할 수 있는 선험 지질학적 정치 탐구, 제일철학에 비유될 수 있는 제일정치(학)를 상상한다.*

* 이 글의 출전은 다음과 같다. 「몸의 정치」, 『철학연구』 126집(2013), 대한철학회, 54-78쪽.

제7장

역사의 살

1. 역사의 환원

     후설 현상학의 슬로건으로 널리 알려져 있는 "사물 자체에
로"(Zu den Sachen selbst)를 역사적 현상·자료·사실·지식에 적용하는
것은 일종의 역사적 환원일 것이다. 다시 말해서 현상학적 환원을 역
사적 학문에 감행하는 일이다. 역사적 지식에 현상학을 적용하는 문
제는 역사를 현상학적으로 인식하는 과제를 부과한다. 이것은 역사
를 현상학적으로 이해하고 해석하는 문제이다. 이러한 현상학적 역
사 구성은 역사적 지식의 보편성과 객관성의 궁극 근원을 해명하는
것을 목표로 삼는다. 왜냐하면 후설 현상학은 기본적으로 각양각색
의 대상성을 주관의 주관적 체험과 활동 및 형성 작용으로부터 되묻
는 선험적 태도에 동기화되어 있기 때문이다. 이러한 선험적 동기

를 지속적으로 유지함으로써 궁극적으로 도달한 곳이 선험적 주관성이다.

역사적 세계의 현상학적 환원 역시 역사적 세계가 본질적으로 선험적 주관성 속에 근거하고 있음을 명백히 하고 역사적 세계를 구성된 의미로서 구체적으로 해명하는 것을 이념으로 삼는다. 그래서 후설 현상학에서 역사는 지향적 역사로 규정되고 의미가 형성되고 전승되고 현존하는 구조를 탐구하는 발생적 역사로 중생한다. 이러한 역사 연구나 인식의 범례가 후설의 『유럽학문의 위기와 선험적 현상학』에 부록으로 실려 있는 유고 논문 「지향적 역사의 문제로서 기하학의 기원에 관한 물음Die Frage nach dem Ursprung der Geometrie als intentional−historisches Problem」이다.

후설이 후기 현상학에 와서 구체적으로 제기한 역사의 인식론적 내지는 존재론적 탐구는 일종의 현상학적 역사철학이라고 불러도 크게 틀리지는 않을 것이다. 역사에 대한 혁신적인 사고실험, 말하자면 현상학적 환원을 수행함으로써 우리 주변의 역사적 상황과 현실은 그 존재론적 지위가 변화될 것이다. 역사적 실재는 그 본성과 의미가 다르게 다가올 것이다. 역사적 세계는 그 존재의 당연한 확신으로부터 그 대상성 하나하나가 현상학적 반성을 통해서 선험적 의식에 의해 직접 체험되는 또는 직관되는 본질로 드러날 것이다. 역사의 현상학적 환원은 인식되기 이전에 지속적으로 영향을 미치면서 미리 주어져 있는 인간 삶의 총체적 지평 이른바 생활 세계와 그 보편적 본질 구조를 역사의 아프리오리(a priori)로서[1] 분명하게 밝혀 줄 것이다. 다시 말해서 역사를 구성하는 아프리오리한 것이 무엇인가를 밝혀 주고 그것이 선험적인 것임을 따라서 그 자체는 상대적이지 않고 불변적이고 보편적인 것임을 보여 줄 것이다.[2] 이것이 후설이 말하는 생활 세계의 존재론이다.[3]

또한 이러한 선험적 생활 세계의 존재론에서 드러나는 아프리오리한 선험적 사실은 주관이 대상의 경험에서 경험되는 대상보다 인식론적으로 먼저이지 않으면 안 된다는 점이다. 역사적 대상 예컨대 전통과 문화는 바로 그것을 경험하는 주관과의 의미 연관을 어떤 방식으로라도 맺지 않고서는 경험될 수 없다. 일본의 지진과 쓰나미는 나와 무관하게, 나의 참여 없이 존재하고 진행되어 갈지 모른다. 그렇다면 나는 그것을 의식해서는 안 되고 또 의식할 수 없어야 할 것이다. 그러나 나는 바로 그 정도로 그것과 연관을 맺고 있는 것이다. 그것은 계속되어 진행해 갈지 모르지만 나에 대해서는 그만큼 그 정도로 존재하는 것이다. 이렇듯 선험적 주관성은 역사적 대상·경험·의식의 가능 조건인 것이다.

이러한 종류의 앎은 역사에 대한 현상학적 연구 방법의 성과물이다. 역사에 대해 현상학적으로 접근한다는 것은 역사적 현실을 지각

---

1 에드문트 후설, 『유럽학문의 위기와 선험적 현상학』, 이종훈 옮김(서울: 한길사, 2007), 559, 562, 564, 566, 570쪽. 『위기』로 이하에 표기함. 그리고 이하에서 인용되는 모든 번역문은 원문과 대조하여 필요하면 부분적으로 지구 수정을 가했다. 따라서 옮긴이의 원번역문과 조금씩 다른 부분이 있을 수 있다.

2 『위기』, 559, 562, 564, 566, 570쪽.

3 후설의 생활 세계의 존재론이 성공할 수 없다는 논제를 다루는 논문으로는 다음을 참조. 이 논문의 저자는 후설의 기하학에 대한 선험 역사적 해명이 수학의 역사의 실제적 발전 과정에 기초하지 않았다는 점을 부각시킨다. Burt C. Hopkins, "Crisis, History, and Husserl's Phenomenological Project of Desedimenting the Formalization of Meaning: Jacob Klein's Contribution", *Graduate Faculty Philosophy Journal* (2003), vol.24, no.1, pp. 75-102.

하거나 판단할 때 우리가 역사적인 것이라고 간주하는 것을 어떻게 구성하는가 하는 입각점에서 바라본다는 뜻이다. 현상학적 역사 연구는 역사로 체험된 것 또는 체험된 역사가 형성되는 근원과 발생을 탐구하는 연구이다. 현상학적 역사는 역사적 상황에서 개인이 내리는 판단과 행동에 침전된 역사적 논리를 해명하고자 한다. 왜냐하면 개개인의 의식의 삶은 당연히 역사적, 사회적일 터이고 이러한 차원은 개개인의 모든 역사적 체험에 자리 잡고 있기 때문이다. 또한 개인이 경험하는 국가와 민족의 역사적 질서, 공적 질서 역시 언어와 함께 제도화되고 지속된다. 이러한 언어들 역시 현상학적 역사의 분석 대상이다.

이것뿐만 아니라 역사적 질서의 공적 규범은 그 자체로 현상학적 역사의 연구 대상이다. 왜냐하면 그것은 그 자체로 현상학적 역사를 구성하는 토대요 형성물이며 지속적인 타당성을 가지고 있는 습득성이기 때문이다. 역으로, 이러한 공적 규범을 개인이 자신의 사고와 행동을 통해서 어떻게 형성하는가 하는 문제도 현상학적 역사 연구의 초점이다. 세계의 구성에 참여하는 모든 자아는 자신의 수동적 역사만 가지고 있는 것이 아니라 능동적 역사도 가진다. 이렇듯 선험적 의식의 역사성은 현상학적 역사철학의 기본 신앙이다. 아마도 개인적·민족적·국가적·제도적 규범과 질서의 논리와 구조를 현상학적 관점에서 인식하는 것은 역사에 대한 현상학 또는 현상학적 역사가의 획기적인 기여임에 틀림없을 것이다.

후설의 현상학적 역사 연구는 우리가 살고 있는 구체적인 역사적 시기를 그 속에 놓여 있는 아프리오리한 구조에 대한 관심을 가지고 역사적 사실에 육화된 보편적 본질 구조를 파악한다는 점에서 아프리오리한 학문 활동이다.[4] 메를로-퐁티는 일상적인 사실적 역사 속에 놓여 있는 "본질적인 보편적 구조"[5]를 드러내어 밝히는 아프리오리한 학문을 "역사의 형상학"(an eidetic of history)[6]이라고 표현한다. 역사의 보편적 아프리오리를 탐구하는 학문으로서 역사의 형상학 또는 본질학은 동시에 메를로-퐁티의 현상학적 역사 연구의 아르키메데스적 일점이다.

메를로-퐁티는 역사가들이 경험적 역사에만 몰두함으로써 그들이 사용하는 수많은 개념의 참된 의미를 간과하고 있다고 생각한다.[7] 다시 말해서 우리는 이런저런 역사적 사실과 사료를 많이 접한다고 해서 사실의 본질에 도달할 수 없다. 우리가 종교의 다양한 문화적 사례와 경험적 형태들을 연구한다고 해서 종교의 본질을 획득할 수 있는 것은 아니다. 사법 체계에 관한 역사적 사례들은 수없이 많다. 그러나 이러한 사례들을 연구한다고 하더라도 법의 본질, 정의의 법이 무엇인가라는 문제가 명쾌하게 답해지는 것은 아니다. 그 문제에 관해서는 경험적 질서의 것에 속하지 않는 별도의 반성이 필요할 것이다. 말하자면 역사의 형상학이 필요한 것이다. 이러한 본질은 사실에서가 아니라 이념적 영역에서 얻어진다. 사실에서부터 이념적 객관성을 성취하는 것은 주관과 주관의 명증적 자기 체험 능력 없이는

---

4 『위기』. 562-563쪽.

5 『위기』. 562-563쪽.

6 Merleau-Ponty, *The Primacy of Perception*, ed., James M. Edie (Evanston: Northwestern University Press, 1964), p. 85. *Primacy*로 이하에 표기함.

7 *Primacy*, p. 85.

불가능하다.[8]

2. 역사의 자기 인식적 성격

_____역사가의 역사 탐구는 한 시대의 증거로 수집한 사료나 사실들로만 이루어지는 것은 아닐 것이다. 역사가는 역사적 사료를 다루고 현상을 비판한다. 역사가가 사료를 읽고 편집하고 분류하면서 어떤 역사적 현상을 비판할 때 그는 어떤 본질적 통일성을 결여하고 있는 과거의 자취나 흔적을 접하게 되면 배제하거나 버릴 것이다. 바로 그때 그는 스스로는 모르고 있을지라도 어떤 반성을 수행하고 있었던 것이며 그 반성에서 그는 어떤 것은 긍정하고 어떤 것은 부정했던 셈이다.

그렇다면 모든 비판은 어떤 것을 적극적으로 긍정하는 정신적 수행이다. 따라서 모든 비판에는 그것이 역사적이든 비역사적이든 어떤 반성 또는 직관 체계가 있는 셈이다. 메를로-퐁티가 말한 대로, 모든 역사적 비판은 그 자체로 분명히 밝혀져야 할 필요가 있는 어떤 체계적 직관을 가지고 있다.[9] 역사가는 저마다 구체적인 역사적 연구를 수행하면서 애매하거나 혼동스러운 본질 직관을 하고 있다. 그는 역사적 사실이나 민속학적 사실을 탐구하고 조사하면서 어떤 본질을 암시하고 있는 셈이고 나아가서 그것을 또 다른 역사적 가능성의 이

8 「위기」 547쪽.
9 _Primacy_, p. 90.

해를 위한 필수 불가결한 조건으로 용인하고 있는 셈이다.

> 따지고 보면 역사가의 작업은 구체적으로 발생한 사실들이 아니라 사료들로부터 시작한다. 그는 가능한 모든 사료 중 주어진 것을 통해 우리가 역사적 사실들이라 부르는 것을 구성한다. 다시 말해서, 역사가는 몇몇 중요한 기준들을 사용하여 자신의 의도에 따라 수집한 사료들을 적절히 고르는 한편, 그렇게 선택된 사료들을 역사적인 사건들이 되기에 적합한 형태로 연결, 조합하며 가공한다. 따라서 겉으로는 출발점인 것처럼 보여도 역사적 사실들은 출발점이 아니다. 그것들은 차라리 종착점이자 결과다. … 만일 어느 역사가가 자신은 구체적으로 발생한 사실들에서 출발한다고 주장한다면 그 주장은 단지 하나의 환상일 뿐이다.[10]

따라서 역사는 우리가 소박하게 믿는 바와 달리 관찰자의 객관성에 의해 인도되거나 구성된다고 볼 수 없다.

역사적 지식은 "역사가의 고독한 반성"[11]임은 분명하다. 또한 그것은 역사가의 사실적 탐구 없이 진행될 수 없다는 점도 확실하다. 그러나 역사가가 형성하는 역사성의 구성과 참여자의 역사성 사이에 차이가 있다는 점도 부인할 수 없다. 따라서 역사적 진실의 참된 규명을 위해서는 역사적 장에 참여한 주관의 체험에 대한 이해가 먼저이다.

---

10 송석랑, 「역사연구의 '과학-예술'성과 객관성」, 『인문학 연구』 vol.34, no.2(2007), 충남대 인문과학연구소, 263쪽에서 재인용.

11 *Primacy*, p. 92.

여기서 체험은 과거, 현재, 미래가 연결되는 자기반성을 말한다. 이러한 연결이 없다면 역사가는 과거에 대해서 바로 그 과거에 없는 통일성을 부여할 수 없을 것이고 그렇다면 역사적 사실과 지식은 존재할 수 없을 것이다. "존재한 것, 존재하는 것, 존재할 것 사이에는 항상 내적 관계가 있다. 바로 이것이 정확히 역사성이라는 것이다. 그리고 이 역사성은 정체된 또는 냉각된 사회에는 있을 리가 없다."[12]

이러한 역사성 속에서 인간은 자기 자신의 개별성과 시간성을 경험하고 유한한 역사적 존재로 인식한다. 시간 속에서 이루어지는 이러한 자기 체험과 인식은 자기 자신을 뼈저리게 철저한 역사적 존재인 것으로 고백하게 만든다. 그러나 나 자신의 이러한 경험은 그와 동시에 나의 개별성과 시간성을 초월하는 경험으로 전화된다. 내가 한계가 있다는 경험은 나 자신의 개인적 경험이지만 여기에 그치지 않고 바로 그러한 경험에 의해서 기이하게도 나의 시간성과 개별성을 넘어서는 경험인 것으로 변형되고 체험된다. 이것이야말로 나 자신의 개인적 경험 속에 육화되어 있는 보편적 본질이고 구조적 아프리오리이다. 나 자신의 한계에 대한 단순한 경험이 그 한계에 의해 암시되는 본질, 직관적인 경험으로 체험되는 이러한 구조는 신비롭기가 그지없다.

그러나 역사가 이렇게 이미 항상 자기 체험적·자기 인식적이지 않을 수 없다는 점으로부터 역사의 주관성과 객관성, 상대성과 보편성의 문제가 발생한다. 역사에 선험적 또는 경험적 주관성, 아프리오

12 *Primacy*, p. 91.

리한 것이 있다면 본질적 개체성을 주창하는 역사주의 또는 역사적 상대주의는 역사 이론으로서 정당한 권리를 가질 수 있다. 반대로 아프리오리한 것이 역사적 실천 속에 본질적으로 들어 있고 주관적인 것이 그로부터 제거될 수 없다면 역사적 객관성이 존재할 수 있는가 하는 물음이 제기될 수 있다.

역사를 실증과학·객관과학적으로 접근하고 주관적인 것·아프리오리한 것의 모든 흔적을 제거하려는 연구 방법에 따르면 역사는 불가능하다. 역사적 실제를 실증주의적으로 규명하는 이론적 입장의 맹점은 자연과학에서 사용된 방법을 인간의 모든 경험과 지식에 적용될 수 있는 유일한 방법으로 옹호한다는 점이다. 이것이 그릇된 신념이라고 판단하는 단순하지만 매우 심중한 이유는 역사에 관한 아프리오리한 요소나 영향을 반대하는 것은 자유라고 할지라도 그것을 학문 방법으로 적용하는 노력과 권리를 선천적으로 금지할 수 있는 권한이 어느 누구에게도 없다는 점이다. 객관성에 대한 열망 때문에 말 앞에 마차를 놓을 수는 없는 법이다. 자기 체험적 주관 없는 역사적 실재는 불가능하겠기에 말이다. 실증과학의 방법과 이념의 위세가 여전한 것은 역사가든 과학자든 연구 대상보다 연구하는 주체, 즉 선험적 자아의 지위와 역할에 대한 공정한 관심과 철저한 자각이 결여되어 있다는 것이 그 주요인 중 하나일 것이다.

사실, 역사의 탐구에서 주관적 요소로부터 자기 자신을 보호하는 것은 불가능하지는 않겠지만 극히 어려운 일이라서 가능한 한 객관성을 추구하는 반면 아프리오리한 것을 축소하려는 경향이 있다. 역사가들은 주관성의 모든 요소를 제거하려는 어떤 방법에 대한 추구 때문에 주관성을 과장할 필요는 없지만 최소한 경시해서는 안 될 것이다. 역설적으로 말해서, 주관적 측면을 최소화하려 한다면 그에 비례해서 역사가 자신의 역사적 연구의 객관성이 저하되는 결과가 나올 수도 있다. 주관성에 대한 편견 또는 혐오는 주관성에 대해서도 객관성에 대해서도 결코 공정한 처사가 아니다.

　역으로, 주관성을 강조하다 보면 실제적 현실은 있는 그대로 파악되지 않을 수 있다. 사실적 객관보다 주관을 앞세움으로써 본말을 전도할 수 있다. 주관의 이념적 실천을 앞세울 때 역사적 현실은 언제든지 왜곡될 수 있다. 역사적 현실을 훼손하고 왜곡하면서까지 주관적인 것을 지키는 경우는 얼마든지 있다. 과거의 사료를 아는 것보다 인간에 대해서 아는 것이 훨씬 더 중요할 수 있다는 사실로 미루어 볼 때 역사에서 아프리오리한 주관성의 영향은 결코 하찮은 것이 아니다. 이렇든 저렇든 역사적 존재로서의 인간 자신과 자기 인식이 역사 연구의 중요 인자임을 정직하게 인정하는 것이 필요하다. 다만 여기서는 지금 논의의 목적상 역사의 주관성과 객관성, 상대성과 보편성의 문제가 역사의 주관성이 상호주체성으로 확인되는 데서 해소될 수 있다는 점만을 언급하는 것으로 그친다.[13]

13　이 문제는 별도의 논의를 필요로 한다. 분명한 것은 현상학적 운동의 역사에서 후설을 비롯하여 하이데거, 메를로-퐁티 등이 주관주의와 객관주의의 대립을 선험적 주관성의 상호주체적 구조를 현상학적으로 확립함으로써 해결하려고 했다는 점이다. 따라서 역사의 자기 인식적 성격에서 출발한다고 해서 역사적 객관성의 정립이 불가능해지는 것은 아니라고 하겠다. 또한 현대 유럽 철학의 연구 추세가 자기 인식에서 상호주체적 인식으로 옮겨졌다는 점도 주목을 요한다.

3. 역사적 의미의 생성

　　　　우리는 모든 역사적 사실과 지식에는 사람의 자기 인식이 화육되어 있다고 말했다. 차라리 인간은 그 자체가 역사이지 않는가라고 말해야 할 것이다. 역사 연구의 실천이든 역사가의 실제적 경험이든 역사적 실천에 내포된 이러한 자기 체험과 인식은 역사가 "사람의 의미들과 공존"[14]이라는 사실을 알려 주고 역사는 의미가 "침전된 역사"[15]라는 것을 말해 준다. 현재의 나는 과거에 빚지고 있고 미래의 타인을 위해 일하고 있다. 나는 과거에서 현재의 나, 미래의 나를 발견한다. 나는 역사이지만 역사이기 이전에도 역사의 깊은 흐름 속에 자리하고 있었다. 현재는 결코 단순한 현재적 순간이 아닌 것이다. 이렇듯 인간은 역사적 현존재[16]로서 과거와 현재 또는 미래가 매개되어 있고 교차(chiasm)되어 있는 영향사적 존재이다.

　　'일어난 그대로', '있었던 그대로'가 어떻든 간에 나에게 침전된 역사와 시간의 화음이 없었다면 또는 과거, 현재, 미래의 어느 하나가 걸려 있지 않다면, 통일성 없는 단편에 불과한 사건은 역사로서 기록될 수도 서술될 수도 없을 것이다. 이미 일어난 사건이 순수 다양이기를 그치고 역사적 질서로 형태화되는 것은 역사를 가지고 있는 인간 자신의 주관성에 의해서이지만 그 과거는 과거 자체가 아니라 과거와 현재 사이에 있었던 모종의 대화 또는 이해를 전제할 때 역사로

14　*Primacy*, p. 92.
15　*Primacy*, p. 88.
16　하이데거의 현존재 개념을 전용했다.

될 수 있다. 역사가 되기를 기다리는 어떤 구체적인 사건은 역사가의 의미 부여를 통해서 역사적 실재로서 자신의 존재를 드러내지만 이것은 역사가의 주관성이 역사적 전통, 영향사, 생활 세계를 의미 부여의 토대로 삼고 있기 때문에 가능하다. 이러한 역사성에 공통되는 것은 침전된 역사성이라는 점이다. 이러한 역사성 속에 이미 역사의 의미, 역사적 의미가 내재하고 있는 것이다.

역사가가 주어진 사건을 이해하는 일에 착수하는 과제를 곧 결단을 내릴 행동가의 과제에 비추어서 살펴보자.[17] 여기에 곧 결단을 내릴 행동가가 있다고 상상해 보자. 그는 어떤 연유로 해서 곧 결단을 내려야 한다. 그리고 그는 결단을 내리고 행동으로 옮겼다. 결단을 내리고 행동한 그 사람은 그렇지 아니한 사람들과는 다른 처지라서 그들에게 없었던 앎이 결단에 임할 때 생겼을 것이다. 그와 마찬가지로 역사가는 형태와 질서 없이 주어진 채로 파악되기를 기다리는 사건을 인식하려고 준비한다. 역사가는 스스로 그 사건과 관련해서 행동했던 사람들의 입장에 처해 본다. 역사가는 당사자는 아니지만 그렇게 행동한 사람의 입장에 처해 봄으로써 이전의 그에게는 없었던 앎이 생기는 것을 체험한다. 자신을 그런 입장에 놓는 것은 상상 속의 일이지만 그렇게 함으로써, 즉 상상 속에서 취하는 그 행동 덕분으로 어떤 앎이 예기된다. 이 앎은 주어진 사건을 역사 내지 역사적 사실로 만든다. 즉 사건과 사건의 인식이 동시적으로 일체로서 발생한

---

17 Merleau-Ponty, *Résumés de cours: Collège de France 1952-1960* (Paris: Gallimard, 1968) p. 48; *In Praise of Philosophy and Other Essays*, trans. John Wild, James Edie, and John O'Neill (Evanston: Northwestern University Press, 1970), p. 99. *Résumés*, *In Praise*로 이하에 각각 표기함.

제Ⅱ부 실천 철학

다. 이것이 우리가 역사 또는 역사적 객관성이라고 부르는 것이라면 역사는 지식의 생성, 즉 "진리의 발생"(genesis)[18]으로 이해된다.

역사가 이렇게 인식된다면 역사가는 일어난 일을 자의적으로 선택한다는 비난을 받을 우려가 없지는 않겠지만 일어난 일이 역사의 사실로 되는 과정에서 역사의 사실(객관성)과 역사가(주관성)의 대립은 해소될 수 있다.[19] 따라서 사건 과정이 통일성 없는 단편들인 곳에는 역사가 있을 수 없다.[20] 우리가 순수 다양이라고 가정하는 실재와 역사가가 구성하는 대상 사이에 분리가 있는 곳에 역사는 없다. 이러한 역사 개념에 의하면 사건은 "이성의 발생이라는 가치를 띠고"[21] 있고 역사는 "우연성 속에 들어 있는 합리성"[22]이고 역사는 "의미의 도래"[23]이고 용출이며 "모든 의미들이 형성되는 상황"[24]이고 "역사적 의미는

---

18 *Résumés*, pp. 55-56. *In Praise*, p. 105, 106 ff. 역사가 진리의 발생으로 재개념화된다면, 역사는 철학과 일치하고 동일하다. 왜냐하면 철학은 이러한 의미의 진리의 발생을 추구하기 때문이다. Merleau-Ponty, *Éloge de la philosophie et autres essais* (Paris: Gallimard, 1953), pp. 58-59 참조. 메를로-퐁티, 『현상학과 예술』, 오병남 옮김(서울: 서광사, 1983), 277쪽. *Éloge*, 『현상학과 예술』로 이하에 각각 표기함.

19 이 점에서 역사적 객관성은 절대적 객관성이 아니라 상대적 객관성의 정도일 것이다. 하지만 상호주체적 타당성을 가지는 한에서라면 보편적 객관성에 이를 수 있다고 후하게 보아줄 수 있다. 메를로-퐁티는 이러한 보편성을 횡단적(transversal) 성격의 것으로 규명하고자 하는 것 같다. 메를로-퐁티, 『휴머니즘과 폭력』, 박현모·유영산·이병택 옮김(서울: 문학과 지성사, 2004), 229쪽 참조. 이 역서를 위한 정화열 교수의 한국어판 발문을 보면 횡단성(transversality) 개념이 나온다. 메를로-퐁티, 『보이는 것과 보이지 않는 것』, 남수인·최의영 옮김(서울: 동문선, 2004)에도 더러 나온다. 389쪽 참조. 『휴머니즘과 폭력』, 『보이는 것과 보이지 않는 것』으로 이하에 각각 표기함.

20 *Résumés*, p. 46. *In Praise*, p. 97.

21 *Éloge*, p. 53. *In Praise*, p. 51. 『현상학과 예술』, 272쪽.

22 *Éloge*, p. 56. *Résumés*, p. 45. *In Praise*, pp. 55, 97. 『현상학과 예술』, 275쪽.

23 Merleau-Ponty, *Les Aventures de la dialectique* (Paris: Gallimard, 1955), p. 30. trans. Joseph Bien, *Adventures of the Dialectic* (Evanston: Northwestern University Press, 1973), p. 17.

24 *Éloge*, p. 52. *In Praise*, p. 50. 『현상학과 예술』, 271쪽.

인간 상호 간의 사건 속에 내재해 있다."[25]

그렇다면 이러한 내재적 의미는 어디에 자리하고 있는가? 우리가 역사 속에서 우연성과 의미의 연합을 이해하고자 할 때 분명히 요구되는 것은 "체험된 논리, 즉 자기 구성"[26]이다. 역사적 지각은 모든 지각처럼 전경에 들어올 수 없는 것을 배경 속에 남겨 두면서 그 힘의 동선과 계열이 탄생하여 전개됨에 따라 그 자취를 능동적으로 이끌고 어떤 결말을 성취하는 수행이다.[27] 이러한 수행 활동에서 지각은 의미가 그 자신을 소유하고 있는 자기 내부의 풍요로운 순간과 계기들을 포착하는 것으로 이해되며 이것은 지각이 우리 내부에서 개시되고 발전하는 "익명적 상징 활동"[28]이라는 것을 암시한다. 지각은 "상징 형식이 한정된 방식으로서 수행하고 있는 표현"[29]이고 "하나의 상징을 다른 상징으로 바꾸는 일"[30]이다. 우리가 역사적 형식과 과정, 계급, 시대를 역사적 의미로 경험하는 것은 바로 이러한 상징체계에 의해서 가능하다.

국가와 정당 같은 정치적 제도, 가족, 교육, 교회 같은 사회적 제도, 사법 제도, 경제적 제도, 생산 제도나 체계 속에 의미가 잠재해 있는 것은 상징체계 때문이다. 또한 이 모든 현상들 사이의 상호 관계가 가능한 것도 이들이 모두 상징들이기 때문이다. "제도 하나하나는

25 *Éloge*, p. 53. *In Praise*, p. 51. 「현상학과 예술」 272쪽.
26 *Éloge*, p. 56. *In Praise*, p. 55. 「현상학과 예술」 275쪽.
27 *Résumés*, p. 46. *In Praise*, p. 98.
28 *Éloge*, p. 58. *In Praise*, p. 57. 「현상학과 예술」 277쪽.
29 *Éloge*, p. 58. *In Praise*, p. 58. 「현상학과 예술」 277쪽.
30 *Éloge*, p. 57. *In Praise*, p. 56. 「현상학과 예술」 276쪽.

생각을 거칠 필요도 없이 주체가 받아들여 하나의 기능 방식 또는 전체적 배치 구성(configuration)으로 통합하는 상징체계인 것이다."[31] 그렇다면 상징체계는 어느 누구에 의해서 분명하게 사유되지는 않을지라도 "내적 논리"[32]를 가지고서 의미의 발생과 창조와 재결합에 "분자 운동과 같은 변화"[33]를 일으키면서 일정한 방향으로 통일을 수행한다. 그리하여 우리는 역사적 의미를 이제 제도로서, 상징체계로서 이해할 수 있게 되었다.

그렇다면 역사를 제도로서 이해한다는 것은 보다 구체적으로 무엇을 말하는가? 우리는 상징체계로서의 제도(institution)를 어떻게 이해할 것인가? 메를로-퐁티는 제도를 독특하게 규정한다.

제도는 경험에 영속적 차원을 부여하는 경험의 사건들이거니와 여타의 모든 연속적 경험은 바로 이 영속적 차원과의 연관 속에서 의미를 가지게 될 것이며, 사고될 수 있는 일련의 것, 즉 역사를 형성하게 되는 것도 바로 이 영속적 차원과의 연관 속에서이다. 다시 말하면 제도는 내 속에 의미를 침전시키되 그러나 잔존물과 잉여물로서만이 아니라 일련의 후속을 불러들이고 미래를 요구하는 것으로서 침전시키는 사건들이다.[34]

---

31 *Éloge*. p. 57. *In Praise*. pp. 55-56. 「현상학과 예술」, 276쪽.
32 *Éloge*. p. 57. *In Praise*. p. 56. 「현상학과 예술」, 276쪽.
33 *Éloge*. p. 57. *In Praise*. p. 56. 「현상학과 예술」, 276쪽.
34 *Résumés*. p. 61. *In Praise*. pp. 108-109.

이러한 제도 개념의 요체는 제도가 오래된 사건의 보존(conservation)이 추월(dépassement) 및 미래의 요구에 연결되는 것을 확립한다는 점에 있다. 다시 말해서 제도는 이러한 연결이 성립하는 영속적 구조를 확립한다. 아마도 이것을 두고 헤겔은 객관적 정신이라 부르고 메를로-퐁티는 "일반화된 의미"[35]라고 불렀을 것이다. 물론 이 영속적 차원 또는 구조는 보존과 추월 또는 초월이라는 두 의미를 가지는 변증법적 지양 없이는 불가능할 것이다. 또한 제도에 대한 개인의 내면화 없이도 불가능할 것이다. 이 점에서 주체는 칸트나 후설류의 '구성하는 주체(constituting subject)'로서보다는 '제도하는 주체(instituting subject)'[36]로서 새롭게 혁신된다고 보는 것이 좋을 것이다. 제도는 이러한 내면화 과정에서 존재되기도 하고 수용되거나 거부된다. 바꾸어 말하면 제도는 개인에게 어떤 상징적인 표현 능력을 보여 주는 셈이다. 제도는 능력 존재로서 창조력으로서 나타날 수도 있고 구속 또는 억제 능력으로 나타날 수도 있다. 즉 제도의 능력이 이런저런 모습으로 제도화되는 셈이다. 따라서 제도는 개인에게 제도화될 때 제도된다. 즉 지속할 수 있다. 제도에게 제도화되는 형식이 요구되는 것은 구조의 확립 또는 확립된 구조를 유지하기 위한 목적에서라고 풀이된다. 그리고 이것이 일반화된 의미가 제도화를 요구하는 이유라고도 말할 수 있다. 이러한 관점에서 볼 때 제도는 인간을 빚어내고 형성하고 변형하는 능력이다.

이러한 제도의 개념을 인간과 역사에 적용해 보자. 인간의 경우,

---

35 *Éloge*, p. 55. *In Praise*, p. 54. 「현상학과 예술」, 274쪽.
36 *Résumés*, p. 60. *In Praise*, p. 108.

인간이라는 제도는 주관성의 삶에 의해 체험된 일반화된 의미를 지시하는 것으로 파악할 수 있다. 다시 말해서 그것은 자기 형성과 이해가 동시에 타인의 형성과 이해라는 상호주체성의 가치를 내면화한 상징 체계라고 간주해도 무리는 없을 것이다. 이 점을 고려할 때 인간은 미완의 제도로서 완성되어야 할 과업이요 과제라고 말해도 좋다. 그래서 인간의 역사적 실천은 "인간이 자연 및 타인과의 관계를 조직하는 활동들이 서로 교차하는 가운데서 자발적으로 윤곽이 뚜렷이 드러나는 의미"[37]라고 말한다. 마찬가지로 역사도 완성해야 할 어떤 의미를 가지고 있다. 역사는 자신이 요구하는 어떤 과제를 실현하기 위해 출현하거나 태어난다. 역사가 그러한 의미를 잃어버리면 존재 이유를 상실할 터이고 따라서 더 이상 완성해야 할 의미도 과제도 없다.

인간이나 역사는 제도로서 변증법적 긴장 상태에 놓여 있다. 그것들은 제도로서 한편으로는 자신의 지속과 연속의 시간을 위해 보존을, 다른 한편으로는 자신의 죽음과 새로운 제도의 탄생을 위해 추월 또는 초월을 구현하고 상징한다. 이러한 제도는 원칙적으로 상징체계의 참여자로서의 우리가 타인과 함께 존재하고 있다는 사실을 전제한다. 그래서 제도에 내재하는 의미는 너와 나의 "공존의 변조"[38]일 수밖에 없다. 이것은 제도로서의 역사가 실존적 구조를 가지고 있다는 것을 의미한다. 구체적 개인은 자신의 삶 속에서 사회 제도의 익명적 구조에 인종하거나 육화하면서 살아간다. 인간은 현존하는 제도의 한가운데서 탄생하고 그 제도의 말과 언어를 걸머진다. 제도의

---

37 *Éloge*, p. 52. *In Praise*, p. 50.
38 *Éloge*, p. 57. *In Praise*, p. 56. 『현상학과 예술』, 276쪽.

로고스는 인간 속에서 실현되는 것이겠지만 결코 "인간의 소유물"[39]
이나 속성으로서는 아닐 것이다. 인간은 자신이 존중을 표할 규범을
어쩔 수 없이 받아들인다. 이 점에서 그는 제도된 존재이다. 하지만
그는 제도와 그 구조를 자신의 것으로 만들고 새로운 제도의 변형과
탄생에 참여한다. 말하자면 인간은 제도된 것에 따르면서도 동시에
그것을 추월하고 능가하는, 즉 제도하는 존재이다. 인간은 세계와 타
인과 더불어 관계를 제도한다. 이제 인간은 제도의 그물망에 자리 잡
고 있는 것으로 판명된다.

주어진 제도적 상황이나 역사와 개인적 주관성 사이에는 항상 "발
원적(originaire) 획득의 두께",[40] 역사의 두께, 일반적 실존의 양상,[41] 익
명적 일반성[42]이 있다. 이러한 일반성은 익명적이고 일반적인 실존[43]
으로서 우리의 신체적 기능의 일반성,[44] 우리의 습관성의 일반성[45]이
다. 이 익명적인 것은 우리가 어떤 세계 일반에 속해 있을 때와 같이
비개인적으로 존재하는 일반성[46]이다. 이것은 일반성의 환경에서 나
의 이면으로부터 나 자신에게 선개인적으로 나타나는 "자연적 나"[47]

---

39 Merleau-Ponty, *Le Visible et l'invisible* (Paris: Gallimard, 1964), p. 328; trans. Alphonso Lingis, *The Visible and the Invisible* (Evanston: Northwestern University Press, 1968), p. 274; 「보이는 것과 보이지 않는 것」, 396쪽. *Le Visible*, *The Visible*로 이하에 각각 표기함.

40 메를로-퐁티, 「지각의 현상학」, 류의근 옮김(서울: 문학과 지성사, 2002), 330쪽. 「지각의 현상학」으로 이하에 표기함.

41 「지각의 현상학」, 329쪽.

42 「지각의 현상학」, 329쪽.

43 「지각의 현상학」, 146쪽.

44 「지각의 현상학」, 220쪽.

45 「지각의 현상학」, 220쪽.

46 「지각의 현상학」, 146쪽.

47 「지각의 현상학」, 330쪽.

이다. 이 선개인적 자연적 나는 나중에 심화 발전하여 메를로-퐁티의 후기 사상에서 살로 명명된다.[48] 이러한 "비반성적 나",[49] 선반성적 나는 반성적 주관이 나타나게 되면서도 바로 거기에 함께 참여하고 있는 불투명한 존재와의 의사소통인 것이고[50] 이것은 "자신의 의미의 순수한 표현을 이끌어 내는 것이 문제인 순수하고도 이를테면 말없는 경험",[51] 즉 체험된 경험인 것이다.

개인적 나는 이러한 경험을 통해서 선개인적 전통과 역사와 제도를 자신의 개인적 결단을 위한 동기로서 체험하고 또 되찾으며 그리하여 이 익명적·선개인적 나는 나의 역사에 선행하면서 나의 역사를 종결짓기도 한다.[52] 이러한 익명성은 한편으로는 보편적 살이 나의 개인적 살로 될 때 가시화될 것이고 따라서 그리하여 역사에서 의미의 출현으로 생성될 때 익명성은 추월되거나 초월될 것이다. 다른 한편으로는 이러한 익명성은 나의 신체의 능동적 수동성의 요소로서 남고 유지될 것이고 따라서 그리하여 문화적으로 역사적으로 획득되어 새로운 일반화된 익명적 실존의 방식으로 출현함으로써 보존될 것이다. 우리의 자기 현전은 그것이 자기 내면적이든 타인 지향적이든 세계로 향한 것이든 이미 이러한 의미의 일반화된 실존에 의해 매개되어 있기 때문에 **"역사는 언제나 체험된 역사"**[53]인 것이다.

---

48 *Le Visible*, p. 183. *The Visible*, p. 139. 「보이는 것과 보이지 않는 것」, 200쪽.

49 「지각의 현상학」, 335쪽.

50 「지각의 현상학」, 335쪽.

51 「지각의 현상학」, 335-336쪽.

52 「지각의 현상학」, 519-520쪽. 그리고 역으로, 개인적 나의 삶과 행동은 그것이 침전된 문화적 획득으로 전화하게 될 때 우리에게 일반화된 실존, 즉 익명적 일반성을 가져다준다. 「지각의 현상학」, 520-521쪽.

이제 역사는 이러한 일반화된 의미의 장으로서 묘사되고 나의 역사적 참여는 이러한 초개인적 의미를 뜻하는 상징체계나 구조에 의해서 규정된다. 다시 말해서 나의 역사적 환경은 이러한 일반화된 의미에 의해서 규정되고 관행이나 관습 또는 명백한 도덕적 규범 등에 상징된 의미를 자기 나름대로 육화한다. 말하자면 사회적 세계에 대한 개인의 역사적 참여가 어떤 특징을 지니게 되는지는 이러한 일반적 의미와 개인의 특수한 의미 사이의 상호작용이나 교차에서 정해진다. 사람이 거주하는 세계와 환경은 상징에 의해서 형성되고 이러한 유의미한 구조는 다시금 나를 개성과 독자성을 가진 존재로 생성하는 장으로 기능한다. 초개인적 의미로서의 역사는 개인의 행동을 특징지우고 개인에게 그 자신만의 형상을 빚어낸다. 유의미한 구조나 상징체계로서 역사는 언제든지 변형에 개방적이지만 또한 그것이 관습의 중력 말하자면 관성 또는 타성을 휴대하고 운반하는 것은 사실이다. 이러한 관성 또는 타성이 흔히 '제2의 자연'으로 불리는 역사, 즉 익명성으로 기능하고 있는 역사인 것이다.

그러나 이러한 역사의 힘은 개인의 사회적 행동의 자연적 기계적 인과성으로 다루어져서는 안 된다. 그것은 기계적 의미의 필연성이 아니다. 그렇다면 역사에 창조는 없을 것이다. 역사나 문화가 경제적 현상으로 또는 의식적 현상으로 환원될 수 없는 것은 그 때문이다. 또한 이것이 역사가 순수하기만 한 의식이나 우연성이라고는 찾아 볼 수 없는 의식으로 환원될 수 없는 이유이다. 역사가 계급이나

53 「지각의 현상학」 670쪽. 강조는 원저자의 것이다.

계층의 이해관계 갈등으로 환원될 수 없는 것은 그 때문이다. 역사적 참여 다시 말해서 역사의 주관적 조건과 객관적 조건이 결합되는 순간에 인간은 자신의 삶에 형식을 부여하려고 노력하는 생산성,[54] 즉 창의성을 발휘한다. 이러한 창의성은 역사와 개인의 교점(intersection)에서 많이 발견되지 않을지는 몰라도 어쨌든 엄존하는 현상이다. 이것이 바로 진정한 의미에서 "역사의 실재적 주체"[55]이다.

인간을 이렇게 역사를 형성하는 데 있어서 창의적으로 참여하는 존재로 보는 비전 덕분에 메를로-퐁티는 인간 주체성이 역사의 결정론과 필연성을 넘어서는 제도하는 존재라고 해석할 수 있었다. 이러한 비전에 의하면 인간의 주체성은 순수하게 구성하는 활동을 수행하는 자아가 아니라 상대적 안정성을 유지하는 제도(성)인 것으로 확인된다. 이 점에서 그는 인간의 주체성에 괄목할 만한 변화를 가져오는 독창적 접근 모형을 제시한 것으로 인정되어야 한다. 역사를 제도로서 개념화하는 그의 신선한 패러다임은 행위자의 주체성과 역사 사이의 관계의 본성을 탐구하는 데 있어서 새로운 전망을 열어 주었다. 그것은 인간 주체성과 역사적 환경을 환원 불가능한 상호 연관 구조 속에서 볼 수 있게 해 주었다. 그것은 주관주의적도 객관주의적도 아닌 역사 이해의 가능성을 보여 주었다. 그것은 역사적 변화의 제도적 근거가 자아가 구성하는 객관적 실재로서의 제도에 대한 믿음에 있는 것이 아니라 상호주체적으로 공유되는 상징적 의미 체계나 구조에 있는 것으로 이해한다.

54 『지각의 현상학』 269쪽.
55 『지각의 현상학』 269쪽.

메를로-퐁티는 역사를 체험된 경험의 견지에서 천착했고 주관의 체험에서 역사가 형성되는 근원과 발생을 조사했으며 마침내 역사적 의미의 발생 근거를 제도에서 찾기에 이르렀다. 그는 역사를 제도로서 이해했고 그의 제도 분석은 매우 특이하다. 제도는 한편으로는 개인에게 익명적 일반성으로 기능하면서 역사적 사건과 환경을 조성하는 원천이며 다른 한편으로는 역사를 형성하고 창조하는 의미를 불러들이고 미래를 요구한다. 즉 제도가 창조적 설립임을 규명하고 이로써 인간의 주체성이 제도를 능가하고 창조할 수 있음을 보여 주었으며 나아가서 역사의 이해와 변혁 가능성에 대한 길을 열어 주었다.

이러한 그의 제도 개념은 일반적으로 이해되는 제도에 대해서 전혀 상상할 수 없었던 새로운 의미와 생명을 불어넣었다. 다시 말해서 제도라는 말은 일반적으로 널리 사용되는 말이지만 지극히 비일반적인 의미를 발굴해 냈다. 물론 그 의미를 알고 나면 우리가 알고 있었던 제도의 일반적 의미와도 일치한다. 다만 제도에 대한 우리의 체험된 의미를 표면화시킴으로써 새롭게 이해하고 해석한 것이다. 이렇게 역사는 언제나 체험된 역사라는 원칙이 그의 현상학적 역사 인식의 기본 공리이다. 이러한 공리를 상징적으로 바꾸어 표현한다면 역사는 살을 가진다고 말할 수 있다. 물론 여기서 살은 물질적인 육체가 아니라 역사적 현실과 경험과 실재 속에서 익명적으로 기능하는 체험된 논리를 의미한다. 이러한 논리가 역사 속에서 운동하며 그 운동 속에서 일종의 익명적 구조로서 자기 분화와 생성을 수행한다. 그래서 메를로-퐁티는 역사를 경험하거나 이해할 때 그 속에 침전되어 있는 살, 다시 말하면 역사의 살을 파악하고 지각하고자 하는 것이다.

이제부터 이러한 메를로-퐁티의 현상학적 역사 인식의 원리에 의
거해서 헤겔의 역사관과 마르크스의 역사관을 비판적으로 논의해 보
고 메를로-퐁티의 역사관에 대해 그 의의와 가치와 교훈을 지적해
보겠다.

4. 헤겔의 역사관 비판

　　　　헤겔에서 역사적 경험의 이해는 절대정신의 경험의 학으로 규
정된다. 『정신현상학』에서 모든 실재와 경험은 절대정신의 전단계
로 파악된다. 개개의 의식의 단계는 저마다 진리를 경험하고 다음 단
계로 지양하는 방식으로 부정되고 종합하여 고차적 진리로 승화된
다. 이러한 변증법적 과정은 절대적 인식의 최종 단계에서 정점에 도
달한다. 개개의 의식은 자기 자신의 부정과 지양 속에서 자기 자신을
인식하고 자기 동일성을 자기 분리를 통한 차이성 속에서 파악한다.
여타의 모든 의식의 형태들은 부분적이고 단계적인 것으로 드러나면
서 최종적으로 절대정신을 낳을 근거 또는 토대로서 한시적 생명을
다하고 마침내 역사의 궁극목적, 즉 절대이념에 다다른다.
　　헤겔은 이러한 변증법적 경험의 방법을 통해서 주관과 객관·정신
과 물질·역사와 시간의 대립을 극복하려고 시도했다. 메를로-퐁티
는 "지각적 종합의 시간성"[56]을 규명하면서 지각과 역사의 관계를 다
음과 같이 말한다. "지각이 진정한 역사가 아니라고 하기보다는 지각
이 우리 속에서 전사(préhistoire)를 증언하고 갱신한다. 그리고 이것이

야말로 시간에 본질적인 것이다. 헤겔처럼 말해 지각이 과거를 현재의 깊이에서 보존하지 않고 그 깊이 속에 압축하지 않는다면 현재, 즉 두께와 소진 불가능한 부를 가진 감각적인 것은 존재하지 않을 것이다."[57] 지각은 이전의 역사, 즉 이전의 지각적 경험을 지양하고 부정하고 종합한다. 이러한 방식으로 개인적 주관성은 대상 인식과 자기 인식 그리고 현실적 역사에서 우리인 나로, 나인 우리로, 즉 객관적 정신으로, 상호주체성으로, 궁극적으로는 절대 이성으로 발전한다.

헤겔에서 역사는 절대적 인식, 전체성을 지향하기 때문에 목적론적이다. 이것이 역사의 유일무이한 의미이자 방향[58]이다. 그의 유명한 표현대로 "사유되는 모든 것은 현실적이고 현실적인 모든 것은 사유가 된다." 그런데 이것은 바로 잠에서 일어나는 일이 아닌가? 왜냐하면 우리는 잠에서 꿈이 우리가 살고 있는 세계라는 것을 믿기 때문이다. 바꾸어 말하면 헤겔의 저 유명한 표현 속에 들어 있는 신념은 꿈에서 성취되는 일이기 때문이다. 그렇다면 헤겔은 자신의 역사철학을 통해서 우리에게 잠을 팔고 있는 셈이다.[59] 헤겔이 원하는 보편적 역사는 "역사의 꿈"[60]이자 꿈의 역사인 셈이다. 이것은 자신의 초

56 『지각의 현상학』, 364-367쪽.
57 『지각의 현상학』, 366쪽.
58 '상스(sens)'라는 프랑스어에는 '의미'와 '방향'이라는 뜻이 같이 들어 있다.
59 Éloge, p. 51. In Praise, p. 49. 『현상학과 예술』, 270쪽. 헤겔이 잠을 팔고 있는 철학자라는 것은 의표를 찌르는 촌철살인처럼 느껴진다. 그 당시에는 당대의 역사적 현실에 부합하는 견인차 역할을 톡톡히 감당했을지 모르지만 현재와 같은 포스트모더니즘 시대에는 시대가 자동적으로 그런 철학을 밀어내고 있기 때문에 타당한 평가인 것같이 여겨진다. 철학이 시대를 사유로 파악하는 미네르바와 같은 존재라는 헤겔의 고백이 바로 그 자신의 역사철학에도 적용될 수 있다는 점은 의미심장하다. 혹시 이것은 역사의 바깥에서 역사에 참여하는 철학자의 얄궂은 운명은 아닐까도 싶다.
60 Éloge, p. 51. In Praise, p. 49. 『현상학과 예술』, 270쪽.

월 능력을 통해서 존재 질서의 차이성을 연결하고 지양하고 극복하려는 절대정신을 역사의 궁극적 주체로 보는 데서 발생할 수 있는 일이다.

헤겔이 말하는 역사는 실제로 역사가 아니다. 그것은 사람이 이루고 있는 역사가 아니며 이해가 완전하게 이루어져 종결되어 있는 죽은 역사이다.[61] 절대적 정신의 실현이라는 의미의 보편적 역사라는 것, 모든 총체성의 통합이라는 의미를 가지는 역사의 총체적 의미라는 것은 없다. 다만 역사에 존재하는 인간 존재들의 구체적, 실재적 총체성이나 전체성이 있을 뿐이다. 역사에 반드시 이성이 수반하는 것은 아니다. 따라서 절대적 지식의 확실성으로 이행하는 앎의 생성 단계가 필연적으로 존재해야 하는 것은 아니다.

역사를 정신의 역사로 환원시킨다고 해서[62] 역사의 고유한 의미가 구성되는 것은 아니다. 궁극적인 종합이 헤겔이라는 특정인의 의식에서 예견되고 보장된다고 해서, 헤겔이 자신의 철학을 완성했다고 해서[63] 그가 역사에 내속하는 의미를 보유하고 있는 것은 아니다. 헤겔이 역사를 완전히 이해했다고 하는 자신에 가득 찬 확신을 가진다고 해서[64] 역사적인 것이 만들어지는 것은 아니다. 헤겔이 자신의 체계 안에 여타의 모든 체계의 진리를 종합했다고 해서[65] 역사적으로

---

61 *Éloge*, p. 51. *In Praise*, p. 48. 「현상학과 예술」, 269쪽.

62 Merleau-Ponty, *Sens et non-sens* (Paris: Nagel, 1948), p. 141; trans. Hubert L. Dreyfus and Patricia Allen Dreyfus, *Sense and Non-Sense* (Evanston: Northwestern University, 1964), p. 81; 메를로-퐁티, 「의미와 무의미」, 권혁면 옮김(서울: 서광사, 1985), 118쪽. *Sens, Sense*, 「의미와 무의미」로 이하에 각각 표기함.

63 *Sens*, p. 141. *Sense*, p. 81. 「의미와 무의미」, 118쪽.

64 *Sens*, p. 141. *Sense*, p. 81. 「의미와 무의미」, 118쪽.

전개된 모든 진리와 사상이 과거에 존재했던 그대로 포함되어 있는 것은 아니며 헤겔의 종합을 통하여 그 모든 체계와 진리를 알았다고 해서[66] 그것들을 그것들로서 아는 것은 아니다. 역사가 의식의 자기 복귀로 이해되고 헤겔의 절대이념의 내적 논리가 이 복귀의 필연성과 인간의 총체성의 획득 가능성과 불안으로부터의 자유의 획득 가능성을 증명했다고 해서[67] 역사의 의미와 방향과 진보가 제도되는 것은 아니다.

역사의 의미, 합리성, 필연성이 있으려면 역사에서 현시되는 안정적 형태가 파악될 수 있어야 하고 규칙성을 이끌어 낼 수 있어야 한다. 사람들은 역사 속에서 누적적 자발성과 능동적 침전성을 찾아낼 수 있어야 한다. 역사의 통일성은 우리 모두에게 놓이는 공통 과제를 착수하는 가운데서 발견되어야 한다. 역사적 진리는 완결되는 것이 아니며 완결될 수 없다. 미완의 모든 진리는 그 속에 침전된 진리성을 지참하고 있으며 지양될 수 있는 가능성을 지니고 있다. 역사를 절대정신의 모험으로 만들 것이 아니라 역사를 나라와 시대의 한계를 뛰어넘어 각인되고 축적된 역사로서 이해하는 것이 문제이다.

이 모든 비판적 언급은 헤겔이라는 텍스트를 달리 해석할 수 있는 길이 있다는[68] 것을 가리킨다. 과연 역사의 원동력으로서 절대정신을

---

65 Merleau-Ponty, *Signes* (Paris: Gallimard, 1960), p. 102; trans. Richard C. McCleary, *Signs* (Evanston: Northwestern University, 1964), p. 81; 메를로-퐁티, 「간접적인 언어와 침묵의 목소리」, 김화자 옮김(서울: 책세상, 2005), 97쪽. *Signes*, *Signs*, 「간접적인 언어와 침묵의 목소리」로 이하에 각각 표기함.

66 *Signes*, p. 102. *Signs*, p. 81. 「간접적인 언어와 침묵의 목소리」, 97쪽.

67 *Signes*, p. 102. *Signs*, p. 81. 「간접적인 언어와 침묵의 목소리」, 97쪽.

68 *Sens*, p. 141. *Sense*, p. 81. 「의미와 무의미」, 119쪽.

거부하고 역사를 그 자신의 발로 해명할 수 있는 길은 무엇인가? 헤겔은 자신의 체계가 여타의 모든 체계를 종합했다고 생각하지만 그가 말하는 종합이란 결코 즉자적 종합도 대자적 종합도 아니다. 왜냐하면 그의 종합은 그 체계가 그렇다고 긍정해 주는 한에서만 긍정되는 것으로 포함될 수 있고 그 체계가 자기 자신이 아니라고 부정하는 것들은 긍정에서 제외되어 포함될 수 없기 때문이며 따라서 대자적 종합은 수행될 수 없기 때문이다. 그 체계는 자신이 부정하는 것을 통해서 헤겔이 포함하지 못한 또 다른 사유 상황을 제시하고 헤겔에게는 없는, 헤겔이 무시하는 어떤 것을 언제든지 가시화할 수 있기 때문이다. 이를테면 헤겔이 데카르트를 만날 수 있는 것은 자신이 긍정하는 한에서만의 데카르트에 대해서이고 과거에 살았던 대로의 데카르트는 아닐 것이며 따라서 헤겔의 종합은 여타의 모든 체계의 살아 있는 진리를 포함할 수가 없다. 다시 말해서 헤겔은 자신이 지양하고 종합하고자 하는 모든 사람의 동시대인으로 살 수 없다. 이 점에서 헤겔은 역사의 과정을 결정한 것도 결정할 수 있는 것도 아니다. 그는 결코 모든 역사의 살아 있는 육화일 수 없고 육화이지도 않았기 때문이다.

흔히 우리는 헤겔을 따라 개개의 자기의식은 타자의 파괴와 죽음을 추구한다고 말한다. 확실히 우리의 의식에는 다른 의식을 희생시키면서 자신을 확증하려는 구조가 있다. 이것이 옳다면 역사는 어쩔 수 없이 투쟁이다. 소위 헤겔이 말하는 주인과 노예의 투쟁, 상호 인정 투쟁이다.

그러나 이러한 투쟁은 의식과 의식이 만나서 의식의 차원에서만

벌이는 싸움은 아니다. 사회적 인정 투쟁이 어찌 마음들끼리의 다툼이기만 하겠는가. 여기에는 필요와 욕망을 가진 사람들끼리의 만남과 대결이 있다. 이러한 상호 갈등에는 물질, 재산, 자원과의 관계와 입장이 깊이 관여되어 있다. 사람은 순수하게 또는 순전하게 의식으로만 존재하는 존재가 아니다. 사람은 필요와 욕망이 수육된 존재, 다시 말해 육화된 의식으로 존재한다. 이 때문에 사회적 갈등과 그 해소는 반드시 신체의 통제, 그리고 신체를 통해서 자연과 재화를 포함한 희소 자원 등을 자기 것으로 만드는 노동의 통제에 관한 문제로 이행하기 마련이다. 투쟁의 역사, 지배의 역사, 권력의 역사에는 반드시 이러한 문제가 도사리고 있다.

사람은 눈으로 보면서 지각하고 손으로 만지면서 지각하고 귀로 들으면서 지각한다. 이렇듯 인간은 불가분리적으로 의식이자 신체이기 때문에 의식은 자신의 신체 없이 아무것도 할 수 없고 다른 의식에 영향을 끼치기 위해 다른 의식의 신체에 영향을 미치지 않으면 안 된다.[69] 그렇다면 의식이 다른 의식을 노예로 환원시키는 것은 "육화된 의식의 체계 속에서"[70]이다. 인간에게 역사가 있고 역사에 갈등과 투쟁이 존재하는 이유는 의식이 그 자신의 신체를 실존하고[71] 나의 신체의 방식으로 의식하면서 존재하기 때문이다.

---

69 Merleau-Ponty, *Humanisme et terreur* (Paris: Gallimard, 1947), p. 122: trans. John O'Neill, *Humanism and Terror* (Boston: Beacon Press, 1969), p. 102: 『휴머니즘과 폭력』, 140쪽. *Humanisme*, *Humanism*으로 이하에 각각 표기함.

70 *Humanisme*, p. 122, *Humanism*, p. 102, 『휴머니즘과 폭력』, 140쪽.

71 사르트르는 『존재와 무』에서 "나는 나의 신체를 실존한다"고 말했고 마르셀은 『형이상학적 일기』에서 "나는 나의 신체이다"라고 말한 적이 있다.

의식은 언제나 신체를 통한 의식 또는 신체를 통하여 사물과 세계에 접촉한다. 의식은 초월된 순수의식이 아니라 세계 속에 던져진 육화된 의식이다. 신체는 자기의식 속에서 지각된 신체, 즉 육화된 자기의식으로 존재한다. 신체는 주체로서 세계 속에 있는 실재들과 관계한다. 신체는 사회적 세계에서 기투하는 존재로서 타인의 그것과 만나고 갈등한다. 그러한 사회적 관계 속에서 우리는 외부로부터 인도하는 것이 아니라 내부로부터 발현하는 어떤 논리[72]를 사물들의 경과 속에서 음영적으로 지각하고 체험한다. 바꾸어 말해 의식이 다른 의식과의 관계를 꾀하는 기투들이 육화된 삶과 함께 시작되면서 서로 교차하는 가운데 자발적으로 어떤 일반화된 의미[73]가 출현하는 것을 지각한다. 그러고는 이러한 체험된 경험을 어떻게 이해하고 변형할 것인가에 따라서 상호 인정 투쟁의 방향을 달리한다. 물론 그 의미는 방향이 미리 명받아 정해져 있는 것도 아니고 갈등 또는 화해 혹은 비합리성과 우연성이 다 함께 혼재해 있다. 그 시점에서 참여자의 책임 있는 판단과 선택에 의해서 역사적 상황은 반전될 수도 있고 악화일로를 걸을 수도 있다. 그렇게 해서 우리는 사물들의 경과 속에서 상호 인정 투쟁과 직결된 비합리적 역사적 형식과 제도가 제거될 수 있을지, 지속될 수 있을지를 안다. 만일 이 과정에서 잘 하면 새로운 의미의 질서가 탄생할 것이고 아니면 혼돈으로 치닫게 될 것이라고 예기한다. 그러므로 상호 인정을 위한 역사적 실천은 패배든 승리든 순수의식을 통한 세계 지향과 개조가 아니라 세계에 육화된 방식으

---

72 *Éloge*, p. 52. *In Praise*, p. 51. 「현상학과 예술」 271쪽.
73 *Éloge*, p. 52. *In Praise*, p. 51. 「현상학과 예술」 271쪽.

로 기투하는 의식을 통해서 수행된다.

　매우 유감스럽게도 헤겔은 모든 부문의 인간 경험 속에 내재해 있는 논리를 정신의 자기 전개 과정이라는 변증법적 경험으로 서술했을 뿐 육화된 자기의식의 경험으로는 파악하지 못했다. 감각적 지각에서부터 자기를 전개하여 절대지에 도달하는 정신의 진화 과정이 과연 헤겔이 서술한 대로 '긍정·부정·부정의 부정'의 방식으로 또는 '자아·타자·타자의 타자'의 방식으로 지양되고 종합되는지는 의문스럽다. 헤겔의 동일성의 철학은 그 자신의 변증법으로는 완성될 수 없고 역사의 침전과 잠식 그리고 두께를 통해 실현된다.[74]

　그러므로 우리는 그러한 지양과 종합이 헤겔의 변증법으로 가능하다면 도리어 그것이 어떻게 가능한가를 되물어야 한다. 다시 말해서 헤겔이 역사에 의미를 줄 수 있었던 일이 어떻게 가능한가를 물어야 한다. 왜냐하면 인간이 역사에 의미를 줄 수 있고 이성에 목적을 줄 수 있다면 이것은 먼저 의미가 있다는 것을 전제해야 하고 이것은 또다시 의미가 어디서 나오는가 하는 의미의 발생 문제 곧 의미의 가능성의 문제를 가져오기 때문이다. 이것은 바꾸어 말해서 헤겔이 절대정신의 자기 전개 과정의 견지에서 인간 역사에 의미와 목적을 부여하고자 한다면 의미의 가능성의 문제부터 착수해야 한다는 뜻이다. 결국 이것은 메를로-퐁티가 추구했던 역사의 지각적 토대를 찾아가는 문제로 유도된다. 사실 변증법적 지양과 종합을 가져오는 헤겔의 부정성의 개념은 너무 총체적이라서 모든 것을 자기 속에 품으

74　*Le Visible*, p. 318. *The Visible*, p. 264. 『보이는 것과 보이지 않는 것』, 380쪽.

면서 아무것도 품지 못하는 전지적·전능적 성격의 것, 즉 "상공에서 내려다보는 사유"가 아니던가.[75]

헤겔이 말한 대로 "변증법은 **운동 스스로가 자신의 진행을 창조하고 자기 자신에게 복귀하는 운동**이다. 따라서 자기 자신의 자발성 이외에는 어떤 안내자도 없고 그렇다고 자기 자신을 벗어나지 않으며 자기 자신을 초월하되 잠시 후 자기 자신을 확증하는 운동이다."[76] 그렇다면 변증법은 물론 기계적으로 자동적이라는 의미에서는 아니겠지만 자기 생성적 운동임은 분명하다.

이러한 자기 생성적, 자기 발전적 운동이 가능한 지각적 의식, 신체적 토대를 찾아내는 것이 메를로-퐁티의 변증법이다. 메를로-퐁티는 역사와 역사의 변증법을 세계정신과 같은 초월적인 원리나 어떤 외적 힘[77]에 의해서 설명하는 대신 역사의 경과를 그 외부로부터 인도하는 것이 아니라 그 내부로부터 나오는, 바로 그 속에 있는 논리[78]를 항상 새롭게 개방적으로 통각하고자(apercevoir) 한다. 역사는 신체와 세계 사이의 선술어적 통일성을 구성하는 숨겨진 지향적 작용으로 인해서 끊임없이 발생하고 열리는 의미와 그 개방적 통일성으로 포착된다. 신체와 세계 사이에 내재하는 이러한 발생적, 개방적 작용은 작용적 지향성의 동기력, 운동력 다시 말해서 "나는 할 수 있다"라는

---

75 따라서 부정의 변증법의 남용 현상이 빈발하고 그 원인은 사유의 나태에 있다고 본다. 즉 역사 개념을 육화의 방식으로 심화하지 못함으로써 진정한 의미의 역사 개념을 정립하는 사고 역량이 없었다는 것이다.

76 *Signes*, p. 91. *Signs*, p. 73. 「간접적인 언어와 침묵의 목소리」, 80쪽. 강조는 원저자의 것이다.

77 *Signes*, p. 88. *Signs*, p. 70. 「간접적인 언어와 침묵의 목소리」, 75쪽.

78 *Éloge*, p. 52. *In Praise*, p. 51. 「현상학과 예술」, 271쪽.

육화된 자기의식으로서의 신체를 말한다. 따라서 역사에 대한 설명이나 정초를 우리 없이 우리 안에서 작용하고 있었고 지각된 세계를 초월해서 우리를 대신하여 미시적 눈금으로 지각하고 있었던 세계정신에서 찾아야 할 이유가 없다.[79] 왜냐하면 이제 세계정신은 바로 우리 자신이기 때문이다.[80]

여기서 우리는 우리 자신을 **움직일 줄** 알고 **바라볼 줄** 아는 바로 그 순간의 우리,[81] 즉 "나는 할 수 있다"라는 자기의식으로서의 나의 신체와 다름이 없다. 신체는 세계 앞에 직립해 있고 세계는 신체 앞에 직립해 있으며 그들 사이에는 포옹 관계가 있고 경계가 아니라 접면이 있다.[82] 이 접면은 신체와 세계 사이의 유대 또는 연결로서 객관적 존재 수준에서 벗어나 거기에서 가져온 나쁜 일, 좋은 일 모두를 항상 데리고 다니는 실존,[83] 즉 살 또는 "살의 두께"[84]이다. 마침내 역사는 "살이라고 하는 존재에의 유일하고 **실질적인** 가맹의 여러 **차이화들**(간혹 레이스들이 그런 것처럼)"[85]인 것이다.

---

79 *Signes*, p. 82. *Signs*, p. 66. 「간접적인 언어와 침묵의 목소리」, 67쪽.
80 *Signes*, p. 82. *Signs*, p. 66. 「간접적인 언어와 침묵의 목소리」, 67쪽.
81 *Signes*, pp. 82-83. *Signs*, p. 66. 「간접적인 언어와 침묵의 목소리」, 67쪽. 강조는 원저자의 것이다.
82 *Le Visible*, p. 324. *The Visible*, p. 271. 「보이는 것과 보이지 않는 것」, 390쪽.
83 *Le Visible*, p. 325. *The Visible*, p. 272. 「보이는 것과 보이지 않는 것」, 391쪽.
84 *Le Visible*, p. 178. *The Visible*, p. 135. 「보이는 것과 보이지 않는 것」, 194쪽.
85 *Le Visible*, p. 324. *The Visible*, p. 270. 「보이는 것과 보이지 않는 것」, 389쪽. 강조는 원저자의 것이다.

5. 마르크스의 역사관 비판

_____ 이제 이렇게 이해된 역사와 육화의 관점을 염두에 두고 헤겔의 상호 인정 투쟁에 상응하는 마르크스의 계급투쟁을 재조명해 보자. 계급은 사회적 관계의 대표적인 사례이다. 그것은 소유에 의해서 매개된 사회적 관계이다. 한 계급은 다른 계급의 생존에 필요한 것을 소유하거나 아니면 욕망하는 것을 소유한다. 이러한 지배 관계는 습관이나 제도를 통해서 안정적 형태 또는 구조를 획득한다. 사람들은 매일 새롭게 시작하고 경쟁하면서 사는 것 같지만 역사는 새롭게 시작하지 않는다. 역사의 하루하루에는 변화가 있는 것 같지만 역사는 여전히 변함없이 그대로 흘러간다. 왜냐하면 앞서 말한 대로 역사는 육화되어 있고 제도되어 있기 때문이다.

부르주아 계급과 프롤레타리아 계급 역시 이와 같다. 그것은 소유에 의해 매개된 사회적 지배 관계를 상징한다. 왜냐하면 부르주아가 프롤레타리아를 지배하기 때문이다. 전자는 물질적 생산 도구를 소유하고 통제한다. 부르주아가 소유한 생산수단은 프롤레타리아가 자신의 생존에 필요로 하는 도구이다. 이러한 계급에 기초해서 우리의 존재와 존재 방식이 제도화되고 사고방식이 형성되고 굳어진다. 이러한 의미에서 계급은 인간이 세계 내에서 세계에로 존재하는 방식이고 타자를 체험하는 방식이며 타인과 공존하는 방식이다. 그것은 "개인에게 청원하는 공존의 방식들이다."[86] 평온한 기간에는 계급은

---

86 『지각의 현상학』, 545쪽.

내가 무심하고 혼잡스러운 반응만을 보내는 자극으로 거기에 있고 잠재적으로 존재하고 있다. 반면 혁명적 상황이나 국가 위기의 상황에는 그것은 지금까지 체험된 것으로 있던 계급에 대한 선의식적 관계들을 의식적 입장 표명으로 변형시키고 말없는 참여를 명시적이게 한다. 그것은 이미 나의 결단에 앞서 있는 것으로 나타나는 것이다.[87] 그래서 계급은 개인을 밖에서 예속시키는 운명도 아니고 개인이 안에서 자의로 선택한 가치도 정립한 사실도 아닌 것이다.[88]

이와 같이 저 두 계급은 생산수단과의 관계, 말하자면 경제적 관계라는 것을 매개로 하는 공존 형태, "공존재의 방식"[89]이라는 측면이 있는 것이다. 그 계급 구성원들은 생산수단을 소유하는가 하지 않는가, 노동을 임금으로 교환하는가 하지 않는가에 따라서 서로 관계한다. 이러한 상호 관계는 계급 구성원들이 그 자체로는 자기 계급과 경제체제에 위치 지어져 있지만 사고하고 보고 느끼고 행동하는 방식에 육화되어 있음은 사실이다. 계급과 경제체제는 세계 내에 존재하는 육화된 방식으로 존재하는 것이다. "나에게 프롤레타리아의 자격을 부여하는 것은 비개인적 힘의 체제로서 간주된 경제나 사회가 아니다. 그것은 내가 내 속에 휴대하고 경험하는 대로의 경제나 사회이다. 이것은 게다가 동기 없는 지적 작용도 아니고 그러한 제도적 구조 내에서 세계에로 존재하는 나의 존재 방식이다."[90]

---

87 「지각의 현상학」, 545쪽.
88 「지각의 현상학」, 545쪽.
89 「지각의 현상학」, 270쪽.
90 「지각의 현상학」, 662쪽.

제II부 실천 철학

경제체제는 구체적 유형의 사회적 관계로서 성립하고 그러한 구체적 형태의 사회성 속에서 그 힘을 나타낸다. 그리고 이 구체적 유형 또는 사회성들은 행동하는 방식, 사고하는 방식, 지각하는 방식이나 당연한 것으로 인정되어 받아들여진 것 등에 좌우된다. 이 점을 고려할 때 사회적 지배 체제나 경제체제의 붕괴는 그러한 것들에 변화가 없는 한 발생하기는 극히 어려울 것이다.

주지하듯 계급 구조는 너무나 강고한 집단적인 구성체이고 수많은 예측 불가능한 동학과 구속과 일탈을 포함하고 있어서 그리고 계급 구성원은 계급에 너무나 순응되어 있어서 그러한 구조와 순응으로부터 탈주하는 것은 거의 불가능에 가깝다. 계급 구성원들은 자신이 태어날 때부터 구성되어 있었고 그 구조의 재생산을 향해 뻗어 가는 계급 구조에 너무 깊이 뿌리박혀 있어서 자기 자신을 계급 구조로부터 분리시킬 수 없다.

이러한 경향성은 당연히 자기 계급에 속해 있는 자신의 위치로부터 이어받은 것이고 살이 되고 피가 된 습득성이라서 구성원들에게 계급 구조의 평형을 깨뜨리는 선택의 여지를 결코 허용하지 않는다. 그들은 사회와 경제의 지배 구조를 현상으로 받아들이는 법을 체득해 가지 않으면 안 된다. 그렇지 않으면 그들은 도태되고 퇴출될 것이다. 마침내 그들은 그것을 출생시부터 아니 출생 이전부터 저항 불가능한 선천적 사실로서 수용하고 자신의 계급적 지위에 어긋나지 않게 사는 방법을 터득한다.

이러한 존재 방식과 환경들이 사회적으로 널리 유포되어 공유되면 그것들은 자연스럽게 말없는 집단성과 소속감 말하자면 침묵의

카르텔을 형성한다. 이러한 삶과 생활 방식은 노동자에게 정상 규범이 되고 노동자 사이에 어떠한 불일치도 있어서는 안 된다. 즉 노동자의 삶의 형식이 된다. 다시 말해서 그것은 우리 모두가 바로 따라서 행하여 살기만 하면 되는 신체적 실천의 암묵적 체험 구조로 침전된다. 혹은 생활 세계라고 말해도 좋겠다.

이것은 또다시 공유된 삶의 형식에 대한 어떠한 저항과 성찰도 허락하지 않으면서 그에 대한 지지와 보강을 계속하고 재강화한다. "나의 직장 동료나 수확 현장 동료 또는 다른 농부들은 유사한 조건에서 나와 같은 일을 하고 우리는 동일한 상황에 같이 처해 있으며 어떤 비교에 의해서가 아니라 저마다 우선 자신의 내부에서 경험하는 것처럼 작업 내용과 동작에서 서로 비슷하다고 느낀다."[91] 이러한 방식으로 우리는 사회적 세계의 실재성을 교호적으로 확증하고 이 실재성을 재생하는 일상을 반복적으로 수행한다.

이제 나는 어떤 생활양식을 소유하게 된다. 즉 나의 삶은 호경기와 불경기, 정리 해고와 정규직에 따라 좌우되고 내 뜻대로 할 수 없고 시급을 받아야 하고 내가 나의 노동 조건과 결과를 통제하지 못하며 이방인처럼 살고 싶지 않지만 이방인처럼 느껴진다. 나는 "어떤 익명적 힘"[92]이 내 위에 있는 것을 느낀다. 이러한 침묵의 강제가 나의 신체를 관통하고 나의 의식주에 대한 필요에 뿌리를 내리며 나아가서 인정욕을 비롯한 고급적인 문화적 권리 욕구와 얽히게 된다. 그리고 나는 이것을 그 체제에서 원하고 필요로 할 수밖에 없기 때문에

91 『지각의 현상학』, 662쪽.
92 『지각의 현상학』, 662쪽.

필연적으로 그 체제에 구속되게 된다.

그렇다면 사회적 지배 관계와 체제에 대한 집단적 도전은 어떻게 이루어지는가? 프롤레타리아 혁명이 오로지 경제적 토대와 같은 프롤레타리아의 객관적 조건 및 그 산물에 의해서 제공되어야 한다거나 오로지 인간 존재의 역사적 주체성에 의해서 전적으로 제공되어야 한다고 볼 필요는 없다. 그것은 행위자가 자신이 처한 상황을 의식하는 가운데서 참여하기로 선택하는 실존적 기투로 해석될 수 있다. 행위자는 역사의 흐름에 실려 가면서 내부로부터는 습득성과 통합된 제도에 의해서 외부로부터는 필요와 환경의 힘에 의해서 자신의 의식과 결심과 행동을 형성한다. 그들의 행동은 역사적 사건들이 전개됨에 따라 그것들이 외적으로 그러면서 동시에 지향적인 것으로 이해된 것으로 펼쳐지는 드라마에 따르는 반응들이다.

저항과 혁명은 역사의 두께에 준비되어 있는 것으로 내재적으로 접근되어야 한다. 그것은 자신에게 가해진 압제와 박해와 고문 등에 대한 단순한 반응, 그것만으로는 준비될 수 없다. 계급의식의 소유는 생산 과정에서의 나의 객관적 위치만으로는 준비될 수 없다. 혁명가가 없는 시기에도 착취는 있어 왔던 것이고 경제적으로 어려운 시기라서 노동운동이 진보하고 강성해지는 것은 아니다.[93] "혁명가를 양심적이게 하는 것이 극도의 빈곤은 아니라는 것"[94]을 주목할 필요가 있다. 경기가 회복되고 있는 시기에 왜 사람들이 급진적이게 되는지

93 「지각의 현상학」, 661쪽.
94 「지각의 현상학」, 665쪽.

도 물을 필요가 있는 것이다.[95] 그것은 사회 경제적 조건에 어떤 변화가 일어나서 불경기에 제압되었던 삶의 필요와 압박감이 경감되었기 때문이다. 경기 회복은 그들에게 걱정거리를 제거해 주면서 그들을 불경기의 상황에 묶어 놓았던 사고 습관과 행동 방식으로부터 벗어날 수 있게 해 주고 그리하여 사람들에게 새로운 활력과 계획을 위한 여지와 공간을 가능하게 해 주어서 갑작스럽게 사회 경제 개혁에 대한 급진적 성향을 보일 수 있다.

따라서 계급투쟁이 시작되는 프롤레타리아의 계급의식은 경제적 하부구조의 객관적 결과 또는 인과적 연쇄 결과로는 충분히 이해될 수 없다. 그렇다고 그것을 혁명의 전략과 전술에 대해서 프롤레타리아가 취하는 선택 또는 결심으로 만들 수도 없다. 왜냐하면 계급의식을 결심과 선택의 결과로 만드는 것은 단순한 내면의 주관성으로 돌아가는 것과 같아서 결국 역사를 이해하려는 시도를 포기하는 것이기 때문이다.[96] 계급의식의 탄생은 노동자가 혁명가가 되기로 결심했기[97] 때문이 아니다. 프롤레타리아가 계급의식 또는 혁명의식을 가지게 되는 일은 노동자가 다른 주체성 및 물질적 대상 세계와 만나고 협력하고 대결하면서 자신의 생활 세계의 구조와 의미를 보고 이해하고 혁신하게 되는 시간적 경과를 거치면서이다. 따라서 그것은 우리의 육화된 실존이 세계와 교섭하는 데서 구성되는 의미이다.[98] 그러

95 「지각의 현상학」 665쪽.
96 「지각의 현상학」 666쪽.
97 「지각의 현상학」 663쪽.
98 「지각의 현상학」 658쪽.

제II부 실천 철학

므로 계급의식과 혁명은 습관적 세계-에로-존재(être au monde)의 침전[99]이나 변형[100]이라는 조망에서 해석될 수 있다.

또한 이러한 의미의 탄생은 노동자나 지식인이 혁명가로 거듭나는 순간에 일어나는 일이다. 그것은 착취나 빈곤의 영역이 보이기 시작하는 순간에 계급이 체험되어 계급의식이 현실화하는 순간에 일어난다. 이러한 계급 착취 영역이 나의 실존의 사회적 공간으로 성극하자마자 어떤 연쇄 반응이 발생한다. 즉 새로운 사상과 실천이 태동하고 상황은 나의 실존에 장애물로 지각되고 그리하여 주체는 혁명 의식의 소유자로 전화하고 상황은 혁명적으로 발전한다. 그렇다면 착취라는 사회적 공간이 나에게 실존적으로 성극하게 되는 순간에 나는 비로소 나 자신을 프롤레타리아 존재로 인식하고 상황을 변혁할 수 있는 조건과 발판을 마련하는 셈이다. 물론 어느 누구도 처음부터 사태가 이렇게 발전하게 되리라는 것을 알았던 것은 아니다.

따라서 혁명은 행위자가 사태를 충분하게 알고서 관여하게 되는 과정이 아니라 다시 말해서 사실과 경위를 미처 깨닫기도 전에 이미 관여되어 있는 과정이며 이러한 과정에서 행위자는 자각이 고조되며 혁명의 대열에 동참한다. 따라서 나는 처음부터 노동자이거나 부르주아였던 것은 아니다. 물론 나는 노동자 사이에 있는 한 노동자, 부르주아 가운데 있는 한 부르주아이다. 그러나 훨씬 정확하고 엄밀하게 말하면 나는 나 자신을 부르주아 의식이나 프롤레타리아 의식으로 가치 부여하는 의식이라고 말해야 한다. "우리는 세계를 형태화

99 「지각의 현상학」, 659쪽.
100 「지각의 현상학」, 659쪽.

하고 타인들과 공존하는 우리의 방식과 뒤섞이는 암시적 또는 실존적 기투에 의해서 자신을 노동자 또는 부르주아로 가치 부여하는 것이다."[101] 분명히 우리와 세계 사이에서 일어나 우리에게 인간, 부르주아, 노동자와 같은 성질을 부여하는 의미 작용의 지대가 있다.[102] 다시 말해서 역사에서 우리 자신을 물화된 즉자 존재나 순수의식으로 존재하기를 그치게 만드는 일반화된 실존,[103] 익명적 일반성의 개입이 틀림없이 있다. 이제 우리는 우리의 프롤레타리아 의식과 계급투쟁 의식에 이러한 일반성이 이미 매개되어 있음[104]을 믿어도 좋을 것이다.

6. 결론적 평가

　　　이상에서 우리는 메를로-퐁티가 역사를 육화 철학의 관점에서 접근하고 다루고 있음을 살펴보았다. 다시 말해서 역사는 지각처럼 다루어지고 있다. 역사적 경험과 이해의 문제는 인간의 지각을 기술하고 이해하는 방식으로 취급된다. 그는 역사의 문제에 지각의 우위성(Primat)을 적용한다. 인간이 세계와 접촉하는 토대로서 지각이 외적 자극에 성립하지 않는 것처럼 역사도 마찬가지이다. 지각이 순

---

101 『지각의 현상학』, 667쪽.
102 『지각의 현상학』, 671쪽.
103 『지각의 현상학』, 670쪽.
104 『지각의 현상학』, 671쪽.

수의식에 성립하지 않는 것처럼 역사도 마찬가지이다. 역사는 경험주의나 실증주의 또는 합리주의나 관념주의로써 접근되어서는 안 된다. 역사적 의미와 행동과 실천은 세계-에로-존재라는 인간의 실존 방식으로 해명되어야 한다. 여기서 말하는 실존은 인간이 자기 신체를 통하여 세계를 영위하는 존재 방식이다. 그것은 우리가 신체를 통하여 세계를 선택하는 방식, 세계가 신체를 통하여 우리를 선택하는 방식[105]을 말한다. 이러한 신체는 인간의 주체성의 토대이자 세계와의 유대이며 세계의 기투이다. 프롤레타리아의 계급의식 및 혁명 결단은 이러한 신체가 수행하는 "능동적 초월"[106]이지 의식의 차원에서 순수하게 구성되는 선택이 아니며 신체-주체가 미리 선의식적으로 수행하는 뜻(will)인 것이다. 이제 신체는 지각의 주체인 것과 마찬가지로 역사의 주체인 것으로 드러난다. 역사의 조직과 분절은 이러한 신체-주체의 초월 운동, 실존 운동으로 가능해진다. 신체-주체가 역사의 의미와 구조와 방향을 만드는 것이다.

이러한 신체-주체는 세계를 향해하면서 자신의 신체를 통해서 세계를 기투한다. 그것은 실존적 참여를 통해서 세계 내에서 세계를 초월하고 또 세계를 현전하게 한다. 이 점에서 세계는 신체-주체와 분리 불가능하고 신체-주체는 세계와 분리 불가능하다. 왜냐하면 세계는 신체 자신이 기투하는 세계이고 신체는 세계의 기투 없이는 의미가 없을 것이기 때문이다. 인간은 이렇듯 세계 또는 역사에 신체-주체적으로 연루되어 있기 때문에, 이뿐만 아니라 사고와 행동에서 제

---

105 『지각의 현상학』, 677쪽.
106 『지각의 현상학』, 642쪽.

도적으로 사회에 참여하고 있기 때문에 역사는 단순하게 지리적, 경제적 인자의 기계적 상호작용으로 또는 인과 결정론적으로 이해되어서는 안 될 것이다. 이러한 관점에서 역사 속에서 개인의 상황과 동기와 결단은 사물이나 물질의 단순한 병렬적 배치일 수 없고 사회적 제도와 개인사와 자연을 포괄하는 유의미한 전체성으로 이해하는 것이 더욱 정확한 해석일 것이다. 역사를 지각하고 감각하고 느끼는 인간은 "자연적·사회적 상황과 더불어 개방적, 능동적 존재로서 자신이 의존하는 기반 위에서 자율성을 확립할 수 있는 존재"[107]이기 때문에 끝없는 의존성에다 유한성의 징표를 중시하면서 역사의 의미를 실존적으로 추구하는 활동을 수행해 간다.

그런데 만일 메를로-퐁티가 믿었던 대로 이러한 실존적 역사 이론이 인간 존재의 실존적 본질과 역사적 참여는 비예측적인 우연적인 요소가 있고 사적 유물론의 결정론적 사고와 양립할 수 없는 것이며 "미래에 대한 과학은 존재할 수 없다"[108]고 고집한다면 그것은 역사를 기회주의적이고 애매하고 모호한 것으로 만든다는 비판을 받을 수 있다. 왜냐하면 "미래에 대한 사유는 불가능하기"[109]에 역사의 궁극적 결과는 의심스럽게 될 것이고 역사의 의미는 잠정적이고 불확실하게 될 것이며 따라서 애매한 것으로 남을 것이기 때문이다.

궁극적으로 그것은 마르크스가 믿었던 역사의 총체성과 완성을 거부한다. 그것은 역사적 환경의 힘과 객관성의 무게를 심각하게 취

---

107 *Sens*, p. 230. *Sense*, p. 130. 『의미와 무의미』, 182쪽.
108 *Humanisme*, p. 26. *Humanism*, p. xxxiii. 『휴머니즘과 폭력』, 33쪽.
109 *Éloge*, p. 52. *In Praise*, pp. 50-51. 『현상학과 예술』, 271쪽.

급하지 않는다. 그것은 여전히 역사에서 주관적인 것을 중시하고 역사 변증법에서 역사를 신체-주체적인 것에 본다. 그것은 상호 모순하고 대립·대척하는 진리와 신념에 대해서는 애매한 태도를 취한다. 따라서 그것은 긍정과 부정이 상호 대립하는 객관적 이유와 객관적 종합에 대해서는 눈을 감는다. 그것은 주관과 객관, 과거와 현재, 헌 제도와 새 제도 사이의 상호 의존성에는 밝지만 그들 사이의 상호 대립성에는 취약하다. 이를테면 그것은 새로운 사회적 상부구조와 제도가 이전의 것과 철저하게 구별되는 갑작스러운 사회적, 정치적 새로운 내용을 가지는 현실을 설명하는 것이 쉽지 않을 것이다.

아마도 메를로-퐁티는 역사와 사회의 변증법을 현상학적 방식으로 이해함에 따라 역사의 객관성에 대해서는 그만큼 관념론적이고 주관적 요소에 대해서는 그만큼 실재론적으로 되어 갔을 것이다. 그리고 이러한 연유에서 그는 1947년의 『휴머니즘과 테러』에서는 공산주의 혁명을 지지했으나 한국전쟁을 계기로 1955년의 『변증법의 모험』에서는 공산주의 혁명으로부터 돌아설 수밖에 없었을 것이다.[110]

---

110 메를로-퐁티가 공산주의 혁명을 불신하고 전향한 보다 구체적인 이유는 다음의 몇 가지로 집약될 수 있다. 첫째, 역사적 사실의 차원과 조망들의 애매한 복수성을 부인할 수 없다는 점. 둘째, 현실의 프롤레타리아가 주노(主奴) 갈등이 없는 이상적 인간 사회를 가져 올 수 있는 혁명 주체 세력으로서 그 사명과 역할을 감당할 수 있는지가 의심스럽다는 점. 셋째, 사회적, 정치적 변화의 주체는 계급보다는 개인의 실존적 선택과 책임 의식에서 시작된다는 점. 넷째, 직업적 혁명가와 당이 프롤레타리아의 의지를 대체하고 대신한다는 점. 다섯째, 혁명 실천은 체제 유지를 위한 관료주의의 위협 앞에 그 의도된 목적을 상실한다는 점. 여섯째, 혁명은 운동으로서는 진실하나 정권으로서는 권력 기구화하여 역사적 운동으로서 존재할 수 없다는 점. 일곱째, 휴머니즘을 위한 혁명적 폭력은 스탈린 정권의 남한 침공 개입과 전체주의적 공포정치 등과 같은 괴물을 낳을 수 있다는 점. 여덟째, 따라서 마르크스주의적 인간주의 변증법은 하나의 모험으로 그칠 공산이 있으므로 제3의 길을 모색해야 한다는 점이다. 그리고 그 대안은 정치적 분야에서 마르크시즘의 '휴머니즘과 폭력'을 버리고 문화적 분야 이를테면 언어, 예술, 문화, 역사, 인간과학, 사회학, 철학의 본성 등의 분야에서 상호주체성의 발견과 회복을 통해서

그러나 이러한 비판적 논평이 정확한 지적이라고 해도 그에 못지 않게 애매성이 역사와 사물 속에 있는 것은 사실이다.[111] 따라서 실존적 역사 이론이 애매하다고 비판하는 것은 한편으로는 진리이지만 다른 한편으로는 비진리이다. 즉 역사의 애매성과 모호성에 대한 지각은 현재적 상황과 역사의 동선과 기울기(vecteurs)를 분명히 함으로써[112] 사회의 정의와 역사의 진보에 공헌할 수 있다. 현대 세계의 역사에서 혁명의 가능성이 쇠잔해져 가고 개연성이 줄어드는 상황이 지속된다면 혁명에 대한 공감과 신앙보다는 현재의 역사적 상황에 대한 실존적 역사 이해를 심화하고 궁구하는 것이 "대부분의 사람들이 살 만한 가치가 없지 않다고 보는 삶"[113]을 향한 추구와 운동에 더욱 유력할지도 모르는 일이다.

이러한 연유에서 메를로-퐁티는 1964년의 유고 『보이는 것과 보이지 않는 것』에서 실존적 역사 이론의 일관성을 신장하고 확충하는 선험적 지질학[114]을 구상했을 것이다. 선험적 지질학은 역사가 어디서 만들어지고 역사를 누가 만드는지를 분석하기 위해 침전과 재활성화를 근본 주제로 삼아서 원초적 기원(Ur-arche)으로서의 대지, 즉 선험 지리학을 역사와의 연관 속에서 파악하는 선험적 역사 이론이다. 그

인간 존재를 더욱 인간적이게 할 수 있는 방향으로 추구된다.
111 『지각의 현상학』, 270쪽.
112 *Humanisme*, p. 117. *Humanism*, p. 95. 『휴머니즘과 폭력』, 136쪽.
113 *Signes*, p. 165. *Signs*, p. 131.
114 *Le Visible*, p. 312. *The Visible*, pp. 258-259. 『보이는 것과 보이지 않는 것』, 372-373쪽. 그리고 선험적 지질학에 대한 자세한 논의를 위해서는 다음 논문을 참조. Anthony J. Steinbock, "Reflections on Earth and World: Merleau-Ponty's Project of Transcendental History and Transcendental Geology", in Veronique M. Foti, ed., *Merleau-Ponty: Difference, Materiality, Painting* (New Jersey: Humanities Press, 1996), pp. 90-107.

것은 공간이기도 한 바로 이 시간, 시간이기도 한 바로 이 공간을 파악함으로써, 즉 시간과 공간의 동시적 근원 건립(Urstiftung)을 파악함으로써 살의 근원 역사(Urhistorie)를 해명하고 이로써 역사적 풍경 혹은 달리 표현하면 역사의 선험 지리적 인각(inscription)을 존재하게 하는 살의 생성과 운동을 분석하고 규명한다.[115] 간단하게 말해서 그것은 역사 분야에 살의 존재론을 관철시킴으로써 보이지 않는 역사의 두께와 살을 보이게 하는 역사철학이다.

이러한 선험적 지질학이 "대부분의 사람들이 살 만한 가치가 없지 않다고 보는 삶"[116]을 향한 추구와 운동에 이바지할 수 있는 길은 신체가 수동성과 능동성을 넘어서 보다 강력한 저항의 신체-주체일 수 있는 실천 지향적 방향을 찾을 수 있는가 하는 문제에 달려 있다. 그러나 과연 선험적 지질학이 신체와 그 살이 사회적 제도나 역사적 구성의 산물이기를 훨씬 뛰어넘어서 실존적 역사 이론의 현상 유지 체제성이나 기존 체제 항구성을 극복할 수 있겠는가? 인간 주체성이 보기보다는 훨씬 광범하고 심층적인 사회-역사적 구성적 산물이고 그 반대이기가 어렵다면 신체를 사회와 역사의 강력한 저항 상수로 신뢰하는 것은 선험적 기만 신앙일 우려가 없지 않다. 따라서 관건은 그러한 신뢰를 보증할 수 있는 선험적 지질학적 연구 방향을 잡아 가는 데 있다. 아마도 이 문제는 각 나라의 역사적 저항의 역사와 민중

---

115 우리가 살고 있는 대지는 우리가 속해 있는 선소여된 생활 세계로서 시간적으로는 역사적 의미 지평으로 공간적으로는 지리적 토대로서 기능한다. 이렇게 시간이자 공간인 대지는 역사적 풍경을 조형하는 데 또는 역사를 강, 호수, 기후, 숲, 산, 대양처럼 지리적으로 각인하는 데 말하자면 침전시키거나 재활성화하는 데 생활 세계로서 작용할 것이다. 그리하여 역사의 현장에서 역사의 살로서 역사의 의미를 분비하거나 생성할 것이다.

116 *Signes*, p. 165. *Signs*, p. 131.

의 승리사에 관한 사례 분석과 함께 시작되어야 할 것이다. 다른 방향은 신체가 사회-역사적으로 구성되는 과정을 선험 지질학적으로 탐구하되 최악을 피하고 차선을 성취할 수 있는 사회-역사적 구성을 모색하고 실증하며 평가하는 데 있다. 어떻든, 근본 과제는 우리가 신체에 급진적 역사성을 부여하는 이론 또는 신체를 역사적으로 철저하게 급진화하는 연구에 파고드는 것이다.*

* 이 글의 출전은 다음과 같다. 「역사의 살」, 『철학논총』 88집 2권(2017), 새한철학회, 413-431쪽; 「메를로-퐁티의 근대적 역사관 비판」, 『철학연구』 142집(2017), 대한철학회, 76-97쪽.

제II부 실천 철학

제8장

언어의 현상학적 해명

I. 서론: 현상학과 언어

서양철학이 자아, 주체, 의식, 정신, 이성에 골몰하다가 현대에 와서 언어를 주제화한 지도 후설의 사망 연도(1938)를 기점으로 삼으면 1세기에 사반세기가 모자라는 75년 정도가 된다. 후설의 선험적 주체의 현상학은 만년으로 갈수록 언어 문제와 직면하고 있었으나 이를 본격적으로 언급하지는 않는다. 아마도 철학에 대한 후설의 철저한 문제의식과 소명 의식 때문에 언어는 후설 현상학의 중점적인 근본 주제로 부각되지 못했을 것이다. 이것이 후설 현상학에 있어서 언어가 부분적으로 또는 부차적으로 다루어지는 이유 가운데 하나일 것이다. 주지하듯, 수십 권이 되는 후설 전집(Husserliana)에서 언어를 제목으로 하는 저서는 한 권도 없다. 유고에도 언어를 다루는 현상학적 저서는 발견되지 않는다. 주로 『논리연구』, 『위기』와 그 부록 「기하학의 기원」 그리고 『이념들』 등에서 언어 일반의 문제와 관련된 언급이 많이 나온다. 그러나 역시 선험적 현상학의 이념에 고정되어 있다.

후설의 언어철학의 한계점을 명민하게 파악한 철학자로는 데리 다가 있다. 데리다의 『목소리와 현상』의 부제가 '후설 현상학에서 기호 문제에 대한 입문'이다. 이 책은 후설 현상학을 언어적 차원에서 근원적으로 그리고 비판적으로 고찰한다. 또한 이 책은 현상학 일반 분야에서 언어가 얼마나 중요할 수 있는가를 엄밀하게 그리고 철저하게 실증해 보인 기념비적 연구이기도 하다.

이에 비해서, 메를로-퐁티는 언어의 문제에 대한 후설의 연구 동향과 발전 과정을 전반적으로 간략하게 요약하면서 자신의 언어 현상학을 전개한다. 후설의 후기 현상학의 계승자답게 메를로-퐁티는 언어에 관해서 후설의 언어 현상학의 기본 통찰과 문제와 한계들을 안으면서 자기 나름대로의 독보적인 언어 현상학을 제시했다. 그 기본 사상을 담고 있는 논문이 「언어의 현상학에 관해서Sur la phénoménologoie du langage」[1]이다.

언어에 관한 메를로-퐁티의 현상학적 연구물은 「언어의 현상학에 관해서」가 실려 있는 『기호Signes』(1960)를 비롯하여, 『의식과 언어 획득La Conscience et l'acquisition du langage』(1964), 『콜레주 드 프랑스 강의 1952-1960Résumés de cours, College de France 1952-1960』(1968), 『세계의

---

1 메를로-퐁티, 『현상학과 예술』, 오병남 옮김(서울: 서광사, 1987), "3장 언어의 현상학에 관해서" 참조.

산문*La Prose du monde*』(1969) 등인데, 대다수가 그의 후기 작품이거나 유고이다. 따라서 메를로-퐁티의 현상학적 철학 체계에서 그의 언어 현상학은 경시되어서는 안 된다. 메를로-퐁티는 그의 초기 주요 저서 『행동의 구조』(1942), 『지각의 현상학』(1945)이 나온 뒤, 언어에 관한 현상학적 연구를 별도로 진행한 것으로 보인다.

후설의 현상학적 철학 체계에서 깊이 규명되지 못한 언어가 현상학의 근본 테마로 자리 잡게 된 것은 메를로-퐁티의 언어 현상학 덕분이라고 해도 무리는 아닐 것이며 후설의 언어에 대한 현상학적 규명과 문제점이 동시대의 구조주의나 정통 현상학과는 다른 방향으로 현대화의 길을 걷게 된 것도, 게다가 언어를 철학의 핵심 주제 분야로 다루는 현대 철학의 사고 노력에 합류하고 일익을 감당할 수 있었던 것도 메를로-퐁티의 언어 현상학에 기인한다고 간주해도 좋을 것이다. 이러한 맥락에서 메를로-퐁티의 언어 현상학은 언어철학의 관점에서 독자적인 길을 걸어가는 현대 현상학의 일부로서 독특한 지위를 보유하고 있다고 보아야 할 것이다.

이제부터 우리는 언어에 대한 메를로-퐁티의 특유한 현상학적 규명을 체계적으로 파악하기 위해 경험적 심리학과 반성적 분석의 언어 설명, 그리고 후설과 소쉬르의 언어 이해에 각각 어떤 문제가 있는지를 살펴보고 이에 대한 대안으로 메를로-퐁티가 제시하는 언어의 신비성·표현성·창의성에 주목하면서 메를로-퐁티의 언어 이론이 문학, 언어 병리학 분야에서 어떻게 현상학적으로 나타나는가를 보여 주고 이로써 언어의 신체성을 드러내고 결론적으로 이를 마지막 장에 가서 표현하는 신체로 마무리할 것이다.

2. 고전적 언어 설명과 그 문제점

_____경험주의적 관점에서 언어는 기본적으로 어휘의 상(像)으로서 이해된다. 다시 말해서 언어는 발음되거나 들리는 말에 의해 우리에게 남겨진 흔적 또는 그 실제적 존재로서 이해된다.[2] 언어에 대한 이러한 경험적 규정은 언어를 어휘에 대한 반응과 반사 조건으로서 정의한다. 따라서 언어의 개념은 "자극들이 신경 역학의 법칙에 따라 말의 분절을 일으킬 수 있는 흥분들을 개시하는 것, 아니면 의식 상태들이 후천적 연합에 의해 알맞은 어휘의 상의 출현을 야기시키는 것"[3]으로 정의된다. 이러한 관점에 따르면, 일반적으로 언어적 활동은 일대일 관계, 즉 말과 두뇌 국소의 대응 관계에 의해서 규명될 것이다.

이러한 접근 방식은 말하는 사람이 자기 생각을 표현하기 위해 단어를 찾을 줄 모르는 실어증의 경우와 만나게 되면 불충분하다는 점이 드러나게 된다. 예를 들어, 실어증 환자는 어떤 동일한 단어를 이 경우에는 발견할 수 있으나 저 경우에는 발견할 수 없다고 한다. 따라서 그는 왜 어떤 때는 그 단어를 발견할 수 있고 어떤 때는 그 단어를 발견할 수 없는가 하는 문제, 또는 그는 어떻게 어떤 특수한 상황에서 바로 그 단어를 발견하는가 하는 문제가 제기된다. 우리는 이것을 언어적 사실과 두뇌에 관한 어떤 사실 이를테면 대뇌가 손상되었다거나 하는 사실 등을 대응시킴으로써 풀어 갈 수는 없다. 왜냐하면

---

2 메를로-퐁티, 『지각의 현상학』, 류의근 옮김(서울: 문학과 지성사, 2002), 272-273쪽.
3 『지각의 현상학』, 272-273쪽.

두뇌는 좌우간 종국적으로 다만 언어에 접근하는 도구요 수단으로만 남지 그 이상은 아닐 터이기 때문이다. 여기서는 말하는 사람 또는 주체가 전혀 고려되지 않고 있다는 것이 근본 문제이다.

바로 이 틈새를 비집고 들어오는 입장이 주지주의이다. 주지주의적 관점에서 실어증은 지능의 장애 없이 진행될 수 없다. 바꾸어 말하면, 말이 반향을 일으키거나 분절하는 것은 사고 작용 때문이라고 본다. 예를 들어 색깔 이름을 기억할 수 없는 실어증 환자들은 제시받은 색을 명명할 수 없는데, 이것은 색의 감각적 소여들을 분류해서 범주에 포섭하는 일반적 능력이 없어서일 뿐이지 그렇다고 적색이나 청색이라는 말의 어휘의 상까지 상실한 것은 아니라고 한다.[4] 즉 그는 색깔을 더 이상 인지할 수 없고 색깔의 이름을 정확히 말할 수 없지만 그렇다고 색 이름의 의미를 반복할 수 없는 것은 아니라고 한다. 말하자면 이러한 능력 이외에도 필요한 어떤 지적 능력이 결여되어 있는 것이다.

이러한 분석에 따르면 언어는 사고에 의해 조건 지어지는 것이 되고 사고와의 관계가 언어의 가장 중요한 근본 요소가 되며 당연히 사고하는 주체와 언어는 이원화되어 서로 다른 실체로 존재하게 된다. 그리하여 여기서 환자가 상실한 것은 언어와 분리되어 독립적으로 존재하는 범주화 능력인데, 이것은 사고 현상, 즉 지적 장애의 문제에 속한다. 따라서 실어증의 근원은 사고의 장애로 풀이된다.

메를로-퐁티는 실어증 및 언어에 관한 경험주의와 주지주의 이론

---

4 『지각의 현상학』, 275쪽.

에 대해서 둘 다 "말이 의미를 가진다"는 점을 전혀 주목하지 않고 있다고 날카롭게 지적하면서 다음과 같이 총평한다. 그 요점은 양 이론은 언어 현상을 말이 가지는 의미의 생명성으로 보지 않으려 한다는 점과 언어는 그 속에 말하는 주체가 있거나 언어의 의미가 움직이고 행동한다는 점, 즉 운동성을 고려하지 않는다는 것이다.

첫 번째[경험주의]의 경우 이것은 분명하다. 왜냐하면 말의 환기는 어떤 개념에 의해서도 매개되지 않기 때문이고 주어진 자극이나 의식 상태는 신경 역학의 법칙이나 연합 법칙에 따라 말을 불러오기 때문이고 따라서 말은 의미를 휴대하지 않고 어떤 내적 능력도 가지고 있지 않으며 객관적 인과성이 활동에 의해 다른 현상들과 병렬되어 빛을 보게 되는 심리적, 생리학적 심지어는 물리적 현상들일 뿐이기 때문이다. 사람들이 범주적 작용에 의해 [색깔을 나타내는 단어] 호칭을 복제할 때도 사정은 다르지 않다. 말은 여전히 고유한 효력을 빼앗긴 상태인데, 이번에는 그것이 자신이 없어도 일어날 수 있는, 자신이 전혀 기여하는 바가 없는 내적 인식의 외적 기호일 뿐이기 때문이다. 그것은 의미를 빼앗긴 상태는 아닌데, 왜냐하면 그 뒤에 범주적 작용이 있기 때문이다. 그러나 그 의미는 말이 **가지지** 않고 있는 것이며 소유하지 않고 있는 것이다. 의미를 가지는 것은 사고이고 말은 공허한 외피로 남아 있다. 그것은 분절적·음향적 현상이거나 이러한 현상의 의식일 뿐이지만 어떻든 언어는 사고의 외적 수반물일 뿐이다.

첫 번째의 경우에서 우리는 의미적인 것으로서의 말의 이편에 있고 두 번째[주지주의]의 경우에 우리는 그것의 저편에 있다. 첫 번째의 경우에 말하는 사람은 없다. 두 번째의 경우에 주체는 확실히 있으나

제Ⅱ부 실천 철학

그는 말하는 주체가 아니다. 그는 사고하는 주체이다. 언사(parole) 그 자체에 관한 한, 주지주의는 경험주의와 거의 다르지 않고 경험주의처럼 자동운동에 의한 설명 없이 지낼 수 없다. 범주적 조작은 한번 이루어지기만 하면 그것을 마무리하는 말의 출현을 설명해야 하는 문제를 남긴다. 따라서 사람들이 그 일을 하고자 할 때 틀림없이 생리학적 기능이나 정신적 기능에 의해서 할 것이다. 왜냐하면 말은 불활성 외피이기 때문이다. 따라서 사람들은 **말이 의미를 가진다**는 단순한 주목에 의해서 경험주의를 초월하듯 주지주의를 초월한다.[5]

3. 후설의 언어 이해와 그 문제점

_____후설은 앞의 두 고전적 이론과 달리, 말하는 주체에 주의를 기울인다. 그러나 처음부터 그러한 입장을 견지했던 것은 아니다. 언어에 대한 후설의 현상학적 접근[6]은 언어의 이념성과 순수 논리적 문법에 관한 연구가 먼저이다. 메를로-퐁티에 따르면,[7] 후설은 『논리연구』 제4부에서 언어의 본질과 보편 문법의 개념을 제시한다. 후설의 초기 언어 현상학은 언어의 이념적 본질을 파악함으로써 보편 문법

---

5 『지각의 현상학』, 275-276쪽.
6 후설의 언어철학에 대한 개괄적 소개로는 다음 논문을 참조. 배의용, 「후설의 언어철학」, 『철학과 현상학 연구』 2집(1986), 한국현상학회, 197-216쪽.
7 이 절은 메를로-퐁티의 다음 논문에 많이 의존했다. "Phenomenology and the Sciences of Man", in The Primacy of Perception and Other Essays on Phenomenological Psychology, the Philosophy of Art, History and Politics, translated by James M. Edie (Evanston: Northwestern University Press, 1964), pp. 78-84.

을 확립하는 과제를 수행한다. 말하자면 그것은 언어가 언어이기 위해서 없어서는 안 될 의미의 형식을 조사하고 기술하는 언어 형상학(eidetics of language)이다. 이 수준에서 자연언어의 모든 전제는 환원되어야 하고 어떠한 언어이든지 언어이기 위해서 이러한 의미 형식을 규정하는 선천적 문법구조를 따라야 한다. 모든 언어에 속할 이러한 언어의 이념적 본질에 도달하기 위해 개개의 모국어는 초월되어야 한다. 따라서 문법학자는 개인적인 비과학적인 견해나, 라틴어와 같은 특정한 문법에 만족해서는 안 된다. 이러한 보편문법 구조가 발견되면, 이것을 토대로 모국어도 외국어도 이해될 수 있다. 모든 경험적, 사실적 언어들은 이러한 본질적 언어의 혼잡한 실현으로 이해될 것이다. 후설에게 먼저인 것은 언어의 현상학이고 나중에 언어의 경험적 연구가 온다.

그러나 후설처럼 우리가 소유하고 말하며 사용하는 언어에 대해 이러한 방식으로 연구함으로써 보편문법에 도달할 수 있을지는 매우 의심스럽다. 형상적 직관이나 환원을 통해서 모든 언어에 필수 불가결한 본질 형식들을 인식할 수 있을 것인가? 후설은 우리가 사용하는 언어의 역사적 뿌리를 따로 떼어 놓을 수 있는 적절한 수단을 우리에게 제공하는가? 우리가 타국에 가서 외국어를 처음 접하게 될 때 필수적인 것은 언어의 보편적 본질 구조들인가? 오히려 우리가 언어의 보편적 구조에 접근할 수 있는 방법은 그 언어를 배우고 부대끼는 것이 아닌가? 언어의 보편적 기능을 후설이 추구하는 바, 언어가 언어이기 위해서 소유해야 하는 표준 의미 형식들로 질서 지을 수 있는가?

후설의 언어 형상학은 여전히 언어를 의식에 의해 고차적으로 구성되는 대상으로 보고 있다. 그것은 여전히 현실 세계의 언어들은 의식이 그 열쇠를 쥐고 있는 가능적 언어의 특수 사례라고 전제하고 있다. 그것은 여전히 실제적 언어들이 그 기능에 있어서나 구조에 있어서 총체적으로 해명될 수 있는 일률적인 관계에 의해서 각기 그들의 의미와 결부되어 있는 기호 체계라고만 볼 뿐 달리 보지 못하고 있다. 여기서는 언어가 사고 앞에 있는 하나의 대상으로 상정되고 있고 언어는 사고와 관련해서, 사고의 부속물, 대용물, 비망록 혹은 이차적 전달 수단이라는 역할 정도만 할 뿐 다른 역할을 할 수 없게 되어 있다.[8]

그러므로 후기에 와서, 후설은 언어적 사실과 언어적 사실에 대한 본질 통찰 사이의 관계를 통합하는 탐구를 전개한다. 달리 표현하면, 언어와 반성의 관계는 언어의 본질을 구체적 언어적 사실의 자리에 다시 놓아두는 연구로 발전한다. 즉 언어를 반성하는 일은 언어를 사고의 세계로 흡수하거나 구성하는 주관의 삶의 성취로서가 아니라 이미 말 속에 통합되어 있는 로고스를 발견하거나[9] 과학적으로 관찰되기 이전의 경험을 기술하는 일로 바뀐다.

여기서는 언어의 순수 논리나 보편문법을 구성하는 일이 더 이상 문제가 되지 않고 있다. 언어의 이념성은 말하는 행위, 즉 언사(parole) 속에서 구성되고 말함은 사고를 말로 번역하는 일이 아니다. 따라서 말할 때 사고와 말은 미리 분리되어 있는 것이라기보다 사고와 말 사이에 일종의 내적 융합을 성취하는 것이다. 풀어서 말하면, 사고가

---

8 『현상학과 예술』, 84쪽.

9 Merleau-Ponty, *The Primacy of Perception and Other Essays on Phenomenological Psychology, the Philosophy of Art, History and Politics*, translated by James M. Edie (Evanston: Northwestern University Press, 1964), p. 82.

말에 생명을 불어넣고 말이 사고를 육화하면서 육화된 말은 사고를 자신 속에 자신의 의미로 품는다.[10] 『형식 논리학과 선험 논리학』에서 언어는 어떤 대상을 지향하는 근원적 방식으로, 혹은 사유의 구현체로 나타나고 『위기』의 「기하학의 기원」에서 언어는 사적 현상으로 그치고 말 사고에게 상호주체적 가치를 그리고 궁극적으로는 이념적 존재를 획득하게 하는 작용으로까지 나타나고 있다.[11]

이러한 언어야말로 우리가 모국어의 어원 및 과거 그리고 그 오랜 역사를 전혀 몰라도 모국어를 사용할 수 있는 현상을 설명한다. 이러한 언어야말로 수많은 사람들이 동일한 모국어를 서로 달리 사용해도 여전히 동일한 관념, 동일한 이념적 존재에 동참할 수 있고 말의 의미를 알 수 있는 현상을 설명한다. 바로 이 대목에서 언어 현상학자에게 말하는 주체에 대한 각성이 일어나게 된다. 왜냐하면 말하는 주체는 자기 언어를 이러한 언어로 사용하는 주체이기 때문이다. 언어는 말하는 주체에게 공동체와 의사소통하고 자신을 표현하는 수단으로서 살아 있는 존재이다. 이러한 언어와 언어적 의사소통을 이해하려면 언어를 말하고 사용하고 쓰는(write) 주체의 경험과 활동상을 명료하게 반성하는 것은 필수적이다.

메를로-퐁티의 언어 현상학은 바로 이것을 하려는 것이다. 따라서 소위 언어의 현상학에는 말하는 주체의 경험과 발언·발화 행위에 관한 현상학적 규명이 불가피하다. 그렇다면 언어는 더 이상 우리에

---

10 The Primacy of Perception and Other Essays on Phenomenological Psychology, the Philosophy of Art, History and Politics, pp. 82-83.

11 『현상학과 예술』, 84-85쪽; Merleau-Ponty, Signs, translated by Richard C. McCleary (Evanston: Northwestern University Press, 1964), pp. 84-85.

게 과거의 역사적 사료처럼 대상으로 우리 앞에 놓일 수 있는 것이어서는 안 된다. 언어는 기호와 이미지의 총합일 수가 없다. 이러한 현상학적 관점에서 "언어는 더 이상 독립적인 언어적 사실들의 무질서한 **과거**에서 나온 결과물이 아니라 체계의 모든 요소들이 **현재**나 **미래**를 향해 있으면서도 **현재의 논리**에 의해 지배되는 상태에서 오로지 표현하고자 하는 일에 협력하는 체계로"[12] 이해된다.

4. 소쉬르의 언어 이해와 그 문제점

_____ 이러한 현상학적 관점의 말하는 주체에 관심을 보이는 현대 언어학이 소쉬르의 구조언어학이다. 소쉬르의 언어학은 주어진 언어, 즉 랑그(langue)를 객관적으로 연구할 뿐만 아니라 말하는 주체의 발언 행위, 즉 파롤(parole)도 다룬다. 그러나 불행하게도 소쉬르는 『일반 언어학 강의』에서 과학적 언어학의 유일한 연구 대상은 랑그이고 파롤은 의미가 없는 것은 아니지만 언어의 과학적 연구에서 부차적이라 주장했다. 구조주의는 구조언어학의 이러한 차별을 일반화함으로써 실증주의 방법론으로 치닫게 된다. 이렇게 구조언어학에서 언어 체계는 랑그에만 국한되기 때문에 말하는 주체의 언어 능력이나 촘스키류의 변형 생성 문법·의미 체계 또는 비트겐슈타인류의 의미론·화용론 등에 대한 연구는 경시되고 아쉽게도 파롤에 대한 현상

---

12 『현상학과 예술』, 84-85쪽. *Signs*, pp. 84-85. 강조는 필자의 추가.

학적 접근은 배제된다.

소쉬르가 나타나기 전까지 우리는 언어의 의미가 그 언어의 음성, 즉 말소리가 그 의미나 지시와 결합된다고 생각해 왔다. 이를테면, 나무라고 발언하면 그 의미는 나무의 의미나 나무라는 지시체와 함께 주어진다. 여기서 말소리는 말의 의미나 지시의 기호이다. 그리고 기호(sign)는 의미 작용(signification) 또는 기표 작용과 구별된다. 이 둘을 연결하는 것이 언사, 즉 발언 행위인 파롤이다. 그런데 소쉬르는 이러한 파롤 없이 말의 의미를 설명하는 방법을 찾았다. 또는 파롤을 기존의 방식과는 다르게 이해하는 길을 찾았다. 다시 말해서 기존의 파롤 개념에 도전한 것이다. 그래서 소쉬르는 언어적 기호는 기호 밖에 있는 구체적 대상이나 현실과는 관계없이 자율적으로 의미를 생산한다고 주장한다. 말하자면 굳이 파롤을 전통적인 방식처럼 이해하지 않고도 기호가 의미를 가지는 메커니즘을 해명할 수 있다는 것이다. 이러한 언어 사상이 언어학을 소쉬르 이전과 이후로 갈라놓고 현대 언어학을 수립하는 반석으로 평가된다. 주지하듯 소쉬르는 현대 언어학의 아버지라고 회자된다.

소쉬르에 따르면, 기호는 기표와 기의로 구성되고 기호의 의미는 기표가 개념과 일대일 대응 관계 또는 지시 관계에 있지 않아도 가능하다. 왜냐하면 기호와 지시체 사이에는 아무런 유사성도 없고 양자의 관계는 자의적 관계이기 때문이다. 기호는 이미 고정된 기의를 불변적으로 소유하고 있는 기표가 아니다. 기호의 의미는 기호들 사이의 변별적인 관계에 의해서 탄생한다. 우리가 언어의 의미를 이해하는 것은 하나의 주어진 언어로부터 또 하나의 주어진 언어로 비스듬히 이행함으로써이다.[13] 이렇게 해서 기호의 의미는 기호들 사이의 측면적이면서도 어긋난 틈새 사이에서 발생한다.[14]

소쉬르는 이렇듯 기호의 의미를 변별적 차이성에 의거해서 설명하기 때문에 언어학은 발언 행위가 따르지 않으면 안 되는 필수적인 구조적인 조건 이를테면 기호론적-음운론적 규칙 체계를 수립하는 학문이 된다. 따라서 언어학은 발언 행위의 배후에 보이지 않는 체계를 연구하는 학문이다. 이러한 체계가 랑그이므로 언어는 랑그에 머물고 만다. 바꾸어 말하면 언어학은 랑그의 학문이라는 것이다. 소쉬르의 구조언어학이 파롤과 랑그를 이원화하고 언어에서 파롤을 공제하는 것은 소쉬르 자신의 언어적 기호 이론의 결과이다. 파롤을 버리지는 않을지라도 그렇다고 중요한 연구 대상으로 생각하지는 않는 것이다. 소쉬르에게는 과학적 언어학, 언어에 대한 객관적인 과학이 중요했기 때문에 언어, 즉 랑그의 공시태와 통시태에 관한 언어학, 즉 공시언어학과 통시언어학은 있지만 "파롤(발언행위)에 관한 공시언어학"[15]은 없는 것이다.

그러나 우리가 언어를 말하려면 언어를 랑그에 일치시켜야 하는 것도 사실이지만 역으로 랑그가 우리의 언어활동에서 랑그로서 존재하려면 발언 행위 속에서 활성화되어야 하고 육화되어야 하는 것도 사실이다. 우리가 발화를 수행하는 것은 랑그의 음운론적, 형태론적 규칙 등을 배경으로 하지 않고는 불가능하지만 랑그를 불러 세우고

---

13 『현상학과 예술』, 88쪽.

14 『현상학과 예술』, 109-110, 120쪽.

15 『현상학과 예술』, 86쪽. 메를로-퐁티가 이 표현을 쓴 것은 소쉬르의 언어의 공시성과 통시성의 통일 문제를 파롤에서 해결할 수 있음을 암시하고자 함이다.

살아 작용하게끔 하기 위해서는 역시 파롤도 필요하다. 도대체 우리는 언어가 말하는 주체가 목적이나 의도를 가지고 수행하는 발화를 통해서 어떻게 존재하게 되는가를 묻지 않을 수 있는가? 소쉬르가 말하는 대로, 언어의 의미를 언어단위의 차이 또는 가치로 설명함에 있어서 언어단어가 다른 언어단위에 대해 가지는 변별성, 대립성, 부정성, 관계성, 분절성 등만으로는 부족하다.[16] 발화 이전에 보전되고 있는 말의 역사적 통일성이나 현존하는 언어에서 정립되어 있는 기호의 체계적 통일성이 랑그에 관한 언어학 —공시적이든 통시적이든— 만으로는 충분히 설명될 수 없다.[17] 파롤에 대한 랑그의 우위를 주창하는 소쉬르의 기호 이론은 파롤과 랑그에 대해 공정하지 못한 처사이고 편협한 태도로 보인다. 이것은 소쉬르가 언어학을 언어 과학으로 확립하기 위해 경험주의적 언어 연구에 편향되어 있었기 때문일 것이다. 우리는 파롤과 랑그의 구별까지는 인정할 수 있지만 파롤이 감당하는 언어적 역할을 훼손하는 것까지는 용인하기 힘들다. 우리는 타인이 현존하는 의사소통 상황에서 랑그만 있고 파롤은 없는 언어 현상을 인정하기 어렵다.

따라서 파롤과 랑그의 통일성을 추구하는 것이 필요하고 이것이 소쉬르 언어학의 완성에 기여할 것이다. 파롤과 랑그가 구별된다면 당연히 양자를 매개하고 통일하는 변증법적 원리가 요구될 것이고 이러한 매개 원리를 파롤에서 찾는 것은 소쉬르의 언어학을 보완

---

16 메를로-퐁티는 이미 소쉬르도 언어적 기호의 변별성을 언급할 때 랑그와 파롤 사이의 통일성을 보고 있었던 것으로 파악한다. *Signs*, p. 117 참조.

17 Joshua Kates, *Essential History: Jacques Derrida and Development of Deconstruction* (Evanston: Northwestern University Press, 2005), p. 180.

하거나 갱신하는 일이 될 것이다. 이러한 과제를 수행하는 언어학이 앞서 메를로-퐁티가 말한 "발언 행위에 관한 공시언어학"[18]이다. 소쉬르의 통시언어학이 랑그의 과거를, 공시언어학이 랑그의 현재를 연구하는 학문이라면, 메를로-퐁티의 파롤의 공시언어학은 소쉬르의 통시언어학과 공시언어학을 아우르는 성격을 가지고 있다. 왜냐하면 언어의 통시성은 한때는 살아 있는 현재적인 공시성이었을 터이므로, 메를로-퐁티의 공시언어학은 과거의 랑그와 현재의 랑그를, 말하는 행위의 변화하는 현재적인 구조와 본질을 규명함으로써 파롤에 통합하는 것을 겨냥하기 때문이다. 메를로-퐁티는 이러한 해명에 "객관화된 언어에서 발언 행위(parole)로의 복귀", "생활 세계로의 복귀"[19]가 절대적으로 필요하다고 강조한다.

5. 언어의 표현성

그러나 메를로-퐁티는 이 과제를 수행함에 있어서 소쉬르의 언어적 기호 이론의 성과를 자기 것으로 수용하는 데서 시작한다.

우리가 소쉬르에게서 배웠던 것은 기호들이란 그들 하나하나씩으로는 아무것도 의미하지 않는다는 것과, 그들 각자는 하나의 의미를 나타내기보다는 그것과 다른 기호들 간에 의미의 차이를 나타낸다는

18 『현상학과 예술』, 86쪽.
19 『현상학과 예술』, 97쪽.

사실이었다.[20] [소쉬르의] 잘 알려져 있는 기호에 대한 정의로서, 기호를 "변별성, 대립성, 부정성"으로 정의하는 것이 의미하는 바는 바로 이것이다. 즉 언어는 기호와 의미 작용 사이에서 틈새의 체계로서 말하는 주체 속에 존재한다는 것이요 발화 행위는 하나의 통일성으로서 그와 동시에 이 두 질서의 분화를 동시적으로 가동시킨다는 것이다.[21]

그렇다면 영어 단어나 한글 낱말 또는 영어 철자나 한글 자모와 같은 언어단위는 폐쇄된 고정적인 의미만을 가지는 것은 아닐 것이고 나아가서 가지고 있는 것으로 그치기만 하는 것은 아닐 것이다. 그것들은 새로운 상황과 문맥 속에서 자기 의미의 발전과 변화[22] 또는 창조를 가져온다. 물론, 언어가 이미 기성의 어휘나 기호들을 사용하는 것은 의문의 여지가 없다. 그러나 언어는 그 이상을 포함하며 그러한 어휘나 기호들이 말하지 않는 또는 결코 보여 준 적이 없는 어떤 것을 지시한다.[23] 언어는 이러한 "신비"[24]의 창조적 과업을 어떻게 수행하거나 성취하는가?[25]

한 사람이 말하고 다른 사람이 말할 때 그들은 언어를 어떻게 경험하는가? 물론 한 사람은 자신이 알고 있는 것을 말하고 다른 사람

---

20 『현상학과 예술』, 107쪽.

21 Merleau-Ponty, *In Praise of Philosophy and Other Essays*, translated by John Wild, James Edie, and John O'Neill (Evanston: Northwestern University Press, 1970), pp. 87-88.

22 Merleau-Ponty, *The Prose of the World*, edited by Claude Lefort and translated by John O'Neill (Evanston: Northwestern University Press, 1973), p. 127.

23 *The Prose of the World*, p. 3.

24 *The Prose of the World*, p. 116.

은 알아듣거나 이해한다. 그런데 그들이 주고받는 메시지들이 그들이 각자 알고 있는 것만을 전달하거나 전해 주는 것에 불과하다면 어떻게 되겠는가? 내가 나에게 말해진 것을 이해할 수 있는 것이 나에게 말해진 말의 의미를 내가 미리 알고 있기 때문이라면, 의사소통은 원천적으로 불가능할 것이다. 미리 알고 있는 것만을 주고받고 그 이외의 것은 전달할 수 없다면 우리는 영원히 폐쇄적인 언어 체계 내에 갇히고 말 것이다. 언어가 없다면 이 정도의 의사소통도 할 수 없겠지만, 그렇다고 언어가 그러한 언어로 그치고 만다면, 역설적이게도 그러한 언어는 언어가 아니라는 결론도 나온다. "말한다는 것은 하나 하나의 사유에 단어를 끌어다 붙이는 일이 아니다."[26]

　따라서 우리의 언어적 경험은 그 정도의 것일 수 없고 그 이상이어야 한다는 점은 분명하다. 말하자면 다른 참된 또는 본래적인 언어[27]가 있는 셈이다. 우리가 손안에 쥐고서 처분할 수 있는 언어가 있고 스스로 자기를 창조하는 언어가 있다. 전자는 "말해진 언어"(le langage parlé; une parole parlée; spoken speech)이고 후자는 "말하는 언어"(le langage parlant; une parole parlante; speaking speech)[28]이다. 전자는 제도화된 언어로서, "자신이 전달하는 의미를 산출하기 위해 자기 자신을 말소하는 언어"이고 후자는 기호로부터 의미 쪽으로 나를 끌어가는 언어로서, "자신을 표현하는 행위 속에서 자기 자신을 창조하는

25　*The Prose of the World*, p. 3.
26　『현상학과 예술』, 115쪽.
27　『현상학과 예술』, 116쪽.
28　『지각의 현상학』, 304쪽. Merleau-Ponty, *La Prose du monde* (Paris: Gallimard, 1969), p. 17; *The Prose of the World*, p. 10.

언어"[29]이다.

　언어의 의미가 단 한 단어에만 필연적으로 고정되어 있지 않는 것도, 다수의 단어들이 단 하나의 동일한 의미를 지정할 수 있는 것도, 하나의 기표가 단 하나의 고정된 기의만을 가지고 있지 않는 것도, 그리하여 결국 기표와 기의가 자의적 관계로 존재하는 것도 바로 이러한 언어의 표현 기능 또는 표현 작용 때문인 것이다. 언어의 의미가 결코 어떤 특정한 단어에 국한되어 완전하게 표현될 수 없는 것도 바로 그 때문이다. "언어는 하나의 수단이라기보다는 일종의 존재 같은 것이다. 바로 이것이 언어가 그토록 무엇인가를 우리에게 나타내어 줄 수 있는 이유인 것이다."[30]

　타인의 얼굴이 무언가를 표현하듯이 언어는 자신을 표현한다. 이러한 언어는 말없이 말하는 말이고 침묵으로 말하는 말이다. 즉 "간접적인 언어" 다시 말하면 "침묵의 목소리"이고 "말없는 언어"[31]인 것이다. 이러한 언어는 사고를 창조하고 표현하고 완성하는 언어이다. 그것은 "언어 속의 초월"[32]이고 "말 속의 사고"[33]이다. 이러한 언어 이론은 "언어의 발견적 가치"[34]를 우선시하고 이미 형성된 언어나 기호로 구성된 언어 장치로써 새로운 의미를 지시하거나 이끌어 갈 수 있는 의미 작용을 확립하는 언어의 창조적인 활동에 집중한다. 언어의

29　*The Prose of the World*, p. 10.
30　『현상학과 예술』, 113쪽.
31　『현상학과 예술』, 107, 114, 120, 179쪽.
32　『지각의 현상학』, 295쪽.
33　『지각의 현상학』, 280쪽.
34　*In Praise of Philosophy and Other Essays*, p. 80.

문학적 사용에서[35] 이러한 언어의 창조적인 면모가 잘 드러난다.

작가는 이미 만들어진 기호의 지시에 따라서만 언어를 구성하지 않는다. 죽은 문자로 존재하던 문학작품과 언어가 소생하는 경우가 있다. 문학 언어는 작가가 인식한 것을 단순하게 표명하는 것이 아니다. 우리는 문학 작품에서 작가나 독자가 넣어 놓은 것보다 더 많이 인식할 때도 있고 그보다 더 적게 인식할 때도 있다. 우리는 작가가 작품에서 소유하는 것보다 더 많이 소유할 때가 적지 않다. 아니, 더 많이 소유할 때가 더 많다. 작가는 자기 초고를 잠시 묵혀 두었다가 퇴고할 때 자기 작품을 새롭게 발견하곤 한다. 작가의 작품은 그 작가와는 무관하게 살면서 그 작품을 읽게 된 어떤 독자 앞에서 작가가 내면에 비밀리에 품고 있었던 것, 그 이상을 예기치 않게 드러내어 놓는다. 작가는 언어를 통해 자기가 깨달은 것, 심오한 진리라고 하는 것을 말하는 한편, 그 작가에게 모자라거나 결핍되어 있는 것임에도 불구하고 작가가 그것을 말로 표현한 이후에는 이상하게도 독자에게 강력한 의미를 띠는 형태로 나타나고 우연적인 사건들도 우연의 일치가 아닌 듯 작가가 의도한 것으로 간주된다.

작가가 사용하는 언어가 정적임에도 불구하고 그 언어는 그 말의 의미를 열어 주고 좁혀 주는 의미의 창조 작용을 수행하고, 어떤 것을 말하려고 했던 것은 아님에도 불구하고 말하고 있는 어떤 형태의 언어가 있다. 수년간을 문학 이념과 소재의 빈곤으로 절망하는 한 작가에게 새로운 말하는 방식이 형성된다. 그의 문학 언어는 그 세계를

---

35 언어의 문학적 사용에 관한 메를로-퐁티의 이해는 *In Praise of Philosophy and Other Essays*, pp. 80-86 참조.

표현하고 그 세계는 언어로 변형되고 그 세계는 그 언어의 고유한 대상이라고 자처한다.

이러한 의미와 맥락에서라면 언어는 생활방식이며 생활 세계라고 말해도 좋다. 메를로-퐁티가 "파롤의 경이"[36]라고 부르는 이러한 언어 현상은 구성된 경험적인 언어들이 2차적인 언어이고 창조적인 표현적인 언어들이 1차적인 언어이며 제도화된 언어들이 창조적인 언어의 결과라는 것을 말해 주고 있다.[37] 작가가 세계와 타인에게 현존할 수 있는 것, 또 인간의 삶을 구성하고 인간 존재를 삶의 동기로 바꾸어 놓는 것은 바로 이러한 근원적인 언어 다시 말해서 파롤의 근원적인 표현 작용이다.[38]

파롤의 현상학은 이러한 말하는 주체의 경험과 능력을 설명하려는 것이 아니라 기술함으로써 확립하려고 한다. "파롤은 이미 마음대로 할 수 있는 기존의 기호와 의미의 배치에 변화를 가져오고 그 하나하나를 변용할 수 있는, 그리하여 새로운 의미가 분비되는 작용"[39]이지만, 그렇다고 그것이 어떤 순수 심리적인 지적 작용[40]인 것은 결코 아니다. 오히려 파롤 자체에 어떤 정신적 힘이 부여되고 있다[41]고 말해야 정확한 표현일 것이다. 문학 언어 속에 거주하는, 장소는 없으

---

36 *In Praise of Philosophy and Other Essays*, p. 94.
37 알고리즘 언어, 수학 언어도 그 의미 발생의 해명에 들어가 보면 그 자신만의 역사적 사실을 발견할 수 있고 복원할 수 있으며 또 다른 미래의 씨앗을 보유하고 있다. 그래서 순수 이상 언어, 순수 자연 언어 같은 것들은 순수 언어의 유령들이다. 다시 말해서 순수 언어는 유령 존재이지 실재할 수 없다. *The Prose of the World*, pp. 3-8, 115-129 참조.
38 *The Prose of the World*, p. 86.
39 *The Prose of the World*, p. 13.
40 *The Prose of the World*, p. 117.
41 『현상학과 예술』, 114쪽.

나 편재하는 어떤 정신이 있다.[42] 전통 언어학자와 달리, 그리고 소쉬르 언어 이론과 달리, "소리와 의미가 신비스럽게 결합하는 기적"[43]은 이러한 언어의 능력 체계의 소행이다.

실어증에 걸리기 쉬운 것은 아마도 이러한 능력에 이상이 생겼기 때문일 것이다. 그래서 정상적인 사람도 잠시 동안 발언 행위에서 순간적인 무질서를 겪을 수 있는 말더듬 장애를 보인다. 결과적으로 실어증은 범주적 능력, 범주적 태도의 결여로 설명될 수 없다. 주지주의의 범주적 태도는 언어를 사고의 수단으로 보지만 파롤의 언어 현상학은 언어를 사고를 표현할 줄 아는 능력으로 보는 것이다. 실어증 환자는 "언어에 실려 있는 어떤 정신"[44]에 대해 어쩔 줄을 모르는 것이다. 그는 파롤이 수행하는 어떤 근본 능력을 상실했다.

이 정신, 이 능력은 물론 차이의 체계로서의 언어, 분화의 체계로서의 언어, 그리고 변별적인 관계 체계로서의 언어와 관련되어 있다. 실어증 환자의 언어 장애를 범주적 태도로 설명하고자 한 골트슈타인(Kurt Goldstein)도 이 정신, 이 능력에 근접했다. 그는 범주적 태도와 관련된 언어 행위를 훔볼트(Humboldt)가 말하는 "내적 언어 형식"(innere Sprachform)과 연관시킴으로써 범주적 태도를 내적 언어 형식의 살아 있는 기능으로 전제하기 때문이다.[45]

훔볼트도 언어를 사고를 형성하는 정신 또는 세계관으로 본다는

---

42 *The Prose of the World*, p. 118.

43 *In Praise of Philosophy and Other Essays*, p. 83.

44 *In Praise of Philosophy and Other Essays*, p. 91.

45 *In Praise of Philosophy and Other Essays*, p. 91.

점에서 역시 마찬가지이다. 이들은 언어의 정신에 관련했으나, 아쉽게도 언어의 정신을 언어의 살아 있는 창조적인 발생 작용으로 보는 데까지 환원시키는 데는 미치지 못했다. "언어 이전의 언어"[46]에 도달하려면 언어에 대한 환원이 필수적이기 때문이다. 파롤에 함께 얽혀 있는 침묵의 두께와 깊이를 기술할 수 있기 위해서 언어에 대한 현상학적 환원[47]이 수행되어야 한다. 그래서 흔히 우리가 표현하는 대로 "우리가 말한다", "우리가 말했다"고 하는 말은 언어의 근원적인 의미 작용을 은폐하는 피상적인 관찰이다. 우리는 우리가 하는 말 속에, 또 말한 적이 없는 말 속에 언어와 사고와 표현이 있다는 것을 인정해야 한다. "우리는 귀머거리가 말하고 있는 사람을 바라보는 것처럼 언어를 응시하지 않으면 안 된다."[48] 이것이 메를로-퐁티의 파롤의 언어 현상학이 우리에게 가르치는 언어의 "역설", "경이", "신비"이다.[49]

6. 언어의 신체성

　　　메를로-퐁티는 언어의 표현 작용을 운동으로 보고 표현을 신체적 운동으로 풀어낸다. 왜냐하면 신체적 운동은 표현이기 때문이다. 그렇다면 언어는 신체의 표현일 수 있겠다. 그런데 어떻게 언어

46　*The Prose of the World*, p. 14.
47　「현상학과 예술」, 120쪽.
48　「현상학과 예술」, 120쪽.
49　*The Prose of the World*, pp. 35, 41, 43, 113.

가 신체의 표현적인 작용일 수 있는가? 따라서 언어가 신체의 표현적인 작용일 수 있는 경로를 구성하는 과제가 제기된다. 언어가 사람을 자신이 기표하는 기의로 데려가는 것은 확실하다. 언어가 자신이 말하는 것 앞에서 자신을 지움으로써 의미를 전달하는 것도 분명하다. 그러나 언어가 자신을 지움으로써 의미를 전달하는 방식과는 다른 방식으로 자신을 말하고 표현하는 것도 분명하다. 언어는 단 하나의 의미만을 소유하는 것은 아니라고 했다. 오히려 하나의 기표가 하나의 정의된 의미로만 환원될 수 없는 의미들을 표현한다는 사실이 경이롭다고 했다. 기호가 자의적인데도 불구하고 의사소통이 된다는 사실이 신비하다고 했다. 요컨대, "자신은 알아볼 수 없으나 타인들은 알아볼 수 있는 자신을 표명하는"[50] 표현의 역설적인 활동을 이해하는 것이 문제이다.

언어는 이렇게 자신을 우리에게 숨기면서 자신을 표현하지만 그와 동시에 다른 표현을 재개하고 증폭한다. 도대체 이러한 표현의 연속적인 계기적인 현상은 어떻게 가능한 것일까? 표현과 표현을 잇는 "탯줄"[51]은 어디서 유래하는가?

기호의 표현력은 기호가 체계의 일부를 이루고 있다는 점, 다른 기호들과 공존한다는 점에서 나오지 신이나 자연이 의미를 지정하여 설립했을지도(instituted) 모르는 가능성에서 나오지 않는다. 게다가, 언어의 의미나 현재적 사용가치 그리고 의미의 토대가 되는 체계의 효

---

50 메를로-퐁티, 『간접적인 언어와 침묵의 목소리』, 김화자 옮김(서울: 책세상, 2005), 130쪽. 옮긴이 해제 참조.

과적인 법칙이 무엇보다도 사고하는 주체에 의해 파악되지 않는다는 점이다. 그것들은 말하는 주체에 의해 실천된다는 점, 그리고 자신들의 의미를 최초로 제안한 역사적 사건에서만 현존하되, 추후에 문법학자들에게 실례로 되는 역사적 사건에서만 현존한다는 점이다. 그리고 그것들이 현존하는 방식은 사람의 성격이 심리학에서와는 달리, 몸짓(gesture)과 필체(handwriting)에 현존하는 것처럼 현존한다는 것이고 원의 기하학적 정의가 둥근 모양이라고 보는 나의 인상 속에 현존하는 것처럼 현존한다는 것이다. 기호의 의미는 우선 사용 시의 성형화, 기호에서 유출되는 인간관계 방식에서 나온다. 그리고 지각된 사물의 맹목적 비자발적 논리만이 우리의 신체의 활동에 전적으로 표류된 채로 언어의 심부에서 새로운 표현 방식을 발명하는 익명적 정신을 감지할 수 있도록 한다.[52]

여기서 주요점 중의 하나는 언어의 표현성이 육화 현상이라는 것이다. 말은 표층적으로는 울리는 공명 현상이나 소리, 억양과 운율, 절분, 외형 등과 같은 물리적 특징을 가지고 있지만 심층적으로는 이러한 특징이 타인과 세계와의 관계라는 어떤 의미를 전달하고 의미를 표현한다. 언어는 양식(style)으로서, 감정적 가치로서, 실존적 몸짓으로서 제시되는 원초적인 의미 층을 가지고 있다.[53] 언어는 아직 발

---

51 *The Prose of the World*, p. 15.

52 *The Prose of the World*, pp. 36-37.

53 「지각의 현상학」, 284쪽. 여기서 양식으로 번역된 '스타일'은 세계를 해석하는 방식을 보이는 휘장. 존재와의 어떤 관계 방식을 보여 주는 휘장으로서, 지각 속에 흩어져 있는 의미를 모아서 일관되게 변형시키는 수단이라는 의미를 가지고 있다.

언되지 않고 있는 나의 의도와 단어 사이의 매개를 촉진하는 의미를 가지고 있으며 나에 의해 발언된 단어는 나 자신마저 놀라게 하여 나에게 미처 의도하지 않았던 나의 생각을 가르쳐 준다.[54] 언어는 임의의 요소들을 가다듬어 우연적인 것을 의미 있는 전체에로 되찾는 체계, 우연 속의 논리, 육화된 논리이다.[55] 이 때문에 단어, 모음, 음소도 세계를 노래하고 표현하는 수많은 방식[56]일 수 있다.

나는 말을 말할 때 말하기 위해 연관된 어떤 행동을 먼저 표상하고 나서 그 행동을 취하는 것이 아니다. 나는 취해야 할 어떤 행동을 먼저, 그리고 그러고 나서 말하지 않는다. 지금 우리는 그런 수준과 차원에서 말하고 듣는 것을 언급하고 있는 것이 아니다. 내가 말해진 말을 운동 자극이나 분절음 또는 청각이나 지각으로 이해하는 것은 나중의 일이다. 우리는 실제 상황에서 말하고 들을 때 말이나 어휘 자체를 염두에 두기보다는 사전에 그 말이나 어휘가 미리 나의 행동과 느낌을 육화한 도구인 것처럼 취급한다는 것이다.

나는 때때로 상대방이 누구이고 무엇인가에 대해 어떤 알 수 없는 확실성을 미리 가지고 그에게 말한다. 나는 그가 누구이고 무엇인가에 따라서 말을 만들고 어휘를 찾는다. 이 점에서 나는 이미 그와 통합되어 있다. "육화된 주체로서 나는 마치 그가 나에게 그렇듯 그에게 노출되어 있고 나는 나 자신을 내 앞에 있는 말하는 사람과 동일시한다."[57] "내가 말을 말하거나 이해하게 될 때 나는 나 자신 속에 있는

<hr />

54 『현상학과 예술』, 90쪽.
55 『현상학과 예술』, 89쪽.
56 『지각의 현상학』, 291쪽.

타인의 현존 혹은 타인 속에 있는 나 자신의 현존을 경험한다."[58] 또 나는 들을 때 들린 소리를 지각할 필요 없이 들린 소리가 이미 나에게 무엇을 말한 것처럼 듣는다. 내가 이해하고 있는 한에 있어서 나는 누가 말하고 있으며 누가 듣고 있는지를 더 이상 모른다.[59] 무엇이 나에게서 왔고 무엇이 말로부터 왔는지가 구별될 수 없는 방식으로 대화는 이루어진다.

언어가 나를 타인과 세계에 결합하는 정신적 연결을 현시하고 계시하며[60] 나를 나 자신과 타인에게 결합하여 나를 다시 파악하고 회복할 수 있는 것은[61] 이러한 육화의 방식을 통해서이다. 우리가 보여주는 어떤 손짓, 몸짓, 자세, 동작이 의미 자체인 메시지를 전하는 것도 이러한 방식을 통해서이다. 우리는 이러한 제스처에 곧바로 즉답한다. 그 동작이 곧 육화된 의미 자체이고 의미 표현이기 때문이다. 우리는 그 메시지를 우리의 마음속에서 미리 사고하고서 표현하지 않는다. 우리는 즉석에서 어울리게 반응하는 그 의미에 대해서 신체를 종처럼 부려서 표현하지 않는다. 그러한 동작이 가지는 의미는 육화된 것으로서, 어떤 지적 사고 작용의 결과가 아니다. 거기에 어떤 사고가 있다면 그것은 표현이지 사고가 아니다. 그렇다고 완전하게 사고가 아니라고 말할 수도 없다. 여전히 사고이긴 사고일 것이다. 이것이 "신체의 사고라고 부르는 육화"[62]이다.

57 *The Prose of the World*, p. 18.
58 「현상학과 예술」, 104쪽.
59 「현상학과 예술」, 105쪽.
60 「지각의 현상학」, 304쪽.
61 *The Prose of the World*, p. 17.

제II부 실천 철학

7. 결론: 표현하는 신체

우리의 사고와 의도와 목적이 신체적 동작에 육화되어 있으므로, 우리는 신체를 통하여 세계를 말할 수 있고 다시금 세계는 우리의 신체를 통하여 우리에게 말할 수 있다. 그래서 우리의 입천장의 생김새, 입술 모양, 목구멍의 진동조차도 의미를 전달하고 표현한다. 이러한 육화는 "신체적 지향성의 뛰어난 사례"[63]로 이해된다. 이러한 육화를 매개로, 언어적 기호들은 '나는 사고한다', 즉 사고하는 주체로부터가 아니라 '나는 할 수 있다', 즉 능력의 체계로서의 신체로부터 발생하는 내재적 의미를 풍부하게 소유한다. 나의 신체는 자신의 부분들을 세계의 상징적 체계로 사용하고 전개함으로써 세계에 출현하고 세계를 파악하며 의미를 발견하고 말을 한다.[64] 세계의 의미, 언어의 의미는 육화된 주체의 변양이요 표현이다. 나의 신체는 살아 있는 신체로서, "표현된 것이 표현과 별도로 존재하지 않으면서 기호들 자체가 자신들의 의미 밖으로 인도하는 의미의 원초적 활동 작용"[65]이다. 따라서 이러한 의미에서 "신체의 인간적 사용은 모두가 원초적인 표현이다."[66]

신체는 본질적으로 표현의 공간이다. 신체는 말의 개념적 의미 아래에서 말에 의해 번역되지도 않을 뿐만 아니라 거기에 거주하여 분

---

62 『현상학과 예술』, 100쪽.
63 『현상학과 예술』, 90쪽.
64 『지각의 현상학』, 360~361쪽.
65 『지각의 현상학』, 261쪽.
66 『현상학과 예술』, 156쪽.

리될 수도 없는 실존적 의미를 보여 주고 말하기 때문이다.[67] 보여 주고 말하는 것이 신체라는 의미에서 신체는 "자연적 표현 능력이다."[68] 더욱이 신체는 단순하게 다른 여러 표현의 공간들 가운데 하나에 그치는 것이 아니라 다른 여러 표현의 공간들의 근원으로서, 의미들에 장소를 제공함으로써 그것들 밖에 기투하는, 그러면서 의미들이 우리의 손과 눈 아래에서 사물들로서 존재하는 것이 시작되도록 하는 표현의 운동 그 자체이다.[69] 이렇듯 신체는 표현하는 신체이다.

그러나 그와 동시에 그것은 체험된, 구성된 신체이다. 왜냐하면 신체는 자신이 구성하는 것으로 기능하는 그 순간 스스로를 구성된 것으로 체험하는 주관"[70]이기 때문이다. 이러한 체험된 신체의 자기의식은 명시적 반성이 아니다. 나의 모든 신체적 기관이 말을 하려고 또는 말이 되도록 자기 자신에게 집중하거나 자기 자신을 소집하는 것은 이러한 신체가 자기 자신을 스스로 체험함으로써 일어나는 일이다. 발언된 단어 이를테면 내가 한 말이거나 내가 들은 말이 언어적 동작의 바로 그 동작 속에서 읽힐 수는 있으나 아직 그 동작 속에 들어 있지 않은 의미를 잉태하게 되는 것은[71] 그와 같은 방식으로 신체가 자기 자신을 체험하기 때문이다.

이러한 방식은 나의 손이 나에게 제공된 것을 잡으려고 저절로 또는 자발적으로 그곳으로 움직이는 것과 비슷하다. 신체는 내가 움직

---

67 『지각의 현상학』 284쪽.
68 『지각의 현상학』 283쪽.
69 『지각의 현상학』 232쪽.
70 『현상학과 예술』 99쪽.
71 『현상학과 예술』 91쪽.

이는 위치에다 나 자신을 미리 위치시키도록 그 수단과 도달 거리를 전반성적으로 의식하면서 그 일을 수행한다. 나는 나의 신체적 동작의 위치와 운동 방향을 표상할 필요가 없다. 내가 지금 글을 쓰고자 쓸 것을 잡으려고 할 때 나는 볼펜을 의식하거나 볼펜이 놓인 장소와 나 사이의 거리를 의도적으로 의식하면서 손을 뻗치지 않는다. 나의 손은 손끝에 눈이 달린 것처럼[72] 이미 쓸 것을 찾고 있는 것이다. 신체는 움직이는 자기 자신을 미리 안다.

이러한 방식으로 신체는 '세계-에로-존재(être-au-monde)'로서, 자기가 파악하려고 하는 대상을 명시적으로 자기 자신에게 표상함이 없이 세계와의 관계를 유지한다. 신체는 세계든 언어든 모든 대상에 얽혀 있는, 모든 대상의 공통 직물이고 세계와 언어에 대한 나의 이해의 일반적 도구이며[73] 언어적 표현과 사고와 의미의 가능 조건이거니와 따라서 당연히 의미를 창조하고 표현한다.[74]*

---

72 *The Prose of the World*, p. 19.

73 『지각의 현상학』 358쪽.

74 Rosalyn Diprose and Jack Reynolds eds., *Merleau-Ponty: Key Concepts* (Stocksfield, UK: Acumen, 2008), p. 154. 그리고 이 장에서는 다루지 못한 주제이지만, 혹시 메를로-퐁티의 언어 현상학을 비판하는 논점에 관해서 특별히 다음 논문을 소개한다. 이 논문은 메를로-퐁티의 언어 현상학을 구성하는 솜씨가 매우 인상적인 논문인데, 그 말미에 가서 메를로-퐁티의 언어 현상학에 대한 비판적 물음과 과제와 그 방향을 해석적 차원에서 비판적으로 검토하고 있다. David M. Levin, "Singing the World: Merleau-Ponty's Phenomenological of Language", *Philosophy Today* (Fall, 1998), vol.42. no.3, pp. 319-336.

* 이 글의 출전은 다음과 같다. 「메를로-퐁티의 언어 현상학」, 『철학논총』 61집 3권(2010), 새한철학회, 305-326쪽.

제9장

현상학적 회화론

1. 서론: 예술과 철학의 관계

      플라톤이 그의 『국가론*The Republic*』 10권에서 시와 연극, 소설을 포함한 예술을 혹평하고 탄핵한 것은 철학사의 초보적인 상식에 속한다. 플라톤은 시와 예술이 참실재, 즉 존재와 동떨어져 있고 그 속에 어떠한 진리도 내포되어 있지 않다고 주장함으로써 정의로운 도시 국가에서 추방되어야 한다고 판단했다. 플라톤은 예술을 먼저 사물의 참된 본질을 파악하는 인식 기술로 보면서 예술은 결코 존재하는 것을 참되게 인식할 수 있는 기술이 아니라고 주장한다. 플라톤에 의하면, 시인과 예술가는 현상 또는 외관을 참된 실재로 간주한다. 그들은 인생과 세상과 자연을 눈에 보이는 방식에 따라 말로 또는 그림으로 그린다. 시인의 시, 화가의 그림은 외양의 모사·모본·

모상·닮음, 요컨대 모방(mimesis)이다. 시인과 화가의 예술 작품은 이렇듯 외양의 모방에 지나지 않기 때문에 실재적일 수가 없다. "회화(painting)와 예술 작품 일반은 실재와 매우 멀리 떨어져 있고 … 이것은 시에 대해서도 사실일 것이다."[1]

예술이 그 기술로써 실재를 인식할 수 없는 이유는 물론 플라톤의 이데아론에 기초한다. 시는 말을 사용하는 기예 또는 단어나 문장으로 그린 그림(drawing)과 같다고 말할 수 있을 것이다. 시인이 말을 사용함으로써 사물을 그릴 때 그려지는 것은 사물의 참모습 또는 그 인식이 아니다. 신기료나 제화공이 구두를 수선하거나 제작할 때, 그들은 구두의 본질을 잘 알고 있어야 한다. 그러나 시인은 신기료나 제화공처럼 구두를 잘 알지 못해도 그 구두를 얼마든지 말로 재현할 수 있다. 시인은 구두의 현상만을 재현할 뿐이고 그 현상의 본질 또는 그 구두의 실재를 전혀 알지 못한다. 시인의 시는 구두를 실재 그대로의 사물로서 이해하지 않는다. 마침내 구두의 본질을 알지 못하는 사람들은 어휘와 문장 기술로써 그 구두를 모방만 할 뿐인 그 시로 인해 구두에 대한 허상을 갖게 되고 그 허상을 구두의 실재적인 어떤 것으로 이해하게 된다.

요컨대, 시의 기술은 구두 수선 기술 또는 제작 기술과 달리 사물의 진리, 즉 이데아에까지는 이르지 못하는 것이다. 때때로 사람들은 시인들이 세상사에 대해서 그렇게도 말을 잘하고 표현을 잘하는 것을 보면 세상 이치를 정말로 잘 알고 있는 사람들이라고 말한다. 그러

1 Plato, *Republic*, X, 602; translated and introduced by F. M. Cornford, *The Republic of Plato* (New York: Oxford University Press, 1964), pp. 334-335.

나 플라톤이 보기에, 그것은 세상 만물의 이치를 잘 알고 있어서가 아니라 허상을 창조하는 탁월한 단어 사용 기술을 가지고 있어서이다.

회화의 경우에도 사정은 마찬가지이다. 화가가 그리는 침대 그림은 어떤 각도에서 보이는 대상을 현상적으로 재현한 것이다. 따라서 실제적으로 있는 침대는 그때그때마다 다르게 보이기에 침대 그림도 다 다르게 그려져야 한다. 그러나 그렇게 되면 그 침대는 하나의 동일한 침대이기 때문에 화가는 그 하나의 동일한 침대를 영원히 그릴 수 없게 된다. 화가는 침대가 자신에게 나타나 보이는 대로 그리든지 아니면 그 침대를 그대로 모방하든지 해야 한다. 전자는 가능하지만, 후자는 불가능하다. 왜냐하면 화가에게 전자의 방식 이외의 방식은 없기 때문이다.

백 보를 양보하여, 화가 자신에게 나타나 보이는 대로 그려진 그림이 그 하나의 동일한 침대를 모방 또는 재현한 그림으로 간주된다고 하더라도, 침대의 실재와는 아무런 상관이 없다. 침대 그림은 수면용일 수 없는 반면, 실제로 있는 침대는 수면용인 것이다. 다시 말하면 침대 그림은 모든 침대에 공통적으로 나타나는 본질적인 속성을 결여하고 있다. 어떤 침대에서도 구현되고 있는 본질적인 형상, 즉 침대의 이데아가 침대 그림에는 없는 것이다. 침대 그림은 화가의 눈에 보이는 감각적인 사물의 그림자에 지나지 않고 인식의 대상인 이데아로부터 멀리 떨어져 있다. 화가는 자신이 보고 그렸던 것이 사실은 침대의 참모습, 즉 형상이 아니라 하나의 그림자, 하나의 허상이라는 것을 알지 못한다. 침대 그림은 화가에 의해서 만들어진 허상이고 결국 침대의 이데아의 왜곡이다.[2]

"예술가들은 이렇게 그림자를 만들어 내는 자이고 실재에 대해 전혀 알지 못하며 다만 현상만을 알 뿐이다."[3] 예술가들은 단어를 통해 허상을 창조해 내는 힘을 가진 자들이기에 호머를 비롯한 그 숭배자들 그리고 많은 음유시인들, 나아가서 소피스트에 대해서까지 플라톤은 비판하며 싸우고자 했다. 예술은 환상의 근원이고 철학은 인식의 근원이기 때문에 철학과 예술 사이에는 오랫동안 투쟁이 있어 왔다.[4] 이 투쟁은 진리의 싸움이다. 한편에는 진지(episteme)가 다른 한편에는 억측(doxa)이, 그리고 한편에는 존재가 다른 한편에는 현상이 놓여 있다. 한편에는 참된 인식론자와 존재론자가, 다른 한편에는 거짓된 인식론자와 존재론자가 자리하고 있다. 극단적으로 표현하면, 예술가는 철학자의 원수이다.

이러한 적대 관계는 기본적으로, 시각의 기만성에 대한 플라톤의 인식론적 불신임과 세계를 현상계와 이데아계로 이원화하는 존재론에 기인한다. 저 유명한 분할된 선의 비유에서 플라톤은 감각적 경험이 진리를 보증할 수 없으며 인식의 가능 근거를 존재에서 찾고 또 그 존재의 본질을 이데아로 본다. 시각의 인식론적 지위를 부정하면서 이데아의 인식론적 기능과 존재론적 기능에 주목할 때 철학은 예술에 대하여 논객의 지위를 지니게 된다. 바꾸어 말하면, 예술과 철학이

---

2 화가가 목수를 목수로 만들어 주는 것, 즉 목공술을 아무것도 알지 못하면서 목수를 그려 그 그림을 사람들에게 보여 줄 때, 이들은 목수를 보고 있다고 생각하지만, 이들은 전혀 목수를 알지 못한다. 왜냐하면 목수의 그림은 어떠한 목수의 형상도 재현하지 못하기 때문이다. Plato, *Republic*, 598, F. M. Cornford, *The Republic of Plato*, p. 328.

3 Plato, *Republic*, 600, F. M. Cornford, *The Republic of Plato*, p. 331.

4 Plato, *Republic*, 606, F. M. Cornford, *The Republic of Plato*, p. 339.

제II부 실천 철학

서로 만나 무슨 말을 주고받을 수 있는 것은 존재에 대해서 각자가 가지는 인식론적 또는 존재론적 관계가 있기 때문이다. 예술이 존재에 대하여 가지는 관계는 거의 없거나 전혀 없기 때문에, 그리고 철학이 존재에 대하여 가지는 관계는 거의 전부이거나 전부이기 때문에 예술과 철학은 상호 접촉할 수 있고 상호 결별할 수 있다. 요컨대, 예술과 철학의 접촉점과 결별점은 존재에 대한 그들의 공통적 개입이다.

우연적인지 필연적인지는 알 수 없지만, 예술과 철학의 관계에 대한 고대 철학자 플라톤의 이러한 철학적 성격 규정과 배경은 현대 철학자 하이데거의 예술철학에서도 반복되는 것 같다. 하이데거의 존재 사유는 감각적 경험에 기초한 과학적 사고와 지식의 한계를 극명하게 드러내면서 철학은 증명, 추리, 직관을 넘어서 최종적으로 예술이지 않으면 안 된다고 역설한다. 예술과 철학의 관계를 우호적인 관계로 보는 하이데거는 적대 관계로 보는 플라톤과 반대의 입장이지만 그 반대의 배경이 예술과 철학이 같이 존재에 참여하고 있다는 점이다. 즉 예술과 철학의 관계가 존재의 견지에서 이해되어 규정된다는 것이다. 바로 이 점이 플라톤의 경우와 동일 내지 유사하다. 하이데거의 존재 개념에 의거해서 철학자가 예술가가 되는 것을 주제적으로 해명하는 것은 이 글의 과제가 아니지만, 플라톤이나 하이데거가 모두 존재 개념과의 관련 속에서 예술과 철학의 관계를 생각하고 있다는 점이 흥미롭다.

현대 철학자 메를로-퐁티의 경우도 이 문제에 관해서 동일한 입장을 취한다. 메를로-퐁티는 예술과 철학의 관계를 역시 존재에 대해서 각자가 가지는 공통적인 관여에 기초해서 규정한다. 하이데거처럼 메를로-퐁티도 예술과 씨름하되 예술을 부정하고자 하는 것이 아니라 긍정하고자 씨름한다. 예술과 철학의 관계를 대립 또는 적대 관계로 규명하기 위해서가 아니라 하나일 수 있음을 보여 주기 위해서 철학은 예술과 싸움을 벌인다. 이 싸움은 플라톤의 싸움과는 다르다. 하나는 화목을 위한 현대전이고 다른 하나는 반목을 위한 고대전이다. 메를로-퐁티는 이 전쟁에서 예술과 철학을 화해시킬 수 있는가? 어떤 측면에서, 어떤 근거에서 그 둘은 통일을 이룰 수 있는가? 이 전쟁에서 메를로-퐁티의 예술 현상학의 공과는 무엇인가?

2. 고전적 시각론

      메를로-퐁티의 예술 현상학을 우리의 논의 목적에 맞게 살펴보기 위해 우리는 고전적 시각론에 대한 메를로-퐁티의 비판에서 시작한다. 메를로-퐁티는 시각에 대한 고전적 이론을 주지주의와 경험주의로 나누고 그 대표적 인물로 데카르트와 버클리를 각각 들고 있다. 전자는 자신이 지각한 세계를 자신의 내부로부터 구성하는 주체의 절대성을 정립하고, 후자는 감각을 외부로부터의 지각이 수용적인 감각기관에 충격을 줌으로써 산출되는 것으로 생각한다. 메를로-퐁티는 이 두 입장 모두가 시각에 대한 편견이라고 주장한다. 주지주의는 인식 주체, 즉 마음 또는 정신을 구성하는 신적 존재로 만들면서 시각을 단순한 사유의 기능과 판단의 결과로 보았다는 점에서, 그리고 경험주의는 인식 주체를 다른 사물과 같은, 세계 속의 일물로 만들었다는 점에서 잘못되었다. 또한 양측에게 세계는 세계와 대립해 있는 주체가 외부에서 바라보는 관찰 대상으로 취급된다. 메를로-퐁티는 시각적 경험 현상을 선반성적 현상으로 복원시키는 작업을 수행하면서 이 두 입장을 모두 거부한다.[5]『지각의 현상학』은 단적으로, 이러한 선반성적 현상의 장에 대한 현상학적 기술이다.

데카르트는 눈으로 보는 경험, 즉 시각적 경험이 시각의 대상과 그 대상이 일으키는 인상 사이에 필연적 동일성의 관계가 있다는 것을 보장할 수 없다고 믿었다. 그 관계는 우연적, 자의적 관계이며 이것은 대상을 표상하는 시각이 시각의 대상과 유사 내지 동일하다는 것을 설명할 수 있는 길이 없다고 보았기 때문이다. 그래서 데카르트는 시각적 경험을 오류의 장소로 보고 인식 수단에서 배제한다.

우리는 보통 시각을 원근법에 따라 그림을 그리는 장치로서 이해한다. 망원경이나 현미경이 대상을 그림 같이 나타내는 장치이듯, 보는 눈은 그러한 전문적인 기능을 수행하는 장치로 간주된다. 이 도구를 통해서 우리는 대상을 봉인하고, 즉 대상이 산출하는 인상을 가지고 이 인상이 시각의 대상을 재현한다고 주장한다. 여기서 시각의 상은 뇌에 전달된 상, 즉 하나의 그림으로 이해된다. 그러나 이 그림이 그 원인이 되는 대상 그 자체를 반드시 인지하게 하지 않는 이유는 그 그림과 다른 많은 것들, 이를테면 그 그림이 의미했던 대상 그 자체와는 조금도 유사성이 없는 말이나 기호, 상징 등이 그 그림을, 아니면 그 그림이 재현하는 대상 그 자체를 얼마든지 불러일으킬 수 있기 때

5　메를로-퐁티, 『지각의 현상학』 서론에 있는 제4장 "현상적 장" 참조.

문이다.[6]

그러므로 시각은 더 이상 그림을 보고 실제의 대상을 재현하는 그림과 같은 것으로 설명될 수 없다. 시각을 그림으로 이해할 수 없는 것은 시각을 모방(mimesis)으로 이해할 수 없다는 것을 의미한다. 역설적이게도 시각에 유사성, 모사성이 없으면 없을수록 시각적 상의 실제적 재현 가능성이 더욱더 높아질 수 있다. 시각이 그 특수한 물리적 실재를 닮을 필요가 없다면, 시각은 어떻게 이해되어야 하는가? 시각적 경험이 모방의 논리에 의해 설명될 수 없음은 분명하다. 사물과 시각적 상 사이에 유사성이 없기 때문에, 시각을 물리적 세계를 재현하는 개념적 구성으로 이해할 수 있는 길이 열린다. 말하자면 눈으로 보는 시각적 경험을 주어진, 느껴진 경험이 아니라 정신의 개념적 구성 경험으로 보자는 것이다. 이렇게 되면 물리적 세계의 동일성은 그 세계가 어떻게 이성적 인식의 대상이 되는가에 따라 확인된다. 즉 사물의 동일성은 그 사물이 인식의 대상이 되는 이성의 특수한 방식에 의존한다.

이리하여 데카르트는 시각적 경험에서 물리적, 신체적 성질을 제거하고 이성의 자율적 활동에 따라 물리적 세계를 재긍정하게 된다. 이와 동시에 물리적 세계의 현상적, 체험적 성격은 사라지고 이성의 본성에 일치하는 수학적 도식과 기하학적 형태에 따라 재조직하는 것을 취하게 된다. 다시 말해서 눈에 보이는 세계는 개념화되고 지성화된다. 자연적 세계를 봉인하는 주체는 감각적 경험이 아니라 지성

---

6 David Michael Levin ed., *Modernity and the Hegemony of Vision* (Berkeley: University of California Press, 1993), p. 73.

이다. 사물을 아는 능력은 지적인 것이고 그 행위자는 정신이다. 정신의 수학적·기하학적 체계의 투영에 의하여 자연적 세계에 증인(證印)과 같은 형태가 주어진다.

　이러한 시각은 눈으로 보는 시각(ocular vision)이 아니라 지성적인 시각(intellectual vision)이다.[7] 이러한 시각은 눈으로 보는 시각의 한계를 극복하는 새로운 종류의 시각일 것이다. 이러한 시각론에 따르면 2차원, 즉 거리는 시각에 직접 주어지는 것, 다시 말하면 눈에 보일 수 있는 것이 아니다. 우리가 일상적으로 갖는 거리의 지각이나 평가는 지성의 판단 작용에 속하는 것으로 간주된다. 따라서 망막에 2차원적 그림들이 주어진다고 해도 거리의 지각은 주어진 다양한 망막의 상들을 단서로 삼아 종합을 파악하고 사고하는 지성에게만 가능할 뿐이다. 시야와 망막에 주어지는 것은 다양한 2차원적 그림들뿐이라서, 그 그림들로부터 그 그림들을 능가하는 어떤 것, 즉 거리를 산출하는 메커니즘이 나올 리가 없을 것이기 때문에 지성의 개입이 있지 않으면 안 된다. 이렇듯 거리는 시각에 직접 지각될 수 없고, 양보해서 말해도 망막에 주어진 그림들에 의해 겨우 암시만 되고 있을 뿐이어서, 우리는 거리를 눈으로 볼 수가 없는 것이다.

　같은 논리로 우리는 3차원, 즉 깊이를 눈으로 볼 수 없다. 깊이를 눈으로 보는 것이 깊이가 우리의 망막에 새겨진다는 것을 요구하는 것이라면, 우리가 깊이를 볼 수 없게 되는 것은 필연적인 귀결이다. 망막에 주어지는 것은 다만 2차원적 그림들일 뿐일 테고 따라서 깊이

7　데카르트의 『성찰』에 나오는 유명한 밀랍 분석은 '시각'적 경험에 대한 비판으로부터 '사유'하는 시각으로 이행하는 과정을 보여 주는 좋은 사례이다.

를 시각적으로 지각하는 것은 불가능하다. 2차원적 그림들 속에 깊이를 인지할 수 있는 메커니즘이 들어 있다면 그것은 지성을 요구할 것이고 따라서 깊이는 사고되고 구성되는 것일 수는 있을지언정, 우리가 깊이를 눈으로 보는 것은 불가능하다. 우리가 의지할 수 있는 단서는 오직 2차원적 그림들뿐이기에, 평면에는 그 개념상 깊이가 존재하지 않는다. 따라서 3차원의 깊이가 시각에 직접 주어질 수 없는 것은 명약관화하다.

버클리에게 존재는 지각이기 때문에 모든 시각적 경험은 관념을 가지는가의 문제이지 관념이 물리적 실재와 일치하는가의 여부 문제는 존재하지 않는다. 사람들이 실재적 사물이라 부르는 것이 지각된 관념이기 때문에 어떠한 체계가 물리적 실재의 체계인가 하는 문제는 성립될 수 없는 문제이다. 우리는 마음속에 존재하는 관념에만 언급할 수 있기 때문에 2차원의 세계에 갇혀 있을 수밖에 없다. 이러한 인식론적 입장 때문에 버클리는 『신시각론』 2절에서 "깊이는 그 자체 직접적으로 보일 수 없다"[8]는 명제를 새로운 시각의 기본 원리로 제시한다. 사실 모든 시각적 경험이 2차원적인 것이라면, 3차원의 개념은 원칙적으로 획득 불가능하다. 깊이를 시각적으로 지각한다는 것은 더욱 불가능하다. 우리의 눈과 망막은 물리적 실재를 2차원적 평면적 투영을 통해서만 관념으로 받아들이기 때문이다. 우리가 무엇을 보는지를 망막에 그려진 그림으로 판정할 수 있는가 하는 의문이 제기될 수 있을지 모르지만, 그럼에도 불구하고 망막의 상이 무엇이

---

8 Berkeley, *An Essay Towards a New Theory of Vision*, §2 in David M. Armstrong ed., *Berkeley's Philosophical Writings* (New York: Macmillan Publishing Co., 1974), p. 285.

든 간에 깊이는 눈에 보여질 수 없다. 그것은 깊이가 설령 망막의 상에 기록된다고 하더라도, 우리의 눈에는 축소되어 2차원적, 즉 평면적으로만 나타날 것이기 때문이다.

3. 메를로-퐁티의 시각론

버클리의 경험주의나 데카르트의 주지주의에서 깊이를 보이지 않는 것으로 만드는 것은 깊이를 "측면에서 고찰된 너비"[9]로 간주하는 그들의 공통적인 가정 때문이다. 버클리의 경우, 우리가 깊이라 부르는 것은 너비에 비교될 수 있는바 두 점의 병존이다. 병존하는 두 점이 나의 시선의 방향과 수평으로 일직선으로 놓이면, 나는 그 두 점의 병존을 볼 수 없다. 데카르트의 경우, 깊이의 경험은 종합을 파악하는 사고 주체에게만 가능하다 해도, 그 깊이는 이미 존재하는 깊이 또는 나에게 발생하는 깊이가 아니라 측면에 위치한 관찰자에 대한 깊이, 즉 점의 동시적 병존으로 간주된 깊이, 다시 말하면 "너비로 확인된 깊이"[10]이다. 따라서 역설적이게도, 깊이를 너비의 견지에서 접근하는 것이 깊이를 보일 수 있게 만들면서도 보일 수 없게 만든다.

깊이를 측면에서 고찰된 너비로 다루기 위해 주체는 자신의 공간을 벗어나야 하고, 세계에 대한 자신의 관점을 포기해야 하며, 자신을 동시에 도처에 있다고 생각해야 한다. 따라서 깊이와 너비의 등가성

9 「지각의 현상학」, 387쪽.
10 「지각의 현상학」, 388쪽. 다르게는 높이와 너비에 의해서 측정된 크기로 이해해도 좋다.

은 유한한 관점을 절대적 관점으로, 즉 유한한 나를 편재하는 절대자로 만든다. 그 때문에 주지주의와 경험주의는 세계에 대한 인간의 경험을 제대로 설명할 수 없다. 그 결과, 저 두 철학은 깊이의 원래성을 망각한다. 깊이와 너비의 등가성 주장은 실존적 차원을 사물끼리의 관계로 바꾸어 놓는 객관주의적 성향의 본보기이다.

물론 깊이는 사물끼리의 관계로 설명될 수도 있겠으나 대상 자체에 새겨져 있는 것은 아니다. 깊이는 조망에 속하지 사물에 속하지 않는다. 따라서 깊이는 사물에서 끌어낼 수도 없고 의식에 의해 사물에 놓일 수도 없다. 그것은 사물과 주체 사이의 어떤 분리 불가한 결합을 알려 준다. 바로 이 결합에 의해서 나는 대상의 면전에 놓이게 되고 너비는 지각하는 주체를 포함하지 않는 대상들끼리의 관계로 간주될 수 있다. 여러 공간적 차원들 가운데서 유난히, 세계에 대한 우리의 편견을 거부하도록 하고 세계가 솟아오르는 원초적 경험을 회복하도록 강요하는 것이 이 깊이이다. 메를로-퐁티는 아직 객관화되지도 않고, 외부점들끼리에 의해서 구성되지도 않는 깊이에 의해서 다시 한번 주지주의와 경험주의를 넘어서고자 한다.

고전적 설명에 의하면, "깊이의 경험은 외현적 크기, 눈의 수렴과 같은 어떤 주어진 사실을 해독하는 데서 성립한다."[11] 예를 들면, 우리가 일상적 대화에서 피아노가 식탁보다 멀리 있다고 말할 때 그렇게 말하는 이유는 피아노의 외현적 크기에 의해서 드러나고 발생하는 간격 차가 있기 때문이다. 주차한 차가 목적지를 향해 배기가스를

11 「지각의 현상학」, 90쪽.

내뿜으면서 저 멀리 사라져 갈 때를 상상하면 그 점은 더욱 분명해질 것이다. 높이 날고 있는 여객기 창문을 통해서 아래를 내려다보면 그 깊이는 너비로서 이해되는 것처럼 멀어져 가는 현상은 너비에 따라 거리를 구성함으로써 설명된다. 따라서 깊이는 수평적 거리로 이해되고 거리는 깊이의 기호가 된다. 마찬가지로 우리는 깊이를 눈의 수렴에 의해 설명할 수 있다. 차가 다가오면 나의 눈은 한층 집중적이 되고 가까이 다가오는 현상은 거리가 깊이로 이해됨으로써 설명된다. 이렇게 해서 외현적 크기와 눈의 수렴은 깊이의 의미가 된다.

그런데 외현적 크기나 눈의 수렴이 의미를 가지기 위해서는 불변하는 사물 세계가 있다는 것, 나의 신체 화면에 형성되는 상이 거울의 상처럼 정확하게 신체가 대상으로부터 멀어지는 간격에 비례한다는 것이 조건으로 주어져야 한다. 그리고 눈의 수렴이 공간적 관계를 의미할 수 있기 위해서는 미리 객관적 공간이 포함되어 있어야 한다.

메를로-퐁티에 의하면, 외현적 크기와 눈의 수렴을 이미 주어진 공간적 세계로부터 기술하는 것은 오도된 기술이다. 외현적 크기와 눈의 수렴이 거리의 지각에 관여한다 할지라도 그것들이 지각 자체에서 명시적으로, 객관적으로 인식되는 것은 아니다. 내가 멀리서 지각할 때 눈의 수렴이나 외현적 크기는 명시적으로 의식되는 것이 아니다. 그것들은 내 앞에서 눈으로 지각된 사실로서 존재하는 것이 아니다. 오히려 그것들은 객관적 세계 이전의 현상이다. "외현적 크기와 수렴은 객관적 관계의 체계상의 요소처럼 주어질 수 없다."[12] 따라

---

12 「지각의 현상학」, 391쪽.

서 깊이로의 조직화는 객관적 사실에서 설명될 수 없다.

그렇다면 "우리는 외현적 크기와 눈의 수렴을 과학적 지식이 인식하는 대로가 아니라 내부로부터 파악하는 대로 기술하지 않으면 안 된다."[13] 메를로-퐁티는 다음과 같이 말한다.

> 수렴, 외현적 크기, 거리는 하나에서 다른 하나를 읽고, 당연히 상호 상징하며 상호 의미하고 하나의 상황의 추상적 요소들일 뿐만 아니라, 그 상황 속에서 상호 동의적이다. 이것은 지각의 주체가 그것들의 객관적 관계를 정립하기 때문이 아니라 정반대로 그것들을 별도로 나누어 정립하지 않고 따라서 명시적으로 결합할 필요가 없기 때문이다. 멀어지는 대상의 상이한 외현적 크기들 중 어느 것도 정립의 대상이 아니었다.[14]

멀어지는 거리는 사물이 우리의 시선의 파악에서 빠져 나가기 시작하고 그 파악에 덜 밀접하게 들어온다는 것을 표현할 뿐이지 종합의 대상이 아니다. 1m 전방의 사람과 100m 전방의 사람에 대하여,

> 사람들은 2백 보 떨어진 곳의 사람이 훨씬 덜 뚜렷한 형태이고 나의 시선에 훨씬 더 작고 덜 명확한 파악을 가져다주며 나의 탐사력에 훨씬 덜 엄밀하게 포착된다고 말할 수 있을 뿐이다. 다시 말하면, 사람들은 시각장이 그 자체 측정 가능한 영역이 아니라는 것을 상기시키

---

13 『지각의 현상학』, 391쪽.
14 『지각의 현상학』, 396쪽.

면서 그가 나의 시각장을 덜 완전하게 점유한다고 말할 수 있다.[15]

따라서 "거리는 파악 능력과 관계한 대상의 상황에 의해서 규정된다."[16] 표현을 달리하면, 거리는 대상이 대충 파악되고 있음과 가까이서 보다 완전하게 파악되고 있음으로 기술된다. 이러한 맥락에서 외현적 크기와 눈의 수렴은 "거리를 주시하는 어떤 방식"[17]으로 이해될 수 있다.

그러므로 깊이는 객관적 관계의 맥락에서가 아니라 주체와 세계와의 관계, 나와 사물과의 관계에서 기술된다. 때때로 우리는 대상이 거대하다거나 아주 작다고 또는 멀다거나 가깝다고 말한다. 이러한 표현들은 다른 대상과의 비교, 심지어 어떤 암시가 있는 비교에서 나오는 표현이 아니다. 그것들은 신체 자신의 객관적 크기와 위치를 참조 좌표로 해서 주어지는 것도 아니다. 그것들은 "우리의 동작의 어떤 범위, 주위에 대한 신체 자신의 어떤 파악에 관계할 뿐이다."[18] 결론적으로, 깊이는 세계에서 분리되어 독립적으로 존재하는 어떤 절대적 주체의 사고에 속하는 것이 아니라 세계에 "참여된 주체의 가능성"[19]으로서, 말하자면 세계에 대한 신체의 파악이다.

메를로-퐁티에 의하면, 이러한 깊이는 객관화되고 경험에서 분리

---

15 『지각의 현상학』, 396쪽.
16 『지각의 현상학』, 397쪽.
17 『지각의 현상학』, 393쪽.
18 『지각의 현상학』, 404쪽. 우리는 이 점을, 아이가 커 감에 따라 아이에게 먼 것 또는 큰 것은 가까운 것 또는 작은 것으로 되는 현상에서 확인할 수 있다.
19 『지각의 현상학』, 404쪽.

되어 너비로 변한 깊이, 즉 사물들 사이의 관계 또는 평면들 사이의 관계로서의 깊이가 아니라 이 사실적 깊이에 의미를 부여하는 원초적 깊이이다.[20] 이것이 크기와 거리가 어떻게 우리에 대하여 존재할 수 있는가를 설명한다. 이것은 데카르트와 버클리의 깊이 개념보다 더 심층적이고 근원적인 이해이다. 고전적 설명은 "아직 대상들 사이에 자리를 차지하지 않는, 더욱이 아직 상호 거리를 재지 않는 지각이 미처 규정되지 못한 어떤 사물을 향하여 열리고 있음에 불과한 그런 깊이"[21]를 상상할 수 없었기 때문에 어떤 대상이 관계를 맺어 어떻게 보통보다 크게 또는 작게 보일 수 있게 되는가를 설명할 수 없었다. "정육면체의 여섯 면과 열두 변은 깊이에서 배열될 때만 나에 대하여 공존할 수 있고 동시에 동등한 것일 수 있다."[22] 따라서 깊이를 여섯 면과 열두 변의 공존으로 환원하는 것은 깊이의 결과를 깊이의 규정으로 삼는 것과 같다. 깊이는 크기와 거리의 뿌리이고 높이와 너비는 깊이를 전제한다. 이러한 맥락에서 외현적 크기와 눈의 수렴은 "깊이를 보고 있음을 표현하는 방식"[23]으로 이해될 수 있을 것이다.

---

20 『지각의 현상학』, 403쪽.
21 『지각의 현상학』, 404쪽.
22 『지각의 현상학』, 401쪽.
23 『지각의 현상학』, 394쪽.

제II부 실천 철학

4. 신체에서 살로

      이와 같이, 메를로-퐁티는 깊이의 가시성의 문제와 관련하여 깊이를 "나의 신체가 세계를 파악한다"는 원리에 의거해서 해명한다. 데카르트와 버클리의 깊이 지각에 있어서 신체는 전혀 고려의 대상이 되지 않았던 사실을 상기할 때, 메를로-퐁티의 시각 이해는 눈으로 보는 시각도 지적인 시각도 아닌 제3종의 시각, 이름하여 육화된 시각(incarnated vision) 또는 신체화된 시각(embodied vision)으로 표현할 수 있을 것이다. 데카르트의 반성된 깊이나 버클리의 경험될 수 없다는 깊이는 메를로-퐁티가 신체를 가지고 해명하는바, 신체가 지각하는 깊이와는 구별되는 것이다. 여기서 신체는 객관적 실재로서 감각 기관을 말하는 것도 아니요 사고 작용의 도구로서의 신체적 기관을 말하는 것도 아니다. 신체의 운동 자체가 시각인 그러한 신체, 즉 "시각의 신체"이고 시각은 이러한 "신체에 의해서 사주되는 생각"이다.[24]

    사고할 줄 아는 이러한 신체에 의해서 우리는 세계와의 관계를 선반성적으로 맺는다. 우리는 경험의 주체인 우리 자신과 그 대상인 세계를 명시적이고 투명하게 구별 없이 그 세계에서 이미 생을 영위한다. 세계와의 이러한 선반성적 접촉은 우리의 세계 인식이 순수하게 전적으로 정신적, 지성적인 것은 아니라는 것을 의미한다. 오히려 그것은 통일된 장으로서 작용하는 우리의 모든 감관적, 운동적, 정서적

---

24 Merleau-Ponty, *L'Oeil et l'esprit* (Gallimard, 1964), p. 51; James Edie trans. *Eye and Mind* in *The Primacy of Perception* (Evanston: Northwestern University, 1964), p. 175. *OE*, *EM*으로 이하에 각각 표기함.

신체 능력의 기능이다. 여기에는 우리 신체의 위치와 그 통일성에 대한 의식이 포함되어 있다.

이러한 의식에 의하여 세계는 분절되어 인식된다. 이를테면, 신체가 일정한 장소에 위치할 때 비로소 지각적 장의 여러 요소들은 그 신체와의 멀고 가까움에 따라 전경과 배경으로 조직화된다. "나와 대상 사이의 거리는 증가 또는 감소하는 크기가 아니라 하나의 규범의 주위에서 동요하는 [신체의] 긴장감이다. 대상의 경사진 위치는 나의 얼굴 면과 이루는 각도에 의해 측정되는 것이 아니라 [신체의] 균형 일탈로서, 그 대상이 나에게 미치는 영향의 어떤 불균등한 분포로 체험된다."[25]

그렇다면 사물들은 우리의 신체가 그 사물들에 참여하는 양식(style)을 통해서 만나지고 규정되는 셈이다. 즉 사물은 그 사물에 참여하는 신체의 스타일이다. 그러나 우리가 감각적, 운동적 신체 능력의 다양한 결합에 기초해서 사물을 규정하는 것도 사실이지만, 내가 사물을 보는 것이 그 사물이 자신의 직접적인 소여들을 넘어서 뒷전으로 물러난다는 것을 조건으로 삼는다는 것 역시 사실이다. 이를 나를 경우로 해서 환언하면, 나는 나 자신에게 완전하게 주어지지 않는다는 것이다. 바로 이 점에서 우리의 세계 인식에는 창조적인 데가 있으며 표현적인 데가 있다. 내가 현재 앉아서 글을 쓰고 있는 이 장소는 나에게 완전하게 주어지지 않기 때문에 그 장소가 점점 더 많이 인식되기 위해서는 물러나 배후에 있는 보이지 않는 것(the invisible)

---

25 『지각의 현상학』, 455쪽.

을 창조하거나 또는 표현하지 않으면 안 된다. 이것이 불가피한 이유는 신체가 자신의 위치와 자세를 통해서 사물을 조직하고 구조화하기 때문일 뿐만 아니라 세계가 우리의 신체적 파악을 능가하기 때문인 것이다.

그러므로 이렇게 또는 저렇게 "나의 신체는 세계의 직물 속에 갇혀 있으며, 신체의 결속은 어떤 사물의 그것과 다름없다. 그러나 신체는 스스로를 움직이며 동시에 보고 있는 자이기에, 그것은 자신을 중심으로 사방에 널려 있는 사물들을 붙잡아 놓고 있다. 따라서 사물들은 신체의 부속 또는 연장이며, 사물들은 신체의 살로 외피를 형성하며 신체를 충분하게 정의하는 일부이다. 즉 세계는 신체와 동일한 자재로 구성되어 있다."[26] 신체와 세계 사이에 존재하는 선반성적 관계는 사물들을 이렇듯 역전시켜 놓는다. 이러한 역전은 『지각의 현상학』에서 메를로-퐁티가 저 선반성적 관계를 현상학적으로 기술한 자연스러운 결과이다. 이것은 『지각의 현상학』 곳곳에서 시종일관 관찰되는 사실이다.

사물들은 '보이는' 사물들과 우리 사이에 있었던 과거의 많은 만남들에 의해 형성된 '보이지 않는' 배경들과 그 숨겨진 짜임새에 의해 정의된다. 사물들은 우리가 직접 의식하지 못하는 특성들의 함수이다. 그 특성들은 이를테면, 지각장을 향한 우리 신체의 현재와 과거의 정위들, 가능적 정위들을 말한다. 우리는 이러한 정위들을 직접 의식하고 있는 것이 아니다. 우리가 가시적 사물을 본다는 것은 이러한 특성

---

26 *OE*, p. 21. *EM*, p. 164.

들에 의해서 구성된 비가시성을 전제한다는 것을 의미한다. 나는 어느 사물을 보고 있을 때, 보고 있으면서 나 자신이 보이는 것이 된다. 이 보이는 나는 가시적인 것을 내가 보기 위하여 비가시적인 것으로 있다가 가시적인 것으로 출현한 것이다. 내가 가시적인 것을 보는 것은 가시적인 것을 보는 내가 그 가시적인 것 가운데로부터 그것을 보기 때문에 보는 것이다. 바로 그 순간, 나는 보이는 것으로 되기에 이른다. 보는 나는 이렇듯 동시적으로 또한 보이는 것이 된다.

내가 보는 자이면서 동시에 보이는 것으로 되기에 이를 때, 저 비가시적인 정위들은 가시적인 것이 되어 또다시 사물을 보게 한다. 이러한 반복과 순환 또는 교차(chiasm)를 메를로-퐁티는 후기 철학에서 "살"이라고 부른다. "살은 보는 행위(the seeing)가 보이는 것(the visible)에로, 보이는 것(the visible)이 보는 행위(the seeing)에로 열개하는 (dehiscence) 것이다."[27] 또한 메를로-퐁티는 이러한 가시성(visibility)과 비가시성(invisibility)의 상관성을 가역성(reversibility)이라고 부른다. 내가 보는 행위에서 보이는 것, 가시적인 것이 되고 있다는 것은 보이지 않는 보는 것을 내함하고 보이지 않는 보는 것과 보이는 것이 서로 구분될 수 없고 혼연 일체가 되어 있다는 것을 함축한다.

이러한 현상학적 사실은 메를로-퐁티의 후기 철학에서 일종의 존재론적 공식 또는 틀을 제공한다.[28] 그 사실을 우리가 선반성적으로

---

27 Merleau-Ponty, *Le Visible et l'invisible* (Paris: Gallimard, 1964), p. 201; *The Visible and the Invisible*, trans. A. Lingis (Evanston: Northwestern University Press, 1968), p. 153.

28 『지각의 현상학』의 현상학이 『보이는 것과 보이지 않는 것』의 존재론으로 이행하여 발전해 가는 과정에 대한 상세한 분석에 대해서는 다음을 참조. G. B. Madison, *The Phenomenology of Merleau-Ponty* (Athens: Ohio University Press, 1981), pp. 166-203.

깨닫게 되면서, 우리가 누구인가, 세계는 무엇인가, 존재는 무엇인가에 대한 대답의 실마리를 거머쥐게 되는 것이다. 보는 행위에서 보는 자와 보이는 것이 상호 통합되어 있다는 것을 깨달으며 어느 것이 보고 어느 것이 보이는 것인가를 더 이상 알지 못하게 될 때, 살은 우리가 우리를 이해하는, 우리가 존재를 이해하는 근본적인 존재론적 원리로 변전될 수 있다. 살은 만물의 일반적인 본성으로 심화된다. 존재(being)의 본성 또는 존재의 근거라는 의미에서 살은 존재(Being) 이외 별다른 것이 아니다. 메를로-퐁티의 후기 철학의『보이는 것과 보이지 않는 것』은 바로 존재로서의 살의 분화와 분절에 대한 사색이며 존재 발생(ontogenesis) 또는 존재 폭연(deflagration)[29]의 표현 노력이다. 이러한 살의 존재론에 따르면, 존재하는 모든 것은 존재의 열개의 결과로서, 스스로 분절하는 존재로서 인지된다. 이러한 살의 개념에 기초해서 메를로-퐁티는『눈과 마음』에서 회화를 집중적으로 다룬다.

5. 존재론적 회화론

그렇다면 회화 행위에서 존재가 어떻게 일어나는가? 이 일을 착수하기 전에 먼저 고전적 시각론을 회화에 적용하는 작업부터 하자. 깊이는 눈에 보일 수 없다는 고전적 시각론에 따르면, 그림 또는 회화는 깊이, 즉 3차원을 2차원으로 표현하는 것 이외의 다른 길은 없

---

29 *OE*, p. 65. *EM*, p. 160.

을 것이다. 따라서 3차원과 2차원의 일치는 원칙적으로 불가능하다. 기껏해야 3차원은 2차원의 모방 정도일 것이다. 여기서 회화는 객체의 투영으로 규정된다. 즉 화가가 먼저 보고 보는 것을 끝냄으로써 시작되는 것이 그림이다. 회화는 하나의 결과이다. 그리하여 회화는 화폭에 그려진 객체의 상이 우리로 하여금 객체 그 자체를 인지하게 만드는 활동이다. 회화는 3차원을 선과 색, 면으로 표현하는 활동이라는 점에서 실재 자체를 기하학적으로, 광학적으로 투영하는 것을 피할 수 없다. 이로써 대상의 파악은 대상의 기계화·수학화를 통해서 이루어진다. 결국 고전적 시각론에 기초한 회화에서는 사물을 복사하거나 외부 세계를 재현하는 데에 실패한다.

그러므로 회화의 목적은 주어진 실재를 재생하는 데 있는 것이 아니라 그 실재가 인지·표상·합성·파악되어야 하는 방식을 창조하거나 지시하는 데 있게 된다. 그림의 모사적 측면보다 수학적·구성적 측면이 강조되는 것이다. 화가의 그림은 세계를 기술적(technically)으로 재구성하는 것이고 화가의 신체는 세계의 연장을 표상하는 인공적 장치, 기술적 도구이다. 이러한 회화론에서는 객체 자체의 주어짐 속에서 객체는 상실되고(경험주의), 지각된 객체에 개념적 구성을 부과함으로써 객체는 망실된다(주지주의).[30] 메를로-퐁티는 자연을 기하학적 표상, 즉 인간적 구성의 느낌을 부여하는 지적 파악을 통하여, 아니면 감각적인 표상을 통하여 주체가 객체를 구성하는 대로가 아니라 자연이 주체에 의해 지각되는 대로 자연을 기술하거나 표현하

---

30 알버트 라빌 주니어, 『메를로-퐁티: 사회철학과 예술철학』, 김성동 역(서울: 철학과 현실사, 1996), 303쪽.

고자 한다.[31]

이리하여 메를로-퐁티는 회화를 과학적 사고 활동과 본질적으로 구별한다. 과학은 사물들을 조작함으로써 그 속에서 살기를 포기한다. 과학은 사물들에 대한 그 나름의 제한된 모델을 만들어 놓고 지수나 변수들을 조작하여 그 모델의 규정이 허용하는 대로 어떤 변형을 초래하지만, 그것이 실재적인 세계와 직접 마주하고 있는 경우란 거의 없다. 항상 그러하듯 과학, 이 존경하리만큼 행동적이고 교묘하고 대담한 사고는 곧 편견이거니와, 그것은 모든 존재를 '대상 일반'처럼, 말하자면 모든 존재가 우리에게 아무것도 아닌 것처럼, 그렇지만 우리의 용도를 위해서 숙명적으로 예정되어 있는 것처럼 취급한다.

하지만 고전적인 과학은 세계가 여전히 불투명하다고 느꼈고 그 때문에 자신의 구성을 통해서 세계에로 되돌아가려고 기대하였다. 바로 여기에 고전적인 과학이 자신의 조작을 위해 초월적 또는 선험적 기초를 추구하지 않으면 안 된다고 믿었던 이유가 있다. 그러나 불행하게도 오늘날에는 ―과학에서뿐만 아니라 광범하게 유포되어 있는 과학철학에서마저― 구성적 과학의 실천들은 스스로를 자율적인 것으로 알고 있고 또한 그렇게 주장한다는 사실, 그리고 사고가 그들이 고안한 자료 수집의 기법의 총체로 의도적으로 환원된다는 사실만이 존재할 뿐이다. 사고한다는 것, 그것은 실험해서 시험해 보는 일이요, 조작하는 일이요, 변형시키는 일이 되었다.[32]

---

31 『메를로-퐁티: 사회철학과 예술철학』, 302쪽.
32 *OE*, pp. 9-10. *EM*, pp. 159-160. 번역은 메를로-퐁티, 『현상학과 예술』, 오병남 옮김(서울: 서광사, 1987)을 참조하여 원전에 더 충실하게 보완하였다.

이러한 과학적 사고는 "위에서부터 내려 보는 사유"인데, 이는 본래의 자기 자리로 되돌아가지 않으면 안 된다. 그것은 그에 앞서 먼저 존재하는 "존재"(il y a) 말하자면, 우리의 생활 속에 깔려 있는 터전이고, 우리가 흔히 정보기관이라고 생각하는 신체가 아니라 내가 나 자신이라고 부르는 신체, 나의 말과 행동 아래서 묵묵히 지탱하는 신체에 대하여 존재하고 있는 터전이며, 이러한 "실제적 신체"에 대하여 가시적이면서 열려져 있는 세계의 땅으로 다시 돌아가야 한다.[33] 자신을 이러한 존재에 다시 놓게 될 때라야 과학적 사고는 얼마나 그 동안 사물과 자기 자신을 짓눌렀던가를 깨닫게 될 것이다. 그리고 그 탄생 이래 자신이 추구해 왔던 자신의 기초도 얻게 될 것이다.

그런데 회화가 과학적 사고의 조작주의가 무시하는 이러한 존재에 접근하고 있다. 화가의 시각적 경험은 일반 사람들의 그것과 근본적으로 다르다. 화가는 자신의 신체를 세계에 빌려줄 줄 안다. 화가는 그의 눈과 손이 보고 그리는 중에 무엇인가를 발견할 줄 안다. 세계는 화가의 신체에 의해서 그림에 옮겨질 수 있다. 화가는 일상적 눈으로 보는 시각에는 보이지 않는 것을 가시적인 형태, 예를 들면 선, 색, 면, 윤곽, 인상 등에 의해 가시화한다. 시각적으로 주어진 것에는 보이지 않는 것이 있는 셈이다. 따라서 회화는 일상적 눈에는 보이지 않는 것을 가시적 형태로 표현한다. 이렇게 화가의 시선은 보이지 않는 것에 가시적인 것을 부여함으로써 일상적 시각을 뛰어넘는다. 화가의 시선은 가시적인 것의 잴 수 없는 심층을 탈은폐시키면

---

33 OE, p. 12, EM, p. 160.

서 "존재의 직물"[34]로 통하고 있다.

화가의 시각 속에는 "존재의 혈족·발생·변형"[35]이 있다. 화가의 시선은 빛과 조명, 음영과 반사, 색 등과 같은 가시적인 존재들이 "어떤 것을 홀연히 존재하게 하고 그것이 바로 이것이도록 하기 위해, 이 세계의 마력을 구성하기 위해, 그리고 가시적인 것을 우리에게 가시화하기 위해 무엇을 하는가를 바로 그 존재들에게 묻는다."[36] 회화의 물음은 언제나 우리의 신체 속에서 일어나는 이러한 "사물의 비밀스럽고 매혹적인 발생"[37]을 지향한다. 화가의 눈은 존재의 직물 속에 살고 있고 화폭에 이리저리 흩어져 있는 감각적, 시각적 요소들은 "존재의 마침표, 존재의 휴지(休止)",[38] "존재의 가지"[39]와 다름없다.

그러므로 화가는 존재의 열병을 앓고 있고 존재의 현혹 속에 살고 있는 "존재의 직공"[40]이며 그 시선은 신체의 내부로부터 일어나는 존재의 분열에 현존하는 수단이다. "화가의 시각은 **밖**에 대한 봄도 아니요 세계와의 물리적·광학적 관계도 아니다."[41] 화가의 시선 앞에서 세계는 더 이상 표상을 통해 나타나고 있지 않다.

---

34 *OE*, p. 27. *EM*, p. 166.
35 *OE*, p. 28. *EM*, p. 168. 화가가 회화를 통해 존재의 발생을 보게 해 주는 기술과 수단의 체계, 또는 존재의 표현과 발생에 관련된 신체의 기적의 논리 체계를 세잔은 "비밀 과학", 레오나르도 다빈치는 "회화 과학", 릴케는 "침묵 과학"으로 다양하게 표현한다.
36 *OE*, p. 29. *EM*, p. 166.
37 *OE*, p. 30. *EM*, p. 167.
38 *OE*, pp. 28-30. *EM*, pp. 166-167.
39 *OE*, p. 88. *EM*, p. 188.
40 *OE*, p. 67. *EM*, p. 180.
41 *OE*, p. 69. *EM*, p. 181.

숲 속에서 나는 숲을 바라다보는 것이 내가 아니었다는 사실을 여러 번 느끼곤 했다. 어느 날, 나는 나무들이 나를 바라보며 나에게 말을 걸어오는 것을 느꼈다 …. 나는 거기에 있었고 듣고 있었다 …. 나는 화가란 우주에 의해 침투되어 있는 사람임에 틀림없고 우주로 침투해 들어가기를 원해서는 안 된다고 믿었다 …. 나는 내부적으로 잠기어 묻히기를 기다린다. 아마도 나는 그림을 그리면 솟아나게 될 것 같다.[42]

실로 이러한 화가의 영감에는 "존재의 들숨과 날숨"[43]이 있으며 이 때문에 화가들은 자기가 사물을 보는 것이 아니라 사물이 자기를 본다고 말할 수 있었던 것이다.[44] 이리하여 화가의 회화 방식은 인간적

---

42 *OE*, p. 31. *EM*, p. 167. 이러한 물아일체는 『장자』의 「소요유」에 나오는 남쪽으로 날아가는 새와 「제물론」에 나오는 나비 꿈의 경험과 비슷하다.

43 *OE*, pp. 31-32. *EM*, p. 167.

44 세잔 같은 이러한 화가의 시각 또는 그림이 현상학적인가 하는 의문이 생길 수 있다. 후기 인상파로서 세잔의 실재론은 모네 같은 인상파의 실재론과 다르다. 철학적 용어로 표현한다면, 그것은 이를테면 회의주의로 끝났던 흉적 인상 개념에 기초하는 실재론과 다르다. 세잔은 "자연과 예술의 하나됨"을 추구하기 위해 인상파와 이내 결별한 화가였다[Merleau-Ponty, *Sens et non-sens* (Paris: Nagel, 1948), p. 22. 『현상학과 예술』, 192쪽]. 세잔의 실재론은 화폭에 그린 하얀 식탁보가 방금 내린 눈처럼 하얀 그런 식탁보, 즉 흰 눈 같은 식탁보가 되는 실재론이다(*Sens et non-sens*, p. 27. 『현상학과 예술』, 197쪽). 이것이 세잔이 한 편의 정물화를 위해 100회의 작업을 필요로 했고 한 편의 초상화를 위해 모델로 하여금 150회나 포즈를 취하게 했던 이유이다. 요컨대, 세잔은 사물 자체(*Zu den Sachen selbst!*)에로 돌아가기를 원했다. "세잔의 그림은 습관[적인 사고]을 일시 중지시킨다."(*Sens et non-sens*, p. 28. 『현상학과 예술』, 197쪽). 바꾸어 말하면, 세잔의 실재에 관한 직접적 관찰은 그가 관찰하고 지각한 것 일체를 포기함으로써 실재에 다다른다. 세잔은 말하기를, "풍경이 내 속에서 그 자신을 사고하고 있고 나 자신은 풍경 의식이다"(*Sens et non-sens*, p. 30. 『현상학과 예술』, 199쪽). 세잔이 실재 그 자체를 목표로 하지만 그에 이르는 방법들을 금함으로써(*Sens et non-sens*, p. 21. 『현상학과 예술』, 191쪽) 다시 말하면, 괄호 묶어 판단 중지함으로써 마침내 도달한 것은 바로 이러한 "원초적인 세계·지연·경험"이었다(*Sens et non-sens*, pp. 23, 193. 『현상학과 예술』, 27, 197쪽). 이로써 세잔은 인상파의 실재론을 넘어선 것이다. 이러한 논의들이 옳다면, 메를로-퐁티가 세잔을 현상학적 환원을 하는 자로 보고 있다고 간주해도 무리는 없을 것이다.

인 것 이전(prehuman)의 것이고 존재에 대한 우리의 접근에 대한 규명에 이바지하고 "우리의 살의 형이상학적 구조를 형상화하고 확대한다."[45]

이러한 회화 이론은 그 자체로 하나의 형이상학일 것이다. 물론 여기서 형이상학은 모든 사유와 개념을 자기 아래 포섭하는 저 서양 철학의 고전적이고 체계적이며 전체적인 사유라는 의미가 아니다 — 예부터 형이상학은 존재하는 것을 가장 보편적이고 영원한 것의 견지에서 설명하려는 시도였다. 메를로-퐁티가 후기에 와서 회화론을 펼친 것은 그러한 의미와 가치를 지닌 전통 형이상학의 체계를 세우고자 한 것은 아닌 것으로 보인다. 굳이 비교해서 말한다면, 메를로-퐁티의 형이상학은 그러한 체계에 대립하는 존재론적 사유라고 보아야 할 것이다. 그것은 주어진 한갓된 것을 넘어서 그 속에 침전되어 있는 것을 추적하여 그 발생과 본성을 최대한 해명하려는 노력이다. 이러한 형이상학은 가시적인 소소한 것들에 나타나는 화가의 시선의 자취뿐만 아니라 화가의 붓질에서 아니, 화가의 눈 깜박임에서 방사된 것까지도 끊임없이 철저하게 규명하고자 한다.[46] 화가는 눈에서 손놀림을 통해 붓에 이르는 긴 과정 동안에 얼마나 많은 것을 잃어버리는가?[47] 이 찰나와 사이의 끝없는 해독 곧 "형이상학은 지식의 체계

---

45 *OE*, p. 33. *EM*, p. 168.

46 메를로-퐁티의 형이상학은 『보이는 것과 보이지 않는 것』에서 자칭 "간접적 존재론"으로 불리운다. 메를로-퐁티는 존재론은 간접적 방법으로만 가능하다고 주장한다. 이것은 후기 후설이 말한 "사고되지 않은 사고"(unthought thought)와 "주체의 고고학"(archeology of subject)에 비견될 수 있다.

47 폴 발레리, 『신체의 미학』, 심우성 편역(서울: 현대미학사, 1997), 71쪽.

를 완성하기 위한 지식이 아니라 지식을 위협하는 것에 대한 투명한 깨달음이요 지식의 가치에 대한 깨어 있음이다."[48]

6. 결론: 회화와 철학의 동근원성

_____회화는 존재의 창조적인 표현이고, 철학은 존재를 사유하는 활동이라고 말할 수 있을 것이다. 회화는 존재를 말없이 말하는 언어이고 철학은 존재를 언어로 말하는 행위인 셈이다. 회화는 "말없는 사유"(mute thought)이고 철학은 "말하는 사유"(speaking thought)[49]이다. 회화는 침묵으로 말하기 때문에, 즉 "침묵의 소리"이기 때문에 언어적 표현에는 이르지 못한다. 반면, 철학은 존재를 선반성적으로 반성하는 사고이다. 회화는 회화를 회화할 수 없고 철학은 철학을 철학할 수 있다. 회화는 그림으로 하는 사유이고 철학은 언어로 하는 사유이다. 철학은 가시적인 것에 대한 형이상학적 통찰을 언어화할 수 있으나 회화는 그것을 그림으로 사유하고 표현한다.

그러나 회화와 철학은 존재를 탈은폐하는 기능을 가지고 있다는 점에서 공통적이다. 양자는 "존재의 그물"에 같이 걸려 있다는 점에

48 _Sens et non-sens_, p. 168; Merleau-Ponty, _Sense and Non-Sense_, translated by Herbert L. Dreyfus and Patricia Allen Dreyfus (Evanston: Northwestern University Press, 1964), p. 96. 메를로-퐁티에 의하면, "철학자는 깨우침을 말하는 자이다." Merleau-Ponty, _Éloge de la Philosophie_ (Paris: Gallimard, 1960), p. 63; _In Praise of Philosophy and Other Essays_, translated by John Wild and James Edie, John O'Neill (Evanston: Northwestern University Press, 1988), p. 63.
49 _OE_, p. 91. _EM_, p. 189.

서 하나이다. 둘 다 "존재의 직공"이다. 철학의 형상화는 회화가 그렇 듯 고정된 것이 아니기에⁵⁰ 회화와 철학은 끝이 없다. 존재는 그 본질 구조상 끝이 없기 때문이다. 비트겐슈타인처럼 말할 수 없는 것에 대 해서는 침묵해야 한다가 아니라, 말할 수 없는 것에 대해서는 말할 수 있는 데까지 말해야 한다. 따라서 완성된 철학, 완성된 회화는 없다. 메를로-퐁티의 존재론적 회화론 덕분에 우리에게 예술과 철학의 동 근원인 존재를 새롭게 반성할 수 있는 기회는 얼마든지 언제든지 열 려 있다. 아마도 계속해서 우리는 문학과 예술이 제공하는 자료에서 만이 아니라 다양한 객관적 현실 세계의 자료를 검토하는 데서도 존 재를 소생시켜 나가야 할 것이다. 왜냐하면 스스로 다가와 자신의 의 미를 드러내 보여 주는 존재를 묻고 연구하고 탐구하는 것 이외 철학 에 남겨진 것은 아무것도 없기 때문이다.

혹자는 가역성 또는 교차의 관점에서 회화를 존재의 말없는 사유 로 규명하는 것이 화가가 자기 그림에서 보는 것보다 훨씬 더 많이 집 어넣고 본다고 지적할지도 모르겠다. 그러나 그것이 문제일 수는 없 다. 화가의 손길과 붓질에 들어 있는 것만 보아야 한다는 법도 없으 려니와, 그 속에 사유되지 않고 묻혀 있는 것을 보는 것이야말로 인간 삶의 근원적인 이해에 이바지하는 것이다. 또한 메를로-퐁티의 살의 회화론이 그 적실성 또는 타당성에 있어서 비교적 제한되어 있다고 말할지도 모르겠다. 왜냐하면 메를로-퐁티가 살의 존재론으로 감식 하는 그림은 레오나르도 다빈치, 세잔, 클레, 고흐 등의 그것이고 다

---

50 *OE*, p. 91, *EM*, p. 189.

다이즘, 반예술의 뒤샹, 추상파 칸딘스키, 몬드리안의 그것은[51] 빠져 있기 때문이다. 그러나 그것은 약점이고 한계일지도 모르지만 오히려 살의 존재론에 부과되는 긴장과 과제로 받아들이는 편이 나을 것이다 —애매하고 모호하며 보이지 않게 익명적으로 숨어 있어 고고학적으로 발굴되어야 하는 대상인 것처럼 말이다.

메를로-퐁티의 살의 회화론이 하이데거의 존재 미학과 다른 점도 바로 거기에 있다. 즉 메를로-퐁티는 그의 생애 마지막 10여 년 동안의 저술 활동을 통하여 존재의 고고학, "존재의 정신분석"[52]을 행하고자 했다. 메를로-퐁티는 후기 철학에 와서 의식과 대상, 주관과 객관의 구분에서 시작한 지각의 현상학이 『지각의 현상학』에서 제기한 문제들을 해결할 수 없다고 보고 의식과 대상의 구분 없이, 즉 살의 구조에서 만물을 다시 묻고 탐구하기로 결정하는 전환을 한다. 이러한 물음과 탐구는 우주 전반에 걸쳐 있다. 이를테면, 살은 언어, 자연, 문화, 그림, 역사, 문학, 영화, 역사, 무의식, 잠, 기억, 제도, 타인 등등에 있다. 신체의 살, 세계의 살, 역사의 살, 철학의 살 등등 열거하고 싶은 대로 열거할 수 있다. "만물은 신들로 충만하다"고 말한 탈레스라면, "만물은 살로 충만하다"고 말할 메를로-퐁티이다. 살은 만물을 구성하는 원질(arche)로서 무한한 우주적인 현실성이기 때문이다. 이러한 연구 주제들이 53세(1908-1961)의 나이로 운명을 달리함으로써 구

51 인상파에서 입체파, 추상파를 거쳐 현대미술의 미니멀 아트에 이르는 현대미술사의 개관적 이해를 위해서는 김현화, 『20세기 미술사』(서울: 한길아트, 1999)를, 그 입체적 설명을 위해서는 로버트 린튼, 『20세기의 미술』, 윤난지 옮김(서울: 예경, 1993)을 참조. 그리고 현대 회화의 각종 유파의 특성과 연대기에 관해 도움말을 주신 부산시립미술관의 강선학 학예관님께 감사드린다.

52 G. B. Madison, *The Phenomenology of Merleau-Ponty* (Athens: Ohio University Press, 1981), p. 193.

체화되지는 못했지만 메를로-퐁티의 살의 존재론이 하이데거의 존재 사유의 풍요로움과 무진장성과 비교해서 뒤지거나 모자라거나 협애한 것으로 비교, 속단하기보다는 다르게 묻고 탐구함으로써 열려지는 무진장한 또 하나의 잠재적인 비옥한 철학적 탐구 영역으로 수긍하는 편이 나을 것이다. 문제는 그것을 누가 어떻게 하는가일 것이고 그런 류의 존재철학의 미래는 우리의 노력에 달려 있을 것이다.

이제 지금까지의 기조와는 다르다는 것을 잘 알고 있지만 그래도 어떤 근본적인 물음을 던져보고 싶다. 메를로-퐁티의 초기 철학의 현상학적 사유가 후기에 존재론적 방향으로 틀이 잡히면서 회화는 형이상학적 의미를 가지고 있는 것으로 되었는데, 메를로-퐁티에게 회화가 그런 의미를 가지고 있는 것으로 볼 수 있게 되는 사건은 어떻게 일어난 것일까? 그 사건의 살의 구조도 물어질 수 있는 것일까? 아니면 절대적 단절만이 있어서 보는 자만 볼 수 있고 귀 있는 자만이 들을 수 있는 것인가? 그냥 이유 없이, 근거 없이 일어난 것이라서 소명할 수 없을 일일 것이라고 말하는 것으로 끝나는 일인가? 아니면, 우리는 이 우주의 모든 것을 모조리 해명할 수 있는 위치에 있는 것은 아니지 않느냐는 말로 다 되는 일인가? 비트겐슈타인의 말대로 "생각하지 말고 보라"는 것으로 끝날 일인가? 이러한 것들은 모두 부질없는 물음들인가? 메를로-퐁티의 표현대로, 완벽한 것이 아니라는 데서 오는 결핍과 후회의 공허한 물음들인가? 이것은 정말 고백적으로 말해서, 어쨌든 모든 것은 모든 것이지 않다는 알 수 없는 불만감에서 오는 근거 없는 후회인가?[53] 따라서 계속 묻는 것은 철학의 영원한 숙명이다.

이 근거 없는 후회야말로 본향에서 쫓겨나 회향할 때까지는 영원히 소외를 느끼고 살아야 하는 인간 존재의 어쩔 수 없는 운명이다. 태곳적부터 반복하고 또 반복해 온 그 일 말이다. 이 후회야말로 진정 자연과 인간의 존재론적 본성이다.[54] 저 존재로는 평강과 안식을 누리지 못하는 인간 존재의 부패한 심연이다. 이것은 저 존재 자체 속에 그런 평강과 안식을 줄 수 없는 어떤 불안의 존재론적 구조가 있다는 것을 암시하지 않는가? 그렇다면 더 완벽한 것, 더 확실한 것, 더 절대적인 것이라는 것을 알고서야 안도하는 인간'임'이라는 것은 아무것도 아닐 수 있다. 반대로 저 존재로는 불충분하고 불만족스럽고 저 존재가 답이 아니라고 느끼는 것도 역시 아무것도 아닐 수 있다. 그렇다면 그것은 또 어찌된 일인가? 그것의 살의 구조를 역시 물어도 되는가? 이러한 모든 물음들은 저 존재의 존재 자체임을 받아들이는 것 이외에는 다른 길이 없다는 것을 정말 진심으로 받아들이게 되면 소멸될 번민들인가? 과연 그렇게 해서 철학의 등을 휘게 하였던 '철학의 등에'인 저 후회가 다시는 고개를 들지 않을 것인가? 차라리 이

---

53 *OE*, p. 92. *EM*, p. 190. 그리고 메를로-퐁티 스스로도 그 후회 때문에 "나에게 철학은 오랫동안 하나님이란 이름 아래 결정화되어 온 것에 다른 이름을 부여하는 것이었다"고 말하게 된 것이 아닐까. 알버트 라빌 주니어, 『메를로-퐁티: 사회철학과 예술철학』, 김성동 역(서울: 철학과 현실사, 1996), 309쪽에서 재인용. 데리다 역시 이 후회의 억압에 동기 지어진 것이 철학의 역사인 것으로 믿는 것 같다. Jacques Derrida, *Positions*, trans. Alan Bass (Chicago: University of Chicago Press, 1981), pp. 6-7.

54 "피조물이 허무에 굴복했지만 그것은 자의로 그렇게 한 것이 아니라 굴복하게 하신 그 분이 그렇게 하신 것입니다. 그러나 소망은 남아 있습니다. 그것은 곧 피조물도 썩어짐의 종살이에서 해방되어서 하나님의 자녀가 누릴 영광된 자유를 얻으리라는 것입니다. 모든 피조물이 이제까지 함께 신음하며 함께 해산의 고통을 겪고 있다는 것을 우리는 압니다. 그뿐만 아니라 첫 열매로서 성령을 받은 우리도 자녀로 삼아 주실 것을, 곧 우리 몸을 속량하여 주실 것을 고대하면서 속으로 신음하고 있습니다."(로마서 8:20-23, 새번역본)

제II부 실천 철학

제는 너무나 오랫동안 '철학의 올무'였던 저 존재를 시험해 보아야 할 것이다.*

* 이 글의 출전은 다음과 같다. 「메를로-퐁티: 시각과 회화」, 『철학과 현상학 연구』 16집(2000), 한국현상학회, 144-171쪽.

결론　철학의 종말과 삶의 철학

I. 철학의 현대적 상황

철학 전문가나 철학 연구자라면 철학의 역사가 철학의 본질과 정체 해명의 역사라는 것을 시인하지 않을 수 없을 것이다. 다른 학문과 달리 철학이 유독 자기의 동일성을 분명히 해야 하는 것은 철학의 운명이라는 말밖에 달리 할 말이 없을 것 같다. 그것은 철학이 언제나 사유 혁명의 활동이고 자칭 철학의 문제가 영원한 물음이기 때문일 것이다. 그러기에 철학자는 언제나 선배 철학자들의 사유체계를 비판적으로 검토함으로써 독자철학 또는 자기철학을 구축해야 하고 그에 대한 책임감에 시달린다. 이 점을 고려할 때 많은 철학 전문가들이 철학 속에서 철학을 하지 철학의 개념 규정의 문제에 대해서는 소홀히 하고 있는 경향이 있음을 부인해서는 안 될 것이다. 아마도 국내 철학들의 비주체성과 수입성은 지금 여기서 철학이 무엇일 수 있고 무엇이어야 하는가라는 철학의 이념 문제에 대한 성찰이 탄탄하지 못한 데서 기인하는 것으로 보여진다. 나는 이러한 사정을 '철학에 대한 책임감의 위기'라고 명명하고 싶다. 나도 여기서 예외는 아니지만 문제점이 어디에 있는가 하는 점만은 잊지 않으려고 한다.

그뿐만이 아니다. 철학은 죽었다고, 아직도 철학은 필요한가라고 자조 어린 고백이 철학자의 입에서 토로되는바, 철학 일반이 현재 처해 있는 최근의 서구 사상사의 맥을 상기해 보라. 헤겔이 근세철학을 절대정신으로 완성한 이래 철학이란 진공 속의 놀음이었을 것이고 마르크스, 키르케고르, 니체도 철학의 부정에서 출발했다.[1]

하버마스에 의하면[2] 철학의 종말 운동에는 세 가지 유형이 있다. 철학을 언어 질병의 요법으로 보고, 언어 게임의 뒤죽박죽에서 우리를 구원하는 언어 의미의 명료화 작업의 완수와 더불어 철학은 종말을 고한다는 유형. 여기에는 비트겐슈타인이 들어간다. 조용하게 "철학이여 안녕"이라고 고하는 이러한 철학 종말론을 하버마스는 "치유적 폐기 방식"이라 부른다. 철학을 종래의 형이상학의 극복으로 보고 철학을 존재 사유와 구별함으로써 철학의 역사를 온통 붕괴·해체시키는 유형. 여기에는 하이데거가 속한다. 철학의 역사로부터의 완전 단절과 결별을 극적으로 꾀하는 이러한 철학 종말론을 하버마스는 힘겨운 "영웅적 폐기 방식"이라 부른다. 철학을 아리스토텔레스의

---

1 Merleau-Ponty, *In Praise of Philosophy and Other Essays*, translated by John Wild, James Edie, and John O'Neill (Evanston: Northwestern University Press, 1970), p. 168. *In Praise of Philosophy*로 이하에 표기함.
2 류의근 편, 「현대사회와 철학」 개정판(서울: 형설출판사, 2015), 233-237쪽.

　　　　　　　　　　　결론 철학의 종말과 삶의 철학

철학의 오랜 진리를 구원하기 위한 수단으로만 사용함으로써 철학을 진리의 영구 보존이라는 명분 아래 질식시키고 매장하는 유형. 이것은 현대의 신아리스토텔레스주의자들이 취하는 철학관으로서 하버마스는 "구원적 폐기 운동"이라 부른다.

이외에도 선험적 주체성을 거부하는 로티·푸코·데리다류의 철학 사망론이 있다. 푸코는 인간은 철학자를 위시한 모든 인류의 주목을 한 몸에 받아 왔던 이전과는 달리 미구의 미래에 역사와 시간의 뒷전으로 퇴장할 것이라고 예언한 바 있다. 소위 현대사상계에 회자되는 인간 종말론은 정보화 사회, 컴퓨터 마인드가 지배적이기 시작한 사회에서 어떤 의미에서는 사실로 드러나고 있다. 사람은 사람으로라기보다 숫자나 기호로 처리되고 있는 실정이다. 나는 나의 숫자가 되고 있다. 아마도 푸코의 예언대로 앞으로의 시대에서 사람의 자리를 언어가 대신하는 경향이 심화될 것이다. '고독과 사색을 즐기는 기계'가 우리 곁에 있게 될 때 인간의 철학이란 무엇일 수 있겠는가. 푸코가 『말과 사물』에서 어떤 영감에 사로잡힌 기분에서 설파한 이러한 인간 또는 철학 종말론은 미래의 사회상과 맞물려 철학의 자기상이 어떠해야 하는가라는 문제에 대해서 철학자들이 미래지향적으로 심각하게 숙고하지 않으면 안 될 메시지를 담고 있다고 생각한다.

데리다는 논문 「인간의 종말」에서 헤겔의 절대정신, 후설의 선험적 목적으로서의 인간성, 하이데거의 존재 사유가 자체내적으로 인간의 지양과 종말을 지시하고 있음을 보여 줌으로써 인간의 해체를 기도한 바 있다. 그는 철학적 사유의 역사가 이제는 그 역사의 내부로부터 몸을 빼내 오기를 스스로 강제하는 지점에 다다랐고 따라서 우리가 취할 전략은 철학의 근본 개념들 및 근원적 문제들과의 절대적 단절일 수밖에 없다고 믿는다. 그럴진대 서구 철학의 오랜 이데올로기인 휴머니즘은 지양되었다.

　로티는 인식의 확실성을 정초하려는 철학의 오랜 노력에 파산선고를 내리고 보편학과 기초학으로서의 철학의 이념은 불가능하다고 선언한다. 철학이 칸트적 의미의 순수이성의 법정과 같은 지위, 즉 모든 지식의 판관으로 자처할 수 있는 시대는 끝났다. 철학적 지식, 과학적 지식, 문학적 지식의 차이란 상호인식하는 방식, 기술하는 언어의 선택의 차이일 뿐이다. 따라서 어느 한쪽의 권위가 우세하다고 말할 수 있는 근거는 없다. 이제 철학은 선험적 주체에 대한 환상을 버려야 하고 철학이 애지중지해 왔던 대문자로서 진리·존재·언어·신 등등의 개념은 문제 해결을 위한 실용적 가치물로 처리된다. 그리하여 로티는 탈철학을 부르짖는다.

　그러나 나는 이러한 종말론도 철학을 통해서 철학으로서 제시된다는 점에 주목하고자 한다. 다시 말해서 거론된 철학 종말론자들은 기왕의 철학을 비철학으로 밀쳐 내면서 그 자리에 신철학을 내세우는 작전을 구사한다. 철학의 역사는 철학과 철학을 깔보는 자 사이에는 싸움이 없었음을, 오히려 철학과 철학 사이의 싸움으로 점철되어 왔음을 보여 준다. 철학은 철학이지 않으려고 함으로써만 철학일 수 있었다. 새 철학, 참 철학은 언제나 자기와 다른 철학을 철학이 아니라고 업신여기기 일쑤였다. 여기서 우리는 철학 혁명의 구조가 철학과 비철학의 변증법적 역동 관계로 규정될 수 있음을 본다. 이것이 철학의 현대적 개념 정립의 절차이다.

메를로-퐁티도 이러한 절차에 충실하다. 그는 죽기 몇 해 전(1958-1961) 콜레주 드 프랑스에서 현대에 있어서 「철학의 가능성의 문제」, 「헤겔 이후의 철학과 비철학」을 주제로 강의한 바 있다. 말하자면 그는 철학의 의미와 가능성을 질문함으로써 철학의 새로운 규정에 도달하고자 했던 것이다. 철학이 기왕의 철학 이외 무엇일 수 있는가라는 철학의 의미와 미래에 관심을 갖고 있는 사람이라면 이러한 구도에서 메를로-퐁티가 비철학에서 철학으로 이행하는 과정을 살펴보는 것은 유의미하고 중요한 일이다. 메를로-퐁티는 철학의 가능성을 살의 존재론에서 실현하고자 한다. 살의 존재론이 무엇인가를 알기 위해 그의 자연의 존재론, 즉 자연철학부터 살펴보아야 한다.

2. 메를로-퐁티의 자연의 존재론

(1) 데카르트의 자연의 존재론

데카르트는 신이 자신의 형상대로 세계를 지은바, 세계의 형상은 신의 질서를 자연에 새김이며 자연에 새겨진 신의 질서는 자연법칙이라고 말한 것으로 전해진다. 그리고 자연법칙이 신의 창조인 것은 자연법칙이 무한한 존재의 속성이기 때문이다. 바로 이 지점에서 자연은 신의 존재로 환원된다. 즉 "신이 세계를 창조하기로 결정내리지 않았다면 세계는 존재하지 않았을 것이다."[3] 그러나 신의 관점에

---

3 *In Praise of Philosophy*, p. 167.

서는 이러한 가설 자체는 세계가 존재한다는 것을 시인하는 것이다. 왜냐하면 그렇지 않다면 사람들은 세계는 어떤 것도 세계를 먼저 모양 지어 주지 않았고 또는 존재하게 하지 않았던 창조 이전에서 생겨난다고 생각할 것이기 때문이다.[4] 이렇듯 세계가 없을 수도 있었다는 가설은 세계의 실재성을 의미할 뿐이다.

동일한 논리로 신의 존재를 규정할 수 있다. 신이 존재하지 않을 수 있다는 가설은 그야말로 말뿐인 회의이다. 신이 자기 원인이라고 말하는 것은 신은 자신이 아무것도 아닌 것이면서 그리고 자신을 떠나면서 자신을 산출하는 것 이외 아무 의미도 없다.[5] 이런 존재가 존재하지 않을 수 있다는 회의는 애초부터 사기 행위인 셈이다. 따라서 데카르트에게 신이 존재하지 않는다는 가능성은 결코 있어 본 적이 없다.

이상에서 논의한 결과에 따르면 궁극적으로 데카르트에 있어서 자연이나 세계 또는 신은 아무것도 아닌 것일 수 있으면서도 어떤 것이라고 하는 구조를 가진다. 즉 그것들은 자신을 산출하는 존재이자 객체적인 존재이다. 이렇듯 데카르트의 자연 개념은 능산적인 측면과 소산적인 측면이라는 이중성을 숨기고 있는 것이다.[6] 물론 데카르트 쪽에서 보면 자연은 그냥 대상 또는 대상의 총체로만 남아 있을 뿐이다.[7] 신 역시 유한한 세계를 담지하는 무한한 실체일 뿐이다.

4 *In Praise of Philosophy*, p. 135.
5 *In Praise of Philosophy*, p. 136.
6 *In Praise of Philosophy*, p. 137.
7 *In Praise of Philosophy*, p. 138.

결론 철학의 종말과 삶의 철학

그리고 우리는 데카르트가 "감각이라고 부르는 방식에 의해서 나의 정신 안에 받아들인 관념들로부터 물체의 존재에 대한 어떤 확실한 증거를 이끌어 낼 수 있는가를 살펴"[8]봄으로써 물질 세계의 존재 증명을 기도하고자 했음을 익히 알고 있다. 이러한 기도를 통해 도달한 데카르트의 결론은 "정신에 주어진 물질적 사물의 관념이 물체적 사물들에서 나왔다고 믿는 매우 큰 경향이 있다"[9]는 것이었다. 소위 "자연적 경향성" 또는 "자연의 가르침"이 바로 외부 세계의 존재 증명의 근거이다. 그렇다면 자연적 경향성은 우리가 자연을 접촉할 수 있음이 신체를 통해서라는 것을 시사하고 있는 셈이다. 데카르트가 순수 오성과 일치할 수 없는 자연적 경향성을 언급했다는 사실에서 우리는 그가 자연에 대한 우리의 접촉이 순수 오성과 다른 조망, 즉 신체에서 주어진다는 것을 막연하게 인정한 것이라고 짐작한다.

따라서 이제 자연을 이해하고 규명하는 일은 순수 오성의 일로만 간주될 수 없다. 오히려 자연이나 외부 세계의 경험에 관한 한, 신체가 순수 오성보다 더 특전적이다. 따라서 연장적 존재가 무엇인가 하는 물음은 오성에게만 맡겨둘 수 없다.[10] 그렇다면 자연과 정신의 문제는 자연과 신체의 문제로 재규정된다. 이제 존재론적 문제는 신체의 관점에서 접근될 수 있고 접근되어야 한다. 그러나 인간의 신체를 연장적 기계로 보았던 데카르트에게 세계·자연·사물과 신체의 관계의 문제는 심각하게 다루어질 수 없었다.

---

8 데카르트, 「성찰」 6부 참조.
9 데카르트, 「성찰」 6부 참조.
10 In Praise of Philosophy, p. 138.

(2) 칸트의 자연의 존재론

칸트의 경우, 데카르트와 달리 자연은 신의 존재의 창조물이 아니다. 그것은 "모든 현상의 총괄"[11]이고 "가능적 경험의 대상"[12]이다. 자연은 우리에 대한 자연이고 우리가 구성한 대상이다. 이러한 자연은 인간의 오성이 감각적 현상에 투입한 질서이고 순수 오성 개념에 의한 다양의 종합적 통일이다. 단적으로, 감성과 오성의 통일이다. 그렇다면 인간의 이성은 자기에게 주어진 질료를 가지고 무한 증폭적인 통일을 끊임없이 기도하는 셈이다. 이를테면 모든 현상은 인과적 보편법칙에 예속되어야 하고 현상 하나하나는 다른 하나의 원인과 결과이다. 이것은 의식의 선천적 구조들, 예컨대 순수 오성 개념의 체계가 하나의 총체성으로서 자기 생산을 무한히 계속한다는 것을 뜻한다.

따라서 칸트의 자연 개념은 "총체성의 자기 생산"[13]으로 규정되기에 이르고 처음과는 달리 가능적 경험의 대상과 구분되지 않으면 안 된다. 결국 칸트의 자연의 존재론은 총체성의 지각을 어떻게 정초하고 이해할 것인가 하는 문제를 스스로에게 제기한다. 물론 칸트가 자연을 감각적 대상의 총합으로 규정한 것은 그가 뉴턴 물리학의 자연 개념에서 벗어나지 못했음을 보여 준다는 것은 변함없는 사실이다.

그리고 칸트의 인식론은 뉴턴 물리학의 제약을 받고 있었기 때문에 자연을 인과적 질서에 따르는 현상계로 보았다. 따라서 자연의 목

---

11 칸트, 『순수이성비판』 B 163.
12 칸트, 『순수이성비판』 A 114.
13 *In Praise of Philosophy*, p. 139.

적은 자연히 인간이 된다. 왜냐하면 자연이 인간을 배려하는 것이 아니라 인간이 자연에 목적성을 부여하기 때문이다. 자연의 목적론의 궁극적 진리는 바로 예지계의 자유 의식이다. 인간과 자연의 관계를 이렇게 규정한 관점에서는 순수 오성 개념 체계의 자체내적 자기 통일성이 어떻게 주어지는가 하는 문제는 아예 문제 밖에 있으며 따라서 해결은 불가능했다.

메를로-퐁티는 이러한 통일성을 "유기적 통일성",[14] "야생적 통일성"[15]이라 표현한다. 이러한 통일성의 근원의 해명 없이는 아무리 칸트가 순수 오성 개념의 입법권의 재가로써 아무 이유 없이 그냥 존재하는 것에 질서를 부여함으로써 의식의 선천적 구조와 존재의 우연성 또는 경험의 사실성 사이에 존재하는 간격을 메꾸었다 하더라도 자연의 신비는 미흡하게 해명된 채로 남아 있을 수밖에 없다. 칸트는 질료가 주어짐에 따라 작동하기 시작하는 순수 오성 개념의 체계가 어떻게 자기 통일성을 가지는가를 묻고 답하지 못했다는 점에서 자연의 산출 또는 자연적 존재의 인식론적 내지 존재론적 해명에 근본적인 한계를 보인다.

(3) 후설의 자연의 존재론

후설에게 "자연은 우선 자연과학의 상관물로서, 순수 사물들의 영역으로서 나타난다."[16] 이것이 우리가 보통 말하는 자연이다. 그리고

---

14 *In Praise of Philosophy*. p. 140.
15 *In Praise of Philosophy*. p. 142.
16 *In Praise of Philosophy*. p. 147.

사물의 진리의 파악과 동시에 사물 자체도 파악된다. 이것이 객관적, 과학적 태도이다. 그러나 후설에게 문제되는 것은 이러한 태도와 자연 규정이 아니다. 그에게는 이런 것을 유지하고 정초하고 구성하는 지향적 삶을 밝히고 이해하는 것이 문제이다.[17]

순수 사물의 세계나 연장적 대상들을 선과학적 의식의 삶, 선이론적 세계와 대상으로 회송하는 지향적 관계들의 해독이 문제이다.[18] 예를 들면 순수 사물들은 지각된 사물의 원초적 층에서 이해될 수 있다.[19] 우리는 나의 손이 대상을 탐색할 때, 예컨대 오른손이 왼손을 만질 때, 오른손은 주체이고 왼손을 객체로 여기지만 바로 그 객체가 자신을 만지는 오른손을 만짐과 동시에 객체였던 왼손이 살아 있는 사물, 즉 느끼는 손으로 변한다는 것을 발견한다.

이제 이 손은 인식주체로서의 손이고, 주체로서의 신체, 즉 "주체적 신체"[20]라고 말해진다. 이러한 선객관적·선이론적 신체는 지각된 사물들의 원초적 층을 우리도 모르게 구성해 놓고 있다. 이러한 구성은 우리가 자연을 구성하기도 전에 이미 신체가 구성해 놓았다는 의미에서 "신체의 선구성"[21]이라 말해진다.

그러므로 과학자가 탐구한다고 하는 자연에는 신체가 선구성한 원초적 층이 방직되어 있다. 우리가 흔히 말하는 순수 사물들과 같은 자연과는 다른 자연이 바로 그 자연 속에 있는 것이다. 이러한 자연

---

17 *In Praise of Philosophy*, p. 147.
18 *In Praise of Philosophy*, p. 148.
19 *In Praise of Philosophy*, p. 148.
20 *In Praise of Philosophy*, p. 148.
21 *In Praise of Philosophy*, p. 149.

결론 철학의 종말과 삶의 철학

은 "지식과 문화의 씨앗을 날라 주는 발원적 현존"[22]이라고 말해진다.

　이러한 자연으로 말미암아 우리는 순수 물질적 사물들과 만날 수 있다. 다시 말해서 그저 사물일 뿐으로만 있는 사물들이 어떤 특질, 가치, 용도를 띠게 된다. 즉 무정형의 순수 사물들이 객체성을 지니게 되는 것이다. 이러한 자연은 사물의 사물됨이라 해도 좋겠고 그러한 의미에서 그것은 만물로서 존재한다. '살아 있는 정기'라는 은유적 표현이 그것에 어울린다. 이제 자연을 의식의 상관물로 이해하는 모든 철학과 과학은 바로 그 자연을 어떤 다른 방식으로 이해할 것을 요구받는다. 그렇지 않으면 이들 철학과 과학은 자연의 탄생 비밀을 하등 규명하지도 않은 채 맹목적인 자연의 존재론으로만 머물고 만다.

　(4) 현대 과학의 자연의 존재론

　주지하듯, 물리학의 내부에서 고전역학의 존재론적 기초인 결정론의 자기비판이 일어났음은 오래전의 일이다. 마찬가지로, 상대성 이론 또는 양자 역학의 발전과 더불어 인과성의 개념에 의미 변화가 일어났음도 공지의 사실이다. 공간과 시간 개념에 대한 과학 내부의 비판도 있었다. 즉 관찰자의 상황과 무관한 한 공간·시간 개념, 예컨 대 절대적 동시성의 개념은 의문시되었고 지각된·체험된 시공간 개념의 기술이 그 가치를 획득하게 되었다. 이러한 현대 과학의 발전상에 힘입어 현대 과학의 자연의 존재론의 모습도 달라졌을 것이라고 짐작할 수 있다. 그렇다면 현대 과학의 자연상을 통해서 우리가 기도

22　*In Praise of Philosophy*, p. 149.

하는 자연의 존재론에 도움될 만한 단서를 찾아보자.

현대 물리학의 자연상의 자연철학적 의미는 무엇인가? 그것은 아마 물리적 작용이 하나의 절대적 개체에서 또 하나의 다른 절대적 개체로의 이행을[23] 의미하지 않는다는 것일 것이다. "물리적 실재는 더이상 자연들로 보이지 않고 조작의 총체상의 구조들로 보인다."[24] 자연이라 불리는 것은 사물 속에서 작용하는 정신이 분명 아니다.[25] 그러나 그저 우리 속에 있는 사고의 힘 또는 결심의 투사도 아니다.[26] "자연은 우리가 개념의 결합을 통해서 이해하고자 노력하는 특전적 상태, 지배적 특성을 확립함이다."[27] 즉 물리적 실재가 이 상태가 아니고 하필 저 상태이도록 함, 물리적 실재가 이 상태보다 저 상태에서 특전적이도록 함이다. 이로부터 현대 과학의 자연 개념은 "거기 있게 함"[28]이라고 특징지어질 수 있다.

이상에서 우리는 기왕의 몇몇 철학의 자연의 개념과 20세기 물리학의 자연의 개념에 대한 메를로-퐁티의 검토를 소략하게 알아보았다. 데카르트의 경우 자연은 대상으로서의 자연과 달리 "사건",[29] 즉 하이데거적 의미의 생기의 측면을 가지는 것으로 드러났다. 자연은 우리에게 자신의 존재를 드러내는 그 자체일 뿐[30] 그 이외 무엇이

---

23 *In Praise of Philosophy*, p. 159.
24 *In Praise of Philosophy*, p. 159.
25 *In Praise of Philosophy*, p. 161.
26 *In Praise of Philosophy*, p. 161.
27 *In Praise of Philosophy*, p. 161.
28 *In Praise of Philosophy*, p. 161.
29 *In Praise of Philosophy*, p. 138.
30 *In Praise of Philosophy*, p. 137.

라고 말할 수 없는 어떤 것이었다. 칸트의 경우 인간 오성의 통일성은 우리에게 야생적 통일성을 드러내 주고 있었다. 자연은 감각적 대상의 총화가 아니라 야생적 통일성을 지시하고 있다. 후설의 경우 자연은 신체가 이미 먼저 그 자연에 방직한 원초적 층에서 이해되었고 그것은 곧 자연 속의 자연, 발원적 현존으로서 "인식의 탯줄",[31] "의미의 원천"[32]이라고 말해도 좋을 어떤 것이고 바로 이것이 "야생적 존재"(l'Être sauvage)[33]라고 말해지는 것이다. 현대 과학이 드러내고 있는 자연 개념 역시 데카르트, 칸트, 후설의 그것과 크게 다르지 않다고 판단될 수 있을 것이다.

3. 메를로-퐁티의 살의 존재론

_____이제 우리는 데카르트의 능산으로서의 자연, 칸트의 야생적 통일성으로서의 자연, 후설의 야생적 존재로서의 자연, 현대 과학의 거기 있게 함으로서의 자연이 표현은 서로 다르지만 "우리 앞에 이미 있음으로서 자기의 모습을 드러내는"[34] 존재라고 말해도 좋을 것 같다. 메를로-퐁티는 "야생적 존재"라는 표현을 많이 쓴다. 자연이 이러한 의미라면 그것은 하이데거적 의미의 존재와 역시 크게 다르

---

31 Merleau-Ponty, _The Visible and the Invisible_, translated by Alphonso Lingis (Evanston: Northwestern University Press, 1968), p. 157. _The Visible and the Invisible_로 이하에 표기함.

32 _The Visible and the Invisible_, p. 157.

33 _The Visible and the Invisible_, p. 157.

34 _In Praise of Philosophy_, p. 133.

지 않다. 그렇다면 메를로-퐁티의 자연의 존재론은 철학은 존재론으로서 존재의 탐구라는 하이데거의 철학과 상호 일치하는 것으로 보인다.

그러나 양자의 차이점은 메를로-퐁티의 경우 존재가 자기분화해 가게 되는 구조나 분절을 기술하고자 노력하는 데 비해 하이데거의 경우 존재에만 맴돌면서 존재를 사유하는 데 집중한다는 것이다. 하이데거가 존재를 수호하고자 노력을 경주하는 데 비해 메를로-퐁티는 존재가 자신을 어쩌지 못해 자신을 출현시키지 않을 수 없는 필연성을 해명하는 데 주력한다. "존재의 구성"[35]의 문제라 일컬어질 이 문제에 대한 해결책으로서 메를로-퐁티가 제안하는 것이 살의 개념이다.

우리는 데카르트의 자연의 존재론과 후설의 자연의 존재론에서 자연이 신체의 관점에서 이해될 수 있음을 암시한 바 있다. 물론 이때의 자연과 신체는 객관적 존재가 아니라 선객관적 존재들이다. 특히 신체의 선구성 개념은 자연, 즉 존재가 은폐되지 않고 비은폐될 수 있는 근거를 제공하는 것 같다. 존재가 보이려면 존재를 경험해야 하고 존재를 경험하려면 존재를 창조해야 한다.[36] 과연 존재는 어떻게 창조되는가? 존재의 창조는 의미의 탄생이다.

그렇다면 의미는 어떻게 탄생되는가? 예를 들어 보자. 낯선 지역에서 건물을 찾거나 자기가 어디에 있는가를 알려고 한다면 잠시 의

---

35 Samuel B. Mallin, *Merleau-Ponty's Philosophy* (New Haven and London: Yale University Press, 1979), p. 236.

36 *The Visible and the Invisible*, p. 197.

결론 철학의 종말과 살의 철학

식적으로 생각을 해야 하나 잘 아는 지역에서라면 그럴 필요가 없다. 이것은 무엇 때문인가? 나의 감각과 신체에 그 지역을 다년간 경험한 역사가 저장되고 축적되어 있기 때문일 것이다. 내가 신체를 가지고 있는 한 그것은 그 주위 세계에 대한 이전의 역사를 가지고 있었을 것이고 이 역사는 신체에 기록되어 있을 것이다. 몸에 배어 있고 침전되어 있을 이 역사는 신체를 "직조"(chiasmus)해 왔을 것이다. 이러한 신체의 직물이 바로 "살"(flesh)이다. 살은 신체의 원초적 익명적 구조·형태·결이다. 살은 저희들끼리 서로 주고받고 대화하고 교통한다. 살과 살의 만남과 교감에서 존재가 구성되고 존재의 가시성이 보증된다. 이것이 존재의 출생 비밀이다. 이러한 의미에서 살은 모든 자연의 "원리"[37]이고 "원질"[38]이다. 이러한 존재의 원리·원질을 파악하고[39] "신체의 건축술과 그 존재론적 틀을 완전하게 명시하는 것"[40]이 살의 존재론이다.

이와 같이 자연적 세계의 형이상학적 근거는 살에 있다. 마찬가지의 논리로 사회적, 역사적 세계의 형이상학적 근거를 살에서 찾을 수 있다. 나는 타인과 더불어 인간관계를 유지하고 하나의 인격으로 대우받기를 원하면서 현재를 살고 있다. 나는 화합과 갈등과 오해와 적대의식 속에서 사회생활을 한다. 나는 사람과 사람 사이의 살아 있는 관계와 긴장 속에서 살고 있다. 나는 한국의 가부장적 가족제도와 자

---

37 *The Visible and the Invisible*, p. 139.
38 *The Visible and the Invisible*, p. 139.
39 *The Visible and the Invisible*, p. 199.
40 *The Visible and the Invisible*, p. 155.

본주의 사회체제라는 바탕 위에서 살아 왔다. 이러한 사회적 삶과 현실은 보이지 않게 익명적으로 나의 신체를 직조한다. 점차 신체는 사회적 깊이와 심층을 가진다. 그것은 신체의 암호요 지형이다. 아무런 의미도 없었던 일정한 사회적 상황의 의미에 눈이 뜨이는 것은 신체의 암호요 지형으로서의 살의 익명적 연출 때문이다. 이렇게 익명적 신체가 사회적 현실의 의미를 탄생시킨다. 그것은 존재의 경험이고 활동이겠지만 역시 살의 탄생과 죽음인 것이다.

역사적 현실도 마찬가지이다. 사회적 현실은 사람의 신체에 구조화된 보이지 않는 구조에서 이해된다. 이것은 공동 사회에서 다른 사람들도 공유하는 것이며 따라서 그 사회를 규정하는바, 사회적 일반성이라 하겠다. 그 사회의 구성원들은 이러한 일반성을 벌써 살고 있는 셈이다. 그러한 의미에서 그는 주어진 상황 속에서 개인적 결단을 내리기도 전에 자신의 현재와 미래를 기투한 셈이다. 즉 그는 자기도 모르게 역사의 주체가 되어 역사를 만들고 있다. 이렇게 되면 결국 역사는 살의 창조이다. 왜냐하면 사회적 일반성이라는 것이 살의 구조와 다름이 없기 때문이다.

그리고 아마 사회적 발전과 역사의 진보도 이러한 관점에서 규명될 수 있을 것이다. 개인이 사회적 일반성을 자기에게 주어진 특정한 상황에서 본래적이고 급진적으로 살게 될 때 그 사회의 창조적 비판과 혁파는 가능해질 것이다. 왜냐하면 설령 이러한 사회와 역사의 발전에 그 사회의 개인의 의식적 반성과 선택이 있었다 할지라도 그 사회의 일반적인 것이라고 하는 것이 여전히 거기에는 전제되어 있기 때문이다. 반면, 개인이 그 사회의 일반성에 예속되어 있을 때 그것

결론 철학의 종말과 삶의 철학

은 어려워진다. 이러한 논리를 따르면 사회와 역사의 발전에 대한 책임은 개인에 있다고 보기보다는 살에 있게 된다. 우리의 상황 판단과 그에 대한 사회적·역사적 책임은 살로 환원된다. 따라서 살은 보수적이기도 하고 진보적이기도 하다. 어쨌든 이리하여 최종적으로 밝혀지는 것은 존재가 사회성과 역사성으로 자신을 개시하는 것은 살에 의해서라는 것이다.

4. 철학의 새로운 가능성

이상에서 우리는 살의 개념에 의거해서 어떻게 존재가 자연적·사회적·역사적일 수 있는가를 이해했다. 어떻게 자연의 삶, 사회의 삶, 역사의 삶이 존재의 자기초월로 이해될 수 있는가를 살의 존재론이 간명하게나마 보여 주었다. 살은 존재의 경험을 제공하는 어떤 것, 존재를 보이게 해 주는 어떤 것이었으며 살 자신은 보이지 않는 어떤 것이었다.

그러나 왜 살은 더 이상 보일 수 있는 어떤 것일 수 없는가? 어떤 자연적 세계가 어떤 신체의 형태를, 어떤 사회적 현실이 어떤 신체의 형태를, 어떤 역사적 현실이 어떤 신체의 형태를 만들었는가라고 물어서는 안 되는가? 세계의 내용이 어떤 경로와 과정을 통해서 살을 만드는가라고 물을 수 없는가? 살은 어떻게 보이지 않게 익명적으로 만들어지고 기능하는가? 살은 자족적인 것으로서 그저 받아들여야 하는 것이고 더 이상 사유되어서 변혁될 수 없는 것인가?

살에 대한 이러한 지속적 물음과 반성이야말로 살의 존재론의 완성이요 살의 철학의 새로운 가능성이다. 이것은 철학의 종말이 아니라 재탄생이다. 그렇지 않으면 메를로-퐁티가 그토록 갈구했던 "존재의 폭연"[41]의 수수께끼는 풀릴 수 없을 것이다. 여기에 철학의 정지(rest)와 스타터(starter)가 있다. 메를로-퐁티는 후기에 와서 이러한 연구를 철학의 특전이자 과제로 확신하고 천착했다. 이로부터 비철학에서 철학이 탄생한다. "객관주의 철학을 뿌리째 들어내지 않는 한 죽은 글자로 남는 이러한 야생적 존재의 세계, 이러한 존재에 대한"[42] "근원적 해명이 필요하기"[43] 때문이리라. 메를로-퐁티는 이러한 철학 연구를 "존재의 직공"[44]이라고 부른다.

그러므로 철학은 결코 죽을 수가 없다. 죽었다고 말해지는 것은 철학의 외피일 뿐이고 철학의 핵은 아니다. 그것은 철학의 일부 영역일 뿐이고 철학의 근본이 아니다. "세계 앞의 경이를"[45] "확립하는 것이 형이상학일 것이고"[46] "세계의 신비와 이성의 신비를 드러내는 것을 과업으로 삼는 것이 현상학"[47]일진대 철학의 죽음은 근본적으로

---

41 Patrick Burke and Jan Van Der Veken, eds., *Merleau-Ponty in Contemporary Perspectives* (Dordrecht: Kluwer Academic Publishers, 1993), p. 27에서 재인용.

42 *The Visible and the Invisible*, p. 165.

43 *The Visible and the Invisible*, p. 165.

44 Merleau-Ponty, *The Primacy of Perception*, translated by James M. Edie (Evanston: Northwestern University Press, 1964), p. 180. *The Primacy of Perception*으로 이하에 표기함.

45 Merleau-Ponty, *Phénoménologie de la perception* (Paris: Gallimard, 1945), p. viii. *Phénoménologie de la perception*으로 이하에 표기함.

46 *The Primacy of Perception*, p. 11.

47 *Phénoménologie de la perception*, p. xvi.

불가능하다. 언제부터 "세계와 이성을 규정하는 신비"[48]가 소멸되었는가? "그리고 그들은 어떤 '해결책'을 통해 그 신비를 없애는 것이 도대체 문제인 줄을 알고 있기나 한가?"[49] "세계 또는 역사의 의미를 그 발생에서 알려고 하는"[50] "철저한 반성"[51]으로서의 철학은 후설의 표현대로 영원한 시작이다. 따라서 철학의 사망 기사는 가짜 뉴스이다.

그렇다면 이러한 근원에의 동경과 추구는 어떻게 부활할 수 있는가? "차이에 대한 우리의 촉각을 예민하게 하고 통약할 수 없는 것에 대하여 참을 수 있는 능력"[52]을 요구하는 탈근대 시대에 이러한 추구가 가능하겠는가? 삶의 존재론에게 부과되는 탈근대 시대의 역할과 과제는 무엇인가?

아마도 그것은 여전히 객관주의 철학에 대한 끊임없는 줄기찬 비판일 것이다. 여기에는 인간의 세계 경험의 현상학적 존재론의 무한한 반성과 분석이 기본적으로 전제되어야 할 것이고 자연·사회·역사·정치·문화·예술의 현상학적 존재론을 기획하는 일이 들어갈 것이다. 실증적 개별 과학 하나하나에 대한 현상학적 분석과 검토가 같이 따라가 주어야 함은 말할 나위도 없다.

사회 비판의 차원에서 특히 관심이 많이 가는 과제는 자연과학과 기술을 존재의 회복과 경험의 과제라는 시각에서 통제할 수 있는 자연의 존재론을 기획하는 작업이다. 예를 들면 야생적 의미로서의 자

---

48 *Phénoménologie de la perception*, p. xvi.
49 *Phénoménologie de la perception*, p. xvi.
50 *Phénoménologie de la perception*, p. xvi.
51 *Phénoménologie de la perception*, p. xvi.
52 한국현상학회 편, 『현상학과 실천철학』(서울: 철학과 현실사, 1993), 195-196쪽에서 재인용.

연이 물리학, 화학, 생물학 등등에 구체적으로 어떻게 투영되어 있는가, 이러한 자연과학과 생명과학이 어떻게 야생적 의미로서의 자연에 대한 우리의 경험에 보이지 않게 영향을 미치는가, 이것이 우리의 사회적 정치적 삶에 어떤 결과를 가져오는가를 탐구하는 것이다.

이러한 작업은 생태계의 위기, 대기·환경오염의 문제, 생물종 다양성 보존의 문제와 같은 현대 문명의 미증유의 대현안이라는 도전에 대한 현상학적 철학의 응전으로 간주될 수 있을 것이다. 그것은 "갈가리 찢어져 있는 자연"[53]을 원래의 자연으로 되돌려 놓는 데 기여하는 바가 적지 않을 것이다. 그것은 철학에서 오랫동안 사장되었던 자연철학의 복권을 가져올지도 모른다.

살의 존재론의 또 다른 가능성은 물질적이지도 정신적이지도 않은 인간, 다시 말해서 살의 인간이 역사의 운동과 발전에서 어떻게 무엇으로 나타나는가를 조사하고 규명하는 것이다. 인간의 역사를 살의 인간의 역사로 보자는 것이다. 인간의 역사가 역사를 주도하는 객관적·실증적 사유의 손에 달려 있는 것만도 아니고 그렇다고 물질의 자기운동의 역사만도 아니라면 역사에 대한 선험적 살의 반성으로 인도되지 않을 수 없다. 그리하여 혹시 그러한 반성을 계속하다가 살의 "선험적 인간"[54]에서 비롯되는, 인류 공동체를 위한 "윤리학의 원리"[55]까지도 발견하게 될지 그 누가 알겠는가. 현상학 내지 현상학적 철학이 시대와의 거리감으로 인한 고립감에서 벗어나려면 이와 같은

53 Martin Jay, *Marxism and Totality* (Cambridge: Polity Press, 1984), p. 376에서 재인용.
54 *The Primacy of Perception*, p. 10.
55 *The Primacy of Perception*, p. 11.

과제들의 해결을 통해 자신의 철학적 정체성과 지위와 영역을 확보
해야 한다.*

* 이 글의 출전은 다음과 같다. Kah Kyung Cho und Jeon Sook Hahn, Hg., *Phänomenologie in Korea*, Karl Alber, 1999, ss. 175-190.

참고
문헌

1. 메를로-퐁티의 저서

Merleau-Ponty, *Phénoménologie de la perception*, Paris: Gallimard, 1945.

_____, *Éloge de la philosophie*, Paris: Gallimard, 1960.

_____, *La prose du monde*, Paris: Gallimard, 1969.

_____, *Résumés de cours Collège de France 1952-1960*, Paris: Gallimard, 1968.

_____, *Signes*, Paris: Gallimard, 1960.

_____, *Humanisme et terreur: Essai sur le problème communiste*, Paris: Gallimard, 1947.

_____, *Le Visible et l'Invisible*, Paris: Gallimard, 1964.

_____, *La Structure du Comportement*, Paris: PUF, 1942.

_____, *Les Aventures de la Dialectique*, Paris: Gallimard, 1955.

_____, *Sens et Non-Sens*, Paris: Nagel, 1948.

_____, *L'Oeil et l'Eprit*, Paris: Gallimard, 1964.

_____, *La nature, notes, cours du Collège de France*, Paris: Seuil, 1995.

_____, *L'Institution-La Passivité: Notes de cours au Collège de France 1954-1955*, Paris: Belin, 2003.

_____, *Humanism and Terror*, translated by John O'Neill, Boston: Beacon Press, 1969.

_____, *Phenomenology of Perception*, translated by Colin Smith, London: Routledge and Kegan Paul, 1986.

_____, *The Structure of Behavior*, translated by Alden L. Fisher, Boston: Beacon Press, 1963.

_____, *The Visible and the Invisible*, translated by Alphonso Lingis, Evanston:

Northwestern University Press, 1968.

_____, *Nature: Course Notes from the Collège de France*, translated by Robert Vallier, Evanston: Northwestern University Press, 2003.

_____, *Consciousness and the Acquisition of Language*, translated by Hugh J. Silverman, Evanston: Northwestern University Press, 1973.

_____, *The Primacy of Perception and Other Essays on Phenomenological Psychology, the Philosophy of Art, History and Politics*, translated by James M. Edie, Evanston: Northwestern University Press, 1964.

_____, *Signs*, translated by Richard C. McCleary, Evanston: Northwestern University Press, 1964.

_____, *In Praise of Philosophy and Other Essays*, translated by John Wild, James Edie, and John O'Neill, Evanston: Northwestern University Press, 1970.

_____, *The Prose of the World*, edited by Claude Lefort and translated by John O'Neill, Evanston: Northwestern University Press, 1973.

_____, *Adventures of the Dialectic*, translated by Joseph Bien, Evanston: Northwestern University Press, 1973.

_____, *Institution and Passivity: Course Notes from the Collège de France (1954–1955)*, translated by Leonard Lawlor and Heath Massey, Evanston: Northwestern University Press, 2010.

2. 외국 저서

Bannan, J. F., *The Philosophy of Merleau-Ponty*, New York: Harcourt, Brace and World, 1967.

Barbaras, R., *De l'etre du phenomene: l'ontologie de Merleau-Ponty*, translated by Ted Toadvine and Leonard Lawlor, *The Being of the Phenomenon*, Bloomington: Indiana University Press, 2004.

_____, *Merleau-Ponty*, Paris: Ellipses, 1997.

Berkeley, *An Essay Towards a New Theory of Vision*, *§2* in David M. Armstrong ed.,

Berkeley's Philosophical Writings, New York: Macmillan Publishing Co., 1974.

Busch, Thomas W. and Shaun Gallagher, eds., *Merleau-Ponty, Hermeneutics, and Postmodernism*, Albany: State University of New York, 1992.

Carman, Taylor and Mark B. N. Hansen, eds., *The Cambridge Companion to Merleau-Ponty*, New York: Cambridge University Press, 2005.

Centi, Beatrice and Wolfgang Huemer, eds., *Values and Ontology*, Frankfurt: Ontos, 2009.

Coole, Diana, *Merleau-Ponty and Modern Politicts after Anti-Humanism*, Lanham: Rowman & Littlefield Publishers, 2007.

_____, *Negativity and Politics*, New York: Routledge, 2000.

Crossley, N., *Intersubjectivity*, California: Sage, 1996.

_____, *Politics of Subjectivity: Between Foucault and Merleau-Ponty*, Brookfield: Ashgate Publishing Company, 1994.

Daigle, C., ed., *Existentialist Thinkers and Ethics*, Montreal & Kingston, London, Ithaca: McGill-Queen's University Press, 2006.

Dauenhauer, Bernard, *Elements of Responsible Politics*, Springer, 1991.

Davis, Duane H., *Merleau-Ponty's Later Works and Their Practical Implications*, New York: Humanity Books Press, 2001.

De Waelhens, A., *Une Philosophie de L'ambiguité: L'existentialisme de Maurice Merleau-Ponty*, Louvain: Publications Universitaires de Louvain, 1951.

Derrida, J., *Edmund Husserl's "Origin of Geometry": An Introduction*, translated by John Leavey Jr. and Stony Brook, N.Y.: Nicholas Hays, 1978.

_____, *Positions*, translated by Alan Bass, Chicago: University of Chicago Press, 1981.

Descartes, *The Philosophical Works of Descartes vol.1*, edited by E. S. Haldane and G. R. T. Ross, New York: Cambridge University Press, 1979.

Diprose, Rosalyn and Jack Reynolds, eds., *Merleau-Ponty: Key Concepts*, Stocksfield, UK: Acumen, 2008.

Doyle, L., *Bodies of Resistance: New Phenomenologies of Politics, Agency and Culture*, Evanston: Northwestern University Press, 2001.

Drummond, John J. and L. Embree, eds., *Phenomenological Approaches to Moral Philosophy*, Dordrecht, Boston, London: Kluwer Academic Publishers, 2002.

Dupond, P., *Le vocabulaire de Merleau-Ponty*, Paris: Ellipses, 2001.

Edie, J., *Speaking and Meaning: The Phenomenology of Language*, Bloomington: Indiana University Press, 1976.

Evans, F. and Leonard Lawlor, eds., *Chiasms: Merleau-Ponty's Notion of Flesh*, Albany: State University of New York, 2000.

Flynn, B., Wayne Froman and Robert Vallier, eds., *Merleau-Ponty and The Possibilities of Philosophy: Transforming the Tradition*, Albany: SUNY Press, 2009.

Froman, W., *Merleau-Ponty: Language and the Act of Speech*, East Brunswick, N.J.: Associated University Presses, 1982.

Gail Weiss, *Body Images: Embodiment as Intercorporeality*, New York and London: Routledge, 1999.

Germain, Gilber G., *A Discourse on Disenchantment: Reflections on Politics and Technology*, New York: State University of New York Press, 1993.

Giles, J., ed., *French Existentialism: Consciousness, Ethics, and Relations with Others*, Amsterdam, Atlanta, GA.: Rodopi, 1999.

Gill, J. G., *Merleau-Ponty and Metaphor*, New Jersey: Humanities Press, 1991.

Gillan, Garth, *The Horizons of the Flesh: Critical Perspectives of the Thought of Merleau-Ponty*, Carbondale: Southern Illinois University Press, 1973.

Hadreas, P. J., *In Place of the Flawed Diamond*, New York: Peter Lang, 1986.

Hass, L. and D. Olkowski, eds., *Rereading Merleau-Ponty: Essays beyond the Continental-Analytic Divide*, Amherst, N.Y.: Humanity Books, 2000.

Hass, L., *Merleau-Ponty's Philosophy*, Bloomington and Indianapolis: Indiana University Press, 2008.

Hatley, J., J. McLane and C. Diehm, eds., *Interrogating Ethics: Embodying the Good in Merleau-Ponty*, Pittsburgh, Pen.: Duquesne University Press, 2006.

Johnson, G. and Barry Smith, eds., *Ontology and Alterity in Merleau-Ponty*, Evanston: Northwestern University Press, 1990.

Johnson, Galen A., *Earth and Sky, History and Philosophy*, New York: Peter Lang, 1989.

Kates, J., *Essential History: Jacques Derrida and Development of Deconstruction*, Evanston: Northwestern University Press, 2005.

Kleinberg-Levin, David M., *Gestures of Ethical Life*, Stanford, California: Stanford
University Press, 2005.

Kruks, Sonia, *The Political Philosophy of Merleau-Ponty*, New Jersey: Humanities Press,
1981.

Langer, M. M., *Merleau-Ponty's Phenomenology of Perception*, London: Macmillan Press
LTD, 1989.

Levin, David Michael, ed., *Modernity and the Hegemony of Vision*, Berkeley: University of
California Press, 1993.

Macann, C. E., *Four Phenomenological Philosopher*, New York: Routledge, 1993.

Madison, G. B., *The Hermeneutics of Postmodernity*, Bloomington and Indianapolis:
Indiana University Press, 1990.

_____, *The Phenomenology of Merleau-Ponty*, Athens: Ohio University Press, 1981.

O'Neill, J., *The Communicative Body*, Evanston: Northwestern University Press, 1989.

Olkowski, D and G. Weiss, eds., *Feminist Interpretations of Maurice Merleau-Ponty*,
University Park, Pen.: Pennsylvania State University Press, 2006.

Plato, *Republic*, X, 602; translated and introduced by F. M. Cornford, *The Republic of
Plato*, New York: Oxford University Press, 1964.

Rabil, Albert Jr., *Merleau-Ponty: Existentialist of the Social World*, New York: Columbia
University Press, 1967.

Silverman, Hugh J. and James Barry Jr., eds., *Texts and Dialogues*, New Jersey: Humanities
Press, 1992.

Silverman, Hugh J., *Inscription: Between Phenomenology and Structuralism*, New York:
Routledge and Kegan Paul, 1987.

Simms, Karl, ed., *Ethics and the Subject*, Amsterdam, Atlanta, GA.: Rodopi, 1997.

Thompson, Kevin and Lester Embree, eds., *Phenomenology of the Political*, Dordrecht:
Kluwer Academic Publishers, 2000.

Vasseleu, Cathryn, *Textures of Light: Vision and Touch in Irigaray, Levinas and Merleau-
Ponty*, New York and London: Routledge, 1998.

Watson, Stephen H., *In the Shadow of Phenomenology: Writings After Merleau-Ponty I*,
New York: Continuum, 2009.

_____, *Phenomenology, Institution and History: Writings After Merleau-Ponty II*, New York: Continuum, 2009.

Weiss, G., *Body Images: Embodiment as Intercorporeality*, New York and London: Routledge, 1999.

_____, ed., *Interwinings: Interdisciplinary Encounters with Merleau-Ponty*, Albany: State University of New York, 2008.

Whitford, M., *Merleau-Ponty's Critique of Sartre's Philosophy*, Lexington: French Forum, 1982.

Wyschogrod, E. and McKenny, P. Gerald, eds., *The Ethical*, Melden, MA.: Blackwell Publishing, 2003.

Wyschogrod, Edith, *Saints and Postmodernism*, Chicago and London: The University of Chicago Press, 1990.

3. 외국 논문

Bien, Joseph, "Merleau-Ponty on Embodied Freedom and History", *Southwest Philosophy Review* (2004), vol.20, no.1.

Boudier, Cornelis, E. M. Struyker, "The Genesis, Structure, and Meaning of Understanding The Hermeneutics of Merleau-Ponty", in Pietersma, Henry ed., *Merleau-Ponty: Critical Essays* (1989), Washington, D.C.: University Press of America.

Clarke, M., "Ontology, Ethics and Sentir: Properly Situating Merleau-Ponty", *Environmental Values* (May 2002), vol.11, no.2, pp. 211-225.

Depraz, Natalie, "Phenomenological Reduction and the Political", *Husserl Studies* (1995), vol.12, no.1.

Fielding, Helen A., "Body Measures: Phenomenological Considerations of Corporeal Ehtics", *Journal of Medicine and Philosophy* (1998), vol.23, no.5, pp. 533-545.

Flynn, Bernard, "The Development of the Political Philosophy of Merleau-Ponty", *Continental Philosophy Review* (2007), vol.40, pp. 125-138.

Godway, Eleanor, "Toward a Phenomenology of Politics: Expression and Praxis", in

Thomas Busch, ed., *Merleau-Ponty, Hermeneutics, and Postmodernism* (1992), Albany: SUNY Press, pp. 161-169.

Haney, Kathleen, "Phenomenology and The Challenge of History", in Tymieniecka, A.-T., ed., *Analecta Husserliana* (2006), vol.XC, pp. 27-43.

Hopkins, Burt C., "Crisis, History, and Husserl's Phenomenological Project of Desedimenting the Formalization of Meaning: Jacob Klein's Contribution", *Graduate Faculty Philosophy Journal* (2003), vol.24, no.1, pp. 75-102.

Hoy, David Couzens, "Critical Resistance: Foucault and Bourdieu", in Gail Weiss and Honi Fern Haber, eds., *Perspectives on Embodiment: The Intersections of Nature and Culture* (1999), New York and London: Routledge, pp. 3-21.

Rosca, Ion, "La Philosophie de l'histoire chez Maurice Merleau-Ponty", *Revue Roumaine des Sciences Sociales* (1980), vol.24, no.4, pp. 433-442.

Koukal, D. R., "Merleau-Ponty's Reform of Saussure: Linguistic Innovation and the Practice of Phenomenology", *The Southern Journal of Philosophy* (2000), vol.38, no.4, pp. 599-617.

Kruks, Sonia. "Marcel and Merleau-Ponty: Incarnation, Situation and The Problem of History", *Human Studies* (1987), vol.10, pp. 225-245.

Levin, D. M., "Singing the World: Merleau-Ponty's Phenomenological of Language", *Philosophy Today* (Fall 1998), vol.42, no.3, pp. 319-336.

Low, Doughlas, "Merleau-Ponty's Corpus: A Philosophy and Politics for the 21st Century", *Journal of Philosophical Research* (2009), vol.34, pp. 391-436.

Steinbock, Anthony J., "Reflections on Earth and World: Merleau-Ponty's Project of Transcendental History and Transcendental Geology", in Veronique M. Foti, ed., *Merleau-Ponty: Difference, Materiality, Painting* (1996), New Jersey: Humanities Press, pp. 90-107.

Vasterling, V., "Body and Language: Butler, Merleau-Ponty and Lyotard on the Speaking Embodied Subject", *International Journal of Philosophical Studies* (June 2003), vol.11, no.2, pp. 205-223.

Westphal, Merold, "Situation and Suspicion in the Thought of Merleau-Ponty: The Question of Phenomenology and Politics", in Johnson, Galen A. and Michael B. Smith, eds., *Ontology and Alterity in Merleau-Ponty* (1990), Evanston: Northwestern University Press.

Wyschogrod, E., "Exemplary Individuals: Towards a Phenomenological Ethics", *Philosophy & Theology* (Fall 1986), vol.1, pp. 9-31.

Young, Phillips E., "The Ineradicable Danger of Ambiguity at Ch[i]asm's Edge ", in Duane H. Davis, ed., *Merleau-Ponty's Later Works and Their Practical Implications: The Dehiscence of Responsibility* (2001), Amherst, N.Y.: Humanity Books, pp. 101-137.

Zaner, Richard, "Merleau-Ponty's Theory of the Body-Proper as Être-au-Monde", *Journal of Existentialism* (1965), vol.6, no.2, pp. 36-38.

4. 메를로-퐁티의 저서 국역본

메를로-퐁티,『의미와 무의미』, 권혁면 옮김, 서울: 서광사, 1985.

_____,『행동의 구조』, 김웅권 옮김, 서울: 동문선, 2008.

_____,『눈과 마음』, 김정아 옮김, 서울: 이학사, 2008.

_____,『간접적인 언어와 침묵의 목소리』, 김화자 옮김, 서울: 책세상, 2014.

_____,『보이는 것과 보이지 않는 것』, 남수인 · 최의영 옮김, 서울: 동문선, 2004.

_____,『지각의 현상학』, 류의근 옮김, 서울: 문학과 지성사, 2002.

_____,『휴머니즘과 폭력』, 박현모 · 유영산 · 이병택 옮김, 서울: 문학과 지성사, 2004.

_____,『현상학과 예술』, 오병남 옮김, 서울: 서광사, 1987.

5. 국내 저서

강미라,『몸, 주체, 권력: 메를로-퐁티와 푸코의 몸』, 서울: 이학사, 2011.

강정인 외 엮음,『서양 근대 정치 사상사: 마키아벨리에서 니체까지』, 서울: 책세상, 2007.

김현화,『20세기 미술사』, 서울: 한길아트, 1999.

김홍우,『현상학과 정치철학』, 서울: 문학과 지성사, 1999.

데리다, 자크,『글쓰기와 차이』, 남수인 옮김, 서울: 동문선, 2001.

_____,『기하학의 기원』(지만지고전천줄 132번), 배의용 옮김, 서울: 지만지고전천줄, 2009.

도예베르트, 헤르만,『서양 문화의 뿌리』, 문석호 옮김, 서울: 크리스챤 다이제스트, 1994.

_____,『이론적 사유의 신비판 서론』, 김기찬 옮김, 서울: 크리스챤 다이제스트, 1995.

라빌, 알버트 주니어,『메를로-뽕띠: 사회철학과 예술철학』, 김성동 옮김, 서울: 철학과 현실사, 1996.

레비나스, 엠마누엘,『존재와 다르게』, 김연숙·박한표 옮김, 서울: 인간사랑, 2010.

린튼, 로버트,『20세기의 미술』, 윤난지 옮김, 서울: 예경, 1993.

마르크스,『경제학-철학 수고』, 김태경 옮김, 서울: 이론과 실천사, 1992.

마르크스·엥겔스,『독일 이데올로기』, 박재희 옮김, 서울: 청년사, 2007.

마이어호프, 한스,『오늘의 역사철학』, 박상규 옮김, 서울: 덕문출판사, 1979.

박성민·강양구,『정치의 몰락』, 서울: 민음사, 2012.

블로흐, 마르크,『역사를 위한 변명』, 정남기 옮김, 서울: 한길사, 1979.

샤프, 아담,『역사와 진실』, 김택현 옮김, 서울: 청사, 1982.

소쉬르, 페르디낭,『일반 언어학 강의』, 최승언 옮김, 서울: 민음사, 2006.

_____,『일반 언어학 강의』(지만지고전천줄 120번), 김현권 옮김, 서울: 지만지고전천줄, 2008.

안쏘니, 케니,『데카르트의 철학』, 김성호 옮김, 서울: 서광사, 1991.

알튀세르, 루이,『마키아벨리의 가면』, 오덕근 외 옮김, 서울: 이후, 2001.

앙게른, 에밀,『역사철학』, 유헌식 옮김, 서울: 민음사, 1997.

자너, 리차드,『신체의 현상학』, 최경호 옮김, 서울: 인간사랑, 1993.

장문정,『메를로-뽕띠의 살의 기호학』, 서울: 한국학술정보, 2005.

장병기·김현권 편역,『소쉬르의 현대적 이해를 위하여』, 서울: 박이정, 1998.

정화열,『몸의 정치』, 박현모 옮김, 서울: 민음사, 1999.

조광제,『몸의 세계, 세계의 몸』, 서울: 이학사, 2004.

커닝햄, 수잔,『언어와 현상학』, 이종훈 옮김, 서울: 철학과 현실사, 1995.

콜링우드, 로빈,『역사의 인식』, 소광희·손동현 옮김, 서울: 경문사, 1979.

퓨겐, 한스,『막스 베버: 사회학적 사유의 길』, 박미애 옮김, 서울: 서광사, 1994.

한국현상학회 편,『예술과 현상학』(철학과 현상학 연구 16집), 서울: 철학과 현실사, 2001.

헤겔,『역사철학강의』, 권기철 옮김, 서울: 동서문화사, 2008.

_____,『법철학 강요』, 서정혁 옮김, 서울: 지만지고전천줄, 2009.

_____,『역사 속의 이성』, 임석진 옮김, 서울: 지식산업사, 1997.

헬러, 아그네스,『역사의 이론』, 강성호 옮김, 서울: 문예출판사, 1988.

후설, 에드문트,『데카르트적 성찰』, 이종훈 옮김, 서울: 철학과 현실사, 1993.

_____,『유럽학문의 위기와 선험적 현상학』, 이종훈 옮김, 서울: 한길사, 2007.

6. 국내 논문

김영한,「레비나스의 타자 현상학: 후설 및 하이데거 현상학의 수용과 비판」,『철학과 현상학연
　　　구』34집(가을호), 한국현상학회, 2007.

김홍우,「신체의 현상학과 정치학에 대한 그 함의」,『사회비평』17호, 나남출판사, 1997.

박준상,「침묵의 목소리」,『철학논총』50집, 새한철학회, 2007.

배의용,「후설의 언어철학」,『철학과 현상학 연구』2집, 한국현상학회, 1986.

송석랑,「역사연구의 '과학-예술'성과 객관성」,『인문학 연구』vol.34, no.2, 충남대학교 인문과
　　　학연구소, 2007.

신인섭,「메를로-퐁티의 타자 경험에 대한 레비나스와 리쾨르의 논쟁」,『철학과 현상학 연구』
　　　20집(봄호), 한국현상학회, 2003.

오생근,「데카르트, 들뢰즈, 푸코의 육체」,『사회비평』17호, 나남출판사, 1997.

이영호,「현상학적 방법과 역사 연구」,『인문과학』vol.26, 성균관대학교 인문과학연구소, 1996.

이종훈,「후설 현상학에서 역사성의 문제」,『철학과 현상학 연구』12집, 한국현상학회, 1999.

주성호,「왜 메를로-퐁티는 신체의 현상학에서 살의 존재론으로 이행하는가」,『철학과 현상학
　　　연구』20집(봄호), 한국현상학회, 2003.

최재식,「폭력에 관한 철학적 연구」,『철학과 현상학 연구』19집, 한국현상학회, 2002.

찾아보기